进出口单证实务

主　编　王春娟　张武钢
副主编　张建茹　李建媛　高　倩
参　编　王　勃　徐　娜　刘彩霞　张　珊　杨继成
　　　　张　茜　王小月　王　琪

北京理工大学出版社
BEIJING INSTITUTE OF TECHNOLOGY PRESS

版权专有　侵权必究

图书在版编目(CIP)数据

进出口单证实务：英、汉 / 王春娟，张武钢主编.
— 北京：北京理工大学出版社，2023.4
ISBN 978-7-5763-2325-2

Ⅰ. ①进⋯　Ⅱ. ①王⋯　②张⋯　Ⅲ. ①进出口贸易-原始凭证-高等学校-教材-英、汉　Ⅳ. ①F740.44

中国国家版本馆 CIP 数据核字(2023)第 073112 号

出版发行 / 北京理工大学出版社有限责任公司
社　　址 / 北京市海淀区中关村南大街 5 号
邮　　编 / 100081
电　　话 / (010)68914775(总编室)
　　　　　 (010)82562903(教材售后服务热线)
　　　　　 (010)68944723(其他图书服务热线)
网　　址 / http://www.bitpress.com.cn
经　　销 / 全国各地新华书店
印　　刷 / 三河市天利华印刷装订有限公司
开　　本 / 787 毫米×1092 毫米　1/16
印　　张 / 15　　　　　　　　　　　　　　　责任编辑 / 武丽娟
字　　数 / 352 千字　　　　　　　　　　　　 文案编辑 / 武丽娟
版　　次 / 2023 年 4 月第 1 版　2023 年 4 月第 1 次印刷　责任校对 / 刘亚男
定　　价 / 72.00 元　　　　　　　　　　　　 责任印制 / 施胜娟

图书出现印装质量问题，请拨打售后服务热线，本社负责调换

前　言

随着"一带一路"倡议的持续推进，我国与"一带一路"沿线国家的贸易联系日益密切。据商务部的数据表明，我国与"一带一路"沿线国家的年度贸易额从2013年的1.04万亿美元扩大到2021年的1.8万亿美元，增长了73%。党的二十大报告指出，"要坚持高水平对外开放，加快构建以国内大循环为主体、国内国际双循环相互促进的新发展格局"，这将会加快高水平对外开放的步伐。尽管遭受新冠疫情和国际贸易摩擦的冲击，我国进出口贸易态势依然良好。2022年，我国货物贸易进出口总值达到42.07万亿元，同比增7.7%。随着"关检合一"政策落地和2020版《国际贸易术语解释规则》的出现，提高外贸从业人员的职业道德和素养是职业教育培养复合型外贸人才的方向，也是我国向贸易强国迈进的重要因素。

在进出口贸易当中，国际商务单证员是在进出口合同履行和对外结算业务中，买卖双方凭借在进出口业务中应用的单据、证书来处理货物的交付、运输、保险、通关、结汇等工作的人员。国际商务单证运作是全球贸易流程中的重要环节，以外贸商务单证处理为核心的商务单证员，则是进出口企业必备的基础性人才之一。单证员操作技能的高低直接关系到进出口业务的成败，也影响着我国在处理进出口事务中的国际形象。因此，国际商务单证员的培养十分重要。但是，目前已有的大部分单证教材都以知识体系的构建为主，缺乏对单证员实际工作场景的单证缮制和处理的内容。鉴于此，本教材主编根据十几年进出口单证制作的从教经验，联合具有多年进出口单证从业经验的国际商务单证专家，共同编写了这本《进出口单证实务》项目化教材。

本教材是在国际商务单证岗位工作任务和职业能力分析的基础上，与国际贸易公司、国际货运代理企业的专家共同商定《进出口单证实务》教材的教学理念、设计思路与内容安排，共同开发课程标准，打破传统的以灌输式课堂教学为主的知识体系的编写模式，采用基于国际商务单证员工作过程为导向的编写思路，体现工学结合、任务驱动、项目化教学的编写形式。该模式更加注重以实际的工作场景为载体、以培养学生实际的单证缮制和审核能力为核心目标，强调对各种进出口单证缮制和审核能力的培养，并辅以相应的单证理论知识加以丰富教材内容。

本教材基于国际商务单证员的工作过程，分为信用证业务操作、商业发票和装箱单制作、订舱委托书和海运提单的审核、报检制作、产地证制作、保险单据的填制和审核、报关单据的填制、附属单据制作、汇票制作、单据审核和交单结汇等十个工作项目，每个工作项目包括学习目标、导入项目场景、任务分析、任务实施、知识链接、能力测评和拓展实训等，使学生不仅能实际工作场景中学习单证制作和审核，还能根据知识链接学习单证制作基本知识和由于国际贸易规则和进出口政策变化导致的单证变化知识，最后通过能力测评和拓展实训加强学生单证制作和审核的水平和能力。

本教材由唐山工业职业技术学院的王春娟、张武钢担任主编，唐山工业职业技术学院的张建茹、李建媛、曹妃甸综合保税区高倩担任副主编，苏州信息职业技术学院谈晓焱担任主审，天津汇昌国际货运代理公司的梁满仓经理和唐山迈斯韦国际贸易有限公司的崔伟永经理参加审稿。参编人员有：王春娟（工作项目一、三、七）、张武钢（工作项目四、五、八）、张建茹（学习项目六）、李建媛（工作项目二）、王勃（学习项目九）、徐娜（河北能源职业技术学院，学习项目十），另外，唐山工业职业技术学院的刘彩霞、张珊、杨继成、张茜、王小月、王琪老师也参与了教材的编写和排版。

本教材为了贴近工作实际，导入的项目场景和单证均来自企业提供的实际材料，但涉及的公司名称、交易当事人、交易内容等关键信息做了虚拟处理，如与现实生活中的公司、人物或交易情况有相似或相同之处，纯属巧合，特此声明。

目　　录

项目一　信用证业务操作 ······ 1
学习目标 ······ 1
导入项目场景 ······ 1
任务分析 ······ 5
　【任务1】认识外贸合同 ······ 5
　【任务2】审核信用证 ······ 5
　【任务3】修改信用证 ······ 6
任务实施 ······ 6
知识链接 ······ 8
能力测评 ······ 14
拓展实训 ······ 17

项目二　商业发票和装箱单的制作 ······ 20
学习目标 ······ 20
导入项目场景 ······ 20
任务分析 ······ 22
　【任务1】制作商业发票 ······ 22
　【任务2】制作装箱单 ······ 23
任务实施 ······ 23
知识链接 ······ 31
能力测评 ······ 33
拓展实训 ······ 35

项目三　订舱委托书制作和海运提单审核 ······ 38
学习目标 ······ 38
导入项目场景 ······ 38
任务分析 ······ 40
　【任务1】与国际货运代理公司沟通确定船公司、船期、船名、航次 ······ 40

【任务2】制作订舱委托书 ·· 40
　　任务实施 ··· 42
　　知识链接 ··· 52
　　能力测评 ··· 61
　　拓展实训 ··· 65

项目四　报检单据填制 ·· 69

　　学习目标 ··· 69
　　导入项目场景 ··· 69
　　任务分析 ··· 72
　　　　【任务1】制作出境货物检验检疫申请 ······························· 72
　　　　【任务2】制作入境货物检验检疫申请 ······························· 73
　　任务实施 ··· 74
　　知识链接 ··· 82
　　能力测评 ··· 86
　　拓展实训 ··· 88

项目五　产地证制作 ·· 93

　　学习目标 ··· 93
　　导入项目场景 ··· 93
　　任务分析 ··· 99
　　　　【任务1】根据【项目场景1】制作一般原产地证 ······················ 99
　　　　【任务2】根据【项目场景2】制作普惠制产地证（FORM A） ········ 100
　　任务实施 ·· 100
　　知识链接 ·· 107
　　能力测评 ·· 111
　　拓展实训 ·· 113

项目六　保险单据的制作和审核 ·· 117

　　学习目标 ·· 117
　　导入项目场景 ·· 117
　　任务分析 ·· 120
　　　　【任务1】制作投保单 ··· 120
　　　　【任务2】审核保险单 ··· 121
　　任务实施 ·· 121
　　知识链接 ·· 127
　　能力测评 ·· 134

拓展实训 ··· 135

项目七　报关单据制作 ··· 139

　　学习目标 ··· 139
　　导入项目场景 ·· 139
　　任务分析 ··· 141
　　　　【任务 1】制作出口货物报关单 ··· 142
　　　　【任务 2】制作进口货物报关单 ··· 143
　　任务实施 ··· 144
　　知识链接 ··· 164
　　能力测评 ··· 169
　　拓展实训 ··· 172

项目八　附属单据制作 ··· 177

　　学习目标 ··· 177
　　导入项目场景 ·· 177
　　任务分析 ··· 180
　　　　【任务 1】制作装运通知 ··· 180
　　　　【任务 2】制作受益人证明 ·· 181
　　任务实施 ··· 181
　　知识链接 ··· 185
　　能力测评 ··· 189
　　拓展实训 ··· 190

项目九　汇票制作 ··· 196

　　学习目标 ··· 196
　　导入项目场景 ·· 196
　　任务分析 ··· 199
　　　　【任务】制作汇票 ··· 199
　　任务实施 ··· 199
　　知识链接 ··· 202
　　能力测评 ··· 205
　　拓展实训 ··· 206

项目十　审单与交单结汇 ·· 210

　　学习目标 ··· 210
　　导入项目场景 ·· 210

任务分析 ·· 218
　　　　【任务1】审核全套结算单据 ·· 218
　　　　【任务2】向银行交单结汇 ·· 218
　　任务实施 ·· 218
　　知识链接 ·· 220
　　能力测评 ·· 224
　　拓展实训 ·· 225

项目一　信用证业务操作

学习目标

【素质目标】
认同信用证在进出口单据制作中的重要性
培养良好的职业道德和精益求精的工作态度
培养诚实守信、严谨制单的工作作风

【知识目标】
熟知外贸合同、信用证各条款内容
理解信用证的定义、种类、结算流程
掌握信用证的审核要点

【能力目标】
能够在实际业务中认识外贸合同条款
能根据外贸合同、UCP600、国际贸易惯例以及买卖双方的交易习惯审核信用证
能够根据实际业务需要修改信用证

导入项目场景

2019年5月10日，河北箬婉国际贸易有限公司（HEBEI RUOWAN INTERNATIONAL TRADE CO.，LTD.）与南非的暖阳公司（WARM SUNSHINE TRADING CO.，LTD.）签订了出口熟板栗（Cooked Chestnut）的外贸合同，合同条款具体内容如下：

SALES CONTRACT

NO. NW018　　　　　　　　　　　　　　　　　　　　DATE：MAY. 10, 2019

THE SELLER：HEBEI RUOWAN INTERNATIONAL TRADE CO.，LTD.
　　　　　　　18 XINYUAN STREET, TANGSHAN CITY, HEBEI PROVINCE, CHINA
　　　　　　　TEL：0086-315-2788888　　　　FAX：0086-315-2788888

THE BUYER：WARM SUNSHINE TRADING CO.，LTD.
　　　　　　30 SANTA MARIA AVENUE, TSHWANE CITY, SOUTH AFRICA
　　　　　　TEL：27-21-25456888　　　　FAX：27-21-25456801

This Contract is made by and agreed between the Buyer and Seller, in accordance with the terms and conditions stipulated below.

Commodity & specification	Quantity	Unit price	Amount
COOKED CHESTNUT KERNEL 1KG/BAG As per the confirmed sample of Mar. 3,2019.	20,000BAGS	CIF CAPETOWN USD5.00/BAG	USD100,000.00
TOTAL	20,000BAGS		USD100,000.00
TOTAL VALUE: SAY U.S. DOLLAR ONE HUNDRED THOUSAND ONLY.			

More or less 5% of the quantity and the amount are allowed.

PACKING: 20 bags are packed in one standard carton.

MARKS:

Shipping mark includes WARM SUNSHINE, S/C no., port of destination and carton no.

TIME OF SHIPMENT:

to be effected by the seller by the end of JUL. 20, 2019.

with Transshipment is allowed and partial shipment is not allowed.

PORT OF LOADING AND DESTINATION:

From TIANJIN, CHINA to CAPETOWN, SOUTH AFRICA

INSURANCE: To be effected by the seller for 110% of invoice value covering All Risks and War Risk as per CIC of PICC dated 01/01/1981.

TERMS OF PAYMENT: irrevocable sight Letter of Credit, opened by the buyer through a bank acceptable to the seller not later than MAY. 25, 2019 and remaining valid for negotiation in China for further 15 days after the effected shipment.

DOCUMENTS:

+Signed Commercial Invoice in triplicate.

+Packing List in triplicate.

+Full set (3/3) of clean on board ocean Bill of Lading marked "freight prepaid" made out to order of shipper blank endorsed notifying the applicant.

+Insurance Policy in duplicate endorsed in blank for 120% invoice value, covering all risks and war risk of CIC of PICC (1/1/1981).

+Certificate of Origin certified by Chamber of Commerce or CCPIT.

+Beneficiary certificate certifying that shipping advice has been sent to the applicant by telex within 3 days after the date of bill of lading.

FORCE MAJEURE:

Either party shall not be held responsible for failure or delay to perform all or any part of this agreement due to flood, fire, earthquake, draught, war or any other events which could not be predicted, controlled, avoided or overcome by the relative party. However, the party affected by the event of Force Majeure shall inform the other party of its occurrence by cable as soon as possible and thereafter send a certificate of the event issued by the relevant authorities to the other party within 15 days after its occurrence.

This contract is made in four original copies and becomes valid after signature, two copies to be held by each party.

Signed by:

THE SELLER: **THE BUYER**:

HEBEI RUOWAN INTERNATIONAL TRADE CO., LTD.   WARM SUNSHINE TRADING CO., LTD.

   WANER   SUNNY

项目一 信用证业务操作

2019年5月21日，河北箬婉国际贸易有限公司的单证员婉儿收到了中国银行唐山分行国际结算部的信用证通知书，并被告知南非暖阳公司已经通过南非标准银行（STANDARD BANK OF SOUTH AFRICA LTD.，TSHWANE，SOUTH AFRICA）开立信用证，经由中国银行唐山分行进行通知。其信用证通知书和不可撤销即期付款信用证内容如下所述：

1. 中国银行信用证通知书

中国银行 BANK OF CHINA
Office：International Settlement Department
Address：20 XINHUA STREET, TANGSHAN CITY, HEBEI PROVINCE, CHINA

信用证通知书
Notification of Documentary Credit

Date：2019-05-21

To 致： HEBEI RUOWAN INTERNATIONAL TRADE CO.，LTD. 40 XINHUA STREET, TANGSHAN CITY, HEBEI PROVINCE, CHINA	Our reference No.：AD546632688232
Issuing Bank 开证行 STANDARD BANK OF SOUTH AFRICA LTD., TSHWANE, SOUTH AFRICA	Transmitted to us through 传递行 Transferred bank 转让行 Reference No.

L/C No. 信用证号 SABK225498	Dated 开证日期 20190520	Amount 金额 USD 100,000.00	Expiry Place 有效地 CHINA
Expiry Date 有效期 20190720	Inner 期限	Charge 未付费用	Charge by 费用承担 Bene
Received via 开证方式 SWIFT	Available 是否生效 VALID	Test/Sign 印押是否相符 YES	Confirm 我行是否保兑 NO

Dear Sirs 敬启者：
We are pleased to inform you that we have received a copy of the above bank letter of credit and are enclosing our advice. Please present this advice together with the L/C when you present the documents.
兹通知贵公司，我行收到上述银行信用证一份，现随附通知。贵公司交单时，请将本通知及信用证一并提示。
REMARK 备注：
PLEASE NOTE THAT THIS ADVICE DOES NOT CONSTITUTE LETTER OF THE ABOVE L/C NOR DOES IT CONVEY ANY ENGAGEMENT OR OBLIGATION ON OUR PART.

3

THIS L/C CONSISTS OF (TWO) SHEET (S), INCLUDING THE COVERING LETTER AND ATTACHMENT (S).
本信用证连同面函及附件共（2）页。
THERE ARE ANY TERMS AND/OR ERRORS IN THIS CREDIT THAT CAN NOT BE DONE, PLEASE CONTACT THE APPLICANT DIRECTLY AND MAKE NECESSARY MODIFICATIONS TO ELIMINATE POSSIBLE PROBLEMS IN PRESENTATION.
如本信用证中有无法办到的条款及/或错误，请与开证申请人联系，进行必要的修改，以排除交单时可能发生的问题。
THIS LETTER OF CREDIT IS ADVISED IN ACCORDANCE WITH ICC UNIFORM CUSTOMS AND PRACTICE FOR CREDITS PUBLICATION NO. 600.
本信用证之通知系遵循国际商会跟单信用证统一惯例第 600 号出版物办理。
此证如有任何问题及疑虑，请与结算业务部审证科联系，电话：86-35-1234888

BANK OF CHINA, TANGSHAN BRANCH
中国银行唐山分行
欧阳轩

2. 不可撤销信用证

MT 700	ISSUE OF A DOCUMENTARY CREDIT
SENDER	STANDARD BANK OF SOUTH AFRICA LTD., TSHWANE, SOUTH AFRICA
RECEIVER	BANK OF CHINA, TANGSHAN, CHINA
SEQUENCE OF TOTAL	27：1/1
FORM OF DOC. CREDIT	40A：IRREVOCABLE
DOC. CREDIT NUMBER	20：SABK225498
DATE OF ISSUE	31C：190520
APPLICABLE RULES	40E：UCP LATEST VERSION
DATE AND PLACE OF EXPIRY	31D：DATE 190720 PLACE IN CHINA
APPLICANT	59：HEBEI RUOWAN INTERNATIONAL TRADE CO., LTD. 18 XINYUAN STREET, TANGSHAN CITY, HEBEI PROVINCE, CHINA
BENEFICIARY	50：WARM SUNSHINE TRADING CO., LTD. 30 SANTA MARIA AVENUE, TSHWANE CITY, SOUTH AFRICA
AMOUNT	32B：CURRENCY EUR AMOUNT 100,000.00
AVAILABLE WITH/BY	41D：ANY BANK IN CHINA, BY NEGOTIATION
DRAFTS AT...	42C：30 DAYS AFTER SIGHT
DRAWEE	42A：STANDARD BANK OF SOUTH AFRICA LTD., TSHWANE
PARTIAL SHIPMTS	43P：ALLOWED
TRANSSHIPMENT	43T：ALLOWED
PORT OF LOADING/ AIRPORT OF DEPARTURE	44E：TIANJIN, CHINA
PORT OF DISCHARGE	44F：CAPETOWN, SOUTH AFRICA
LATEST DATE OF SHIPMENT	44C：190630

DESCRIPTION OF GOODS AND/OR SERVICES	45A：20,000 BAGS COOKED CHESTNUT KERNEL, AS PER S/C NO. NW018 AT USD5.00/BAG FOB TIANJIN, SOUTH AFRICA

PACKING：20 BAGS/CTN
DOCUMENTS REQUIRED　　　46A：
+SIGNED COMMERCIAL INVOICE IN TRIPLICATE.
+PACKING LIST IN TRIPLICATE.
+FULL SET (3/3) OF CLEAN "ON BOARD" OCEAN BILLS OF LADING MADE OUT TO ORDER MARKED "FREIGHT COLLECT" AND NOTIFY APPLICANT.
+CERTIFICATE OF ORIGIN CERTIFIED BY CHAMBER OF COMMERCE OR CCPIT.
+INSURANCE POLICY/CERTIFICATE IN DUPLICATE ENDORSED IN BLANK FOR 120% INVOICE VALUE, COVERING ALL RISKS OF CIC OF PICC (1/1/1981)
+SANITARY CERTIFICATE AND PHYTOSANITARY ISSUED BY THE CUSTOMS OF THE PEOPLE'S REPUBLIC OF CHINA.
+SHIPMENT ADVICE SHOWING THE NAME OF THE CARRYING VESSEL, DATE OF SHIPMENT, MARKS, QUANTITY, NET WEIGHT AND GROSS WEIGHT OF THE SHIPMENT TO APPLICANT WITHIN 3 DAYS AFTER THE DATE OF BILL OF LADING.
+BENEFICIARY CERTIFICATE CERTIFYING THAT SHIPPING ADVICE HAS BEEN SENT TO THE APPLICANT BY TELEX WITHIN 3 DAYS AFTER THE DATE OF BILL OF LADING.
ADDITIONAL CONDITION　　　47A：
+DOCUMENTS DATED PRIOR TO THE DATE OF THIS CREDIT ARE NOT ACCEPTABLE.
++THE NUMBER OF THIS CREDIT MUST BE QUOTED ON ALL DOCUMENTS.
+TRANSSHIPMENT ALLOWED AT NINGBO ONLY.
+SHORT FORM/CHARTER PARTY/THIRD PARTY BILL OF LADING ARE NOT ACCEPTABLE.
+BOTH QUANTITY AND CREDIT AMOUNT 5% MORE OR LESS ARE ALLOWED.

CHARGES	71B：ALL CHARGES AND COMMISSIONS ARE FOR ACCOUNT OF BENEFICIARY.
PERIOD FOR PRESENTATION	48：WITHIN 5 DAYS AFTER THE DATE OF SHIPMENT, BUT WITHIN THE VALIDITY OF THIS CREDIT.
CONFIRMATION INSTRUCTION	49：WITHOUT
REIMBURSING BANK	53A：STANDARD BANK OF SOUTH AFRICA LTD., TSHWANE, SOUTH AFRICA

任务分析

河北箬婉国际贸易有限公司的单证员婉儿通过对以上工作场景进行分析，确定工作任务如下：

【任务1】认识外贸合同

单证员婉儿应该结合买卖双方签订合同之前的协商情况，认识编号为 NW018 的外贸合同。

【任务2】审核信用证

单证员婉儿应结合编号为 NW018 的外贸合同、UCP600、交易习惯以及进口国的有关规定等审核信用证条款，并列明问题条款。

【任务 3】 修改信用证

单证员婉儿结合上述审核出的问题条款，提出修改意见，并以电传的形式把修改意见发给开证申请人，要求对方修改信用证。

任务实施

【任务 1】 认识外贸合同

单证员婉儿认真分析外贸合同条款，并读懂以下信息：

合同号：NW018

订立合同日期：2019 年 5 月 10 日

卖方：河北箬婉国际贸易有限公司

买方：南非暖阳公司

品名规格：熟栗仁，1 千克/袋

数量：20 000 袋

单价：5 美元/袋

总价：10 万美元

注意：在数量和价格上允许有 5%的溢短装

包装条款：每 20 袋装在一个标准的出口纸箱

唛头：包括收货人的名称、合同号、目的港和包装件数

运输条款：在收到信用证后的 60 天内装运

装货港和卸货港：由中国天津港到南非的开普敦港

保险条款：由出口商按照商业发票价值的 110%投保一切险

支付条款：开立不可撤销的即期付款的信用证，2019 年 5 月 20 日之前寄达到出口商手中，在装运日后的 21 天内保持有效。

单据条款：商业发票一式三份；装箱单一式三份；已装船的海运提单（正本三份，运费预付，收货人为 TO ORDER）；保险单一式两份；原产地证明书；受益人证明等。

不可抗力条款：由于水灾、火灾、地震、干旱、战争或协议一方无法预见、控制、避免和克服的其他事件导致不能或暂时不能全部或部分履行本协议，该方不负责任。但是，受不可抗力事件影响的一方必须尽快将发生的情况电告另一方，并在不可抗力事件发生 15 天内将有关机构出具的不可抗力事件的证明寄交另一方。

【任务 2】 审核信用证

单证员婉儿认真学习信用证各条款的内容，并对照外贸合同、UCP600、交易习惯和进口国的有关规定对编号为 SABK225498 的信用证进行审核，经过仔细审核，发现以下不符点：

（1）信用证中的受益人错写成开证申请人的名称和地址，而开证申请人错写成受益人的名称和地址，必须更正，否则对受益人、开证申请人极为不利。

（2）信用证中的 32B 中的币种是 EUR（欧元），与合同中的 USD（美元）不相符。

（3）信用证的最迟装运期是 190630，到期日是 190720。而合同中约定最迟于 2019 年 7 月 20 日装运，交单日为装运日后的 21 天，信用证的到期日不早于交单日。

（4）信用证中 42C 汇票付款期限是 30 DAYS AFTER SIGHT，这与合同中支付条款规定的 irrevocable sight Letter of Credit 明显不相符，将会影响安全结汇。

（5）信用证中 43P 分批装运是允许的（ALLOWED），这与合同中的"partial shipment is not allowed"不相符。

（6）信用证中 45A 货物描述条款中的贸易术语为 FOB TIANJIN，这与合同中买卖双方约定的 CIF CAPETOWN 明显不符，将会造成单证不符，影响收汇。

（7）信用证中 46A 单据条款中的有关海运提单的描述为 TO ORDER, FREIGHT COLLECT，这与合同中的要求不符，再加上贸易术语为 CIF，运费为预付。

（8）信用证中的 46A 单据条款中的有关保险单中投保比例为 110% INVOICE VALUE，投保险别为 COVERING ALL RISKS，这与外贸合同的约定不相符，如不修改，会影响保险业务办理，造成单证不符，出口商难以收到货款。

（9）信用证中 71B 费用条款"ALL CHARGES AND COMMISSIONS ARE FOR ACCOUNT OF BENEFICIARY."显然这不合理，对受益人极为不利。

（10）信用证中 48 交单期为"WITHIN 5 DAYS AFTER THE DATE OF SHIPMENT, BUT WITHIN THE VALIDITY OF THIS CREDIT."合同中约定为信用证在装运日后的 21 天内保持有效，并且根据 UCP600 中 14 条 C 规定"受益人或其代表按照相关条款在不迟于装运日后的二十一个公历日内提交，但无论如何不得迟于信用证的到期日。"结合上述原因，信用证的交单期必须进行修改，否则对出口商十分不利。

【任务 3】修改信用证

单证员婉儿向公司外贸主管如实汇报了信用证中存在的问题条款，外贸主管指示婉儿按照"利己不损人、安全收汇、可操作"等原则制作修改意见，并电传给开证申请人，要求对方向开证行提出开证申请。信用证的修改意见如下：

（1）信用证中的受益人名称及地址与开证申请人的名称及地址进行调换更正。

（2）将信用证中的 32B 中的币种改为 USD。

（3）结合实际业务、UCP600 关于交单的规定，本信用证的最迟装运日可以改为 190720，到期日可改为 190830。

（4）信用证中 42C 汇票付款期限应改为 AT SIGHT。

（5）信用证中 43P 分批装运应改为 NOT ALLOWED 或 PROHIBITED。

（6）信用证中 45A 货物描述条款中的贸易术语应改为 CIF CAPETOWN。

（7）信用证中 46A 单据条款中的有关海运提单的要求应改为 TO ORDER OF SHIPPER FREIGHT PREPAID。

（8）信用证中的 46A 单据条款中的有关保险单中投保比例应改为 110% INVOICE VALUE，投保险别应改为 COVERING ALL RISKS AND WAR RISK。

（9）信用证中 71B 费用条款应改为"ALL BANKING CHARGES OUTSIDE SOUTH AFRICA INCLUDING REIMBURSING COMMISSIONS ARE FOR ACCOUNT OF BENEFICIARY."。

（10）信用证中 48 交单期应改为"WITHIN 21 DAYS AFTER THE DATE OF SHIPMENT, BUT WITHIN THE VALIDITY OF THIS CREDIT."。

知识链接

一、外贸合同

书面外贸合同一般由三个部分组成,即合同的约首、正文和约尾,而这三个部分又各自包含不同的内容。

(一) 约首

一般是指合同的首文部分,主要包括合同名称、编号、签约日期及地点,以及签约当事人的名称和地址等。

(二) 正文

正文是外贸合同的主体部分,具体规定了买卖双方的权利和义务,又可分为主要条款和一般条款两部分。

(1) 主要条款:包括商品的品名条款、品质条款、数量条款、包装条款、价格条款、装运条款、保险条款、支付条款这八个条款。

(2) 一般条款:包括商检、索赔、仲裁及不可抗力这四个条款。

(三) 约尾

约尾是指合同的尾部,通常写明合同使用的文字及其效力、合同正本的份数、附件及其效力,以及双方当事人或其授权人的签字。

书面合同的内容必须符合政策,做到内容完备、条款明确、文字严密,并与交易磋商的内容相一致。一经签订,即成为约束双方当事人的法律文件。

二、审核信用证

(一) 信用证的含义

信用证(Letter of Credit, L/C),是银行(即开证行)依照进口商(即开证申请人)的要求和指示,对出口商(即受益人)发出的、授权出口商签发以银行或进口商为付款人的汇票,保证在交来符合信用证条款规定的汇票和单据时,必定承兑和付款的保证文件。信用证是国际贸易中最主要、最常用的支付方式。

在国际贸易活动中,买卖双方可能互不信任,买方担心预付款后,卖方不按合同要求发货;卖方也担心在发货或提交货运单据后买方不付款。因此需要两家银行作为买卖双方的保证人,代为收款交单,以银行信用代替商业信用。银行在这一活动中所使用的工具就是信用证。

可见,信用证是以银行为有条件保证付款的证书,这也使信用证成为国际贸易活动中常见的结算方式。按照这种结算方式的一般规定,买方先将货款交存银行,由银行开立信用证,通知异地卖方开户银行转告卖方,卖方按合同和信用证规定的条款发货,银行代买方付款。

(二) 信用证的性质

(1) 在信用证结算方式下,开证行承担第一性的付款责任,因此,信用证是一种银行信用。

（2）信用证是一项独立文件，尽管它是依据合同的内容开立的，但它又不依附于合同而存在，具备独立的法律效力。银行在审单时强调的是信用证与基础贸易相分离的书面形式上的认证。

（3）信用证是一种纯粹的单据业务，银行处理的是单据而非货物、服务及其他行为。信用证是凭单付款，不以货物为准，只要符合"单证一致，单单一致"，银行无条件向出口商支付货款，进口商付款后取得代表货物的单据。

（三）信用证的种类

信用证划分依据不同，种类不同。

（1）以信用证项下的汇票是否附有货运单据，可以分为：

①跟单信用证（Documentary Credit）：是凭跟单汇票或仅凭单据付款的信用证。此处的单据指代表货物所有权的单据（如海运提单等），或证明货物已交运的单据（如铁路运单、航空运单、邮包收据）。

②光票信用证（Clean Credit）：是凭不随附货运单据的光票（Clean Draft）付款的信用证。银行凭光票信用证付款，也可要求受益人附交一些非货运单据，如发票、垫款清单等。在国际贸易的货款结算中，绝大部分使用跟单信用证。

（2）以开证行所负的责任为标准，可以分为：

①不可撤销信用证（Irrevocable L/C）：指信用证一经开出，在有效期内，未经受益人及有关当事人的同意，开证行不能片面修改和撤销，只要受益人提供的单据符合信用证规定，开证行必须履行付款义务。

②可撤销信用证（Revocable L/C）：开证行不必征得受益人或有关当事人同意有权随时撤销的信用证，应在信用证上注明"可撤销"字样。但UCP500规定：只要受益人依信用证条款规定已得到了议付、承兑或延期付款保证时，该信用证即不能被撤销或修改。它还规定，如信用证中未注明是否可撤销，应视为不可撤销信用证。最新的UCP600规定银行不可开立可撤销信用证。

（3）以有无另一银行加以保证兑付为依据，可以分为：

①保兑信用证（Confirmed L/C）：指开证行开出的信用证，由另一家银行保证对符合信用证条款规定的单据履行付款义务。对信用证加以保兑的银行，称为保兑行。

②不保兑信用证（Unconfirmed L/C）：开证行开出的信用证没有经另一家银行保兑。

（4）根据付款时间不同，可以分为：

①即期信用证（Sight L/C）：指开证行或付款行收到符合信用证条款的跟单汇票或装运单据后，立即履行付款义务的信用证。

②远期信用证（Usance L/C）：指开证行或付款行收到信用证的单据时，在规定期限内履行付款义务的信用证。

③假远期信用证（Usance Credit Payable at Sight）：信用证规定受益人开立远期汇票，由付款行负责贴现，并规定一切利息和费用由开证人承担。这种信用证对受益人来讲，实际上仍属即期收款，在信用证中有"假远期"（Usance L/C Payable at Sight）条款。

（5）根据受益人对信用证的权利可否转让，可以分为：

①可转让信用证（Transferable L/C）：指信用证的受益人（第一受益人）可以要求授权

付款、承担延期付款责任，承兑或议付的银行（统称"转让行"），或当信用证是自由议付时，可以要求信用证中特别授权的转让银行，将信用证全部或部分转让给一个或数个受益人（第二受益人）使用的信用证。开证行在信用证中要明确注明"可转让"（Transferable），且只能转让一次。

②不可转让信用证：指受益人不能将信用证的权利转让给他人的信用证。凡信用证中未注明"可转让"，即是不可转让信用证。

（四）信用证条款

27：SEQUENCE OF TOTAL（合计次序）

该项目也叫报文页次，如果该跟单信用证条款能够全部容纳在该MT700报文中，那么该项目内就填入"1/1"。如果该证由一份MT700报文和一份MT701报文组成，那么在MT700报文的项目"27"中填入"1/2"，在MT701报文的项目"27"中填"2/2"，以此类推。

40A：FORM OF DOCUMENTARY CREDIT（跟单信用证类别）

信用证中必须明确注明是"可撤销信用证"还是"不可撤销信用证"。若没有明确显示，则视该证为"不可撤销信用证"。一般来看，银行只受理不可撤销信用证。

20：DOCUMENTARY CREDIT NUMBER（信用证号码）

该项目应当列明开证行开立跟单信用证的号码。

31C：DATE OF ISSUE（开证日期）

该项目应当列明开证行开立跟单信用证的日期。如：20180808。如果报文无此项目，那么开证日期就是该信用证报文的发送日期。

31D：DATE AND PLACE OF EXPIRY（到期日及地点）

该项目应当列明跟单信用证到期日和到期地点，如实按照开证申请书填写。如：20180808 IN CHINA。

32B：CURRENCY CODE，AMOUNT（币别代号、金额）

根据实际交易金额填写，如：USD 50,000、EUR10,000等。

50：APPLICANT（开证申请人）

应当列明具体的开证申请人名称及地址，系指向银行提出申请开立信用证的人，一般为进口商，就是买卖合同的买方。开证申请人为信用证交易的发起人。

59：BENEFICIARY（受益人）

系指信用证上所指定的有权使用该信用证的人。一般为出口商，也就是买卖合同的卖方。

41D：AVAILABLE WITH BY（向……银行押汇，押汇方式为……）

根据开证申请书的相关内容，指定有关银行及信用证兑付方式。如：ANY BANK IN CHINA BY NEGOTIATION（可在中国任何银行押汇）。

42C：DRAFTS AT（汇票期限）

该项目列明跟单信用证项下汇票付款期限。如果是即期，填"AT SIGHT"或"SIGHT"；如果是远期，要按照合同约定填写，一般为"AT ××× DAYS SIGHT"。

42A：DRAWEE（付款人）

该项目列明跟单信用证项下汇票的付款人。汇票付款人通常是开证银行、信用证申请人或开证银行指定的第三者。

43P：PARTIAL SHIPMENTS（分批装运）

该项目应当列明跟单信用证下的分批装运是否允许。填"ALLOWED"或"NOT ALLOWED"。

43T：TRANSHIPMENT（转运）

该项目应当列明跟单信用证下的转运是否允许。填"ALLOWED"或"NOT ALLOWED"。

44A：PORT OF LOADING/AIRPORT OF DEPARTURE（由……装船/发运/接管）

该项目应当列明跟单信用证项下装船、发运和接受监管的地点，即装运港。如：SHANGHAI，CHINA。

44B：FOR TRANSPORTATION TO（装运至……）

该项目列明跟单信用证项下货物最终目的地。如：NEWYORK，AMERICA。

44C：LATEST DATE OF SHIPMENT（最迟装运日）

该项目列明最迟装船、发运和接受监管的日期。如：20180808。

45A：DESCRIPTION OF GOODS（货物描述）

该项目包括商品英文名称、商品英文描述（必须与合同上商品描述完全一致）、商品销售数量（与合同一致，注意单位的单复数）、商品单价，贸易术语也要列入其中。

如：5,000 SETS BONE PORCELAIN DINNERWARE SET, 56 HEAD, ORDER NO.112, AS PER S/C NO. HY0011 AT USD40.00/SET CIF CAPETOWN, SOUTH AFRICA, PACKING：2SETS/CTN

46A：DOCUMENTS REQUIRED（单据条款）

信用证业务是纯单据业务，与实际货物无关，所以信用证上应按合同要求明确写出所应出具的单据，包括单据的种类，每种单据所表示的内容，正、副本的份数，出单人等。一般要求提示的单据有海运提单（或空运单）、发票、装箱单、重量证明、保险单、产地证、装船通知、受益人证明以及其他申请人要求的证明等。

47A：ADDITIONAL CONDITIONS（附加条件）

该项目列明信用证的附加条款。如：

+DOCUMENTS DATED PRIOR TO THE DATE OF THIS CREDIT ARE NOT ACCEPTABLE.

+THE NUMBER AND THE DATE OF THIS CREDIT AND THE NAME OF ISSUING BANK MUST BE QUOTED ON ALL DOCUMENTS.

71B：CHARGES（费用条款）

根据申请书填写。根据UCP600和交易习惯来说，开证行以外的所有银行费用由受益人担保。若报文无此项目，则表示除议付费、转让费外，其他费用均由开证申请人负担。如：ALL CHARGES AND COMMISSIONS OUT OF SOUTH AFRICA ARE FOR ACCOUNT OF BENEFICIARY。

48：PERIOD FOR PRESENTATION（交单期）

此项目应当列明所需单据须在运输单据出具日后（　　）天内提交，但不得超过信用证有效期。如：WITHIN 15 DAYS AFTER THE DATE OF SHIPMENT, BUT WITHIN THE VALIDITY OF THIS CREDIT。

(五)审核信用证的依据

1. 贸易合同

信用证的开立是以贸易合同为基础的,因此,信用证的各个条款必须和贸易合同条款严格相符。单证员在审核信用证条款时,应严格对照贸易合同逐字逐句进行,发现某些条款与贸易合同条款不一致时,要谨慎对待和处理。

2. UCP600

单证员在审核信用证时,应当严格遵循UCP600的规定分析信用证的各个条款是否可以接受。例如,UCP600第30条中有关金额、数量与单价的增减幅度a条规定,"约"或"大约"用于信用证金额或信用证规定的数量或单价时,应解释为允许有关金额或数量或单价有不超过10%的增减幅度。

3. 交易习惯和进口国的有关规定

在审核信用证的某些条款时,我们会发现,在贸易合同和UCP600中没有相应的规定,因此,我们就无法判断该条款是否可以接受。在这种情况下,我们就要分析和研究开证申请人的交易习惯和进口国的有关规定。比如,埃及进口商开来的信用证中有关于装运前检验证书的单据要求,这是埃及进口货物的特别规定,属于他们的交易习惯。

(六)审核信用证的要点

1. 对信用证本身的审核

(1)信用证开证申请人和受益人的名称和地址是否准确。开证申请人和受益人的名称和地址必须严格和贸易合同保持一致,甚至不能漏掉一个英文字母、一个标点等。

(2)信用证的金额、币种是否正确。要仔细核对金额大小写是否一致,币种代码是否正确。若贸易合同中有关于商品数量的溢短装条款,则信用证的金额也要相应规定调整幅度;若信用证的货物描述条款中已经列明了货物的数量和单价,应仔细计算货物总值是否正确。

(3)开证日期是否符合合同规定的期限。要仔细审核贸易合同支付条款中有关开立信用证方面的规定。首先要明确信用证的开立日期在国际贸易合同的订立日期之后。此外,若贸易合同要求在2020年8月31日之前,受益人要收到开证行开来的信用证,由该条款可以判定,信用证的开立日期一定在2020年8月31日之前,订立合同日期之后。

(4)装运期(或最迟装运期)、有效期、交单期是否合理。装运期(或最迟装运期)是指卖方将全部货物装上运输工具或交付给承运人的期限或最迟日期;有效期指的是信用证的到期日期,受益人即卖方在向银行提交单据时,不得迟于此日期;交单期指的是运输单据出单日期后必须向信用证指定的银行提交单据要求付款、承兑或议付的特定期限。在审核这3个日期时,我们要特别注意的是,装运期应不迟于信用证的有效期,交单期应当处于装运期之后。此外,根据UCP600第14条C款规定,如果单据中包含一份或多份受第十九、二十、二十一、二十二、二十三、二十四或二十五条规制的正本运输单据,则须由受益人或其代表在不迟于本惯例所指的发运日之后的21个日历日内交单,但是在任何情况下都不得迟于信用证的截止日。该条款说明,如果信用证没特别规定的话,交单期就是装运期的21天内。但是在任何情况下,交单期都不得迟于信用证的有效期。

2. 对信用证汇票条款的审核

(1)付款人是否为信用证中的开证行或指定的付款行。

（2）付款期限是否与合同中的付款期限相符。

3. 对信用证单据条款的审核

（1）信用证项下要求受益人提交议付的单据通常包括商业发票、海运提单、保险单、装箱单、检验证书及其他证明文件。要注意单据由谁出具、信用证对单据是否有特殊要求、单据的规定是否与合同条款一致等。

（2）信用证中有无影响收款的软条款。

4. 对信用证中货物描述的审核

（1）信用证中商品的品名、规格、包装、数量、贸易术语是否与销售合同一致。就数量而言，对于大宗散装货物，除非信用证规定数量不得有增减，那么在支付金额不超过信用证的情况下，货物数量可以允许有5%的增减，但不适用于以包装单位或以个体为计算单位的货物。

（2）唛头是否对应合同中的唛头。

（3）详细资料参照合同，这里要明确所引用的合同是否与买卖双方签订的合同相符。

5. 对信用证装运条款的审核

（1）装运港与目的港是否与合同相符。无论是否存在重名港问题，应当加以国别。

（2）装运时间是否恰当，若到证时间与装运期太近，无法如期装运，就应及时与开证申请人联系修改。逾期装运的运输单据将构成单证不符，银行有权不付款。

（3）货物是否允许转运，除非另有规定，货物是允许转运的。

（4）货物是否允许分批出运，若信用证中没有明确规定，应理解为货物是允许分批装运的。并且如果信用证中明确规定每一批货物出运的确切时间，则应注意能否悉数办到，如无法做到，则应立即要求修改。

6. 对信用证其他条款的审核

（1）信开/电开信用证是否有银行保证付款的责任文句，如：Undertaking clause of opening bank。

（2）信用证对费用的规定是否可接受。一般情况下，出口方银行的费用由受益人承担，进口方银行的费用由开证申请人承担。关于银行费用的承担问题，进出口双方应该在商务谈判时明确。

（3）信用证是否受 UCP600 的约束。

（七）修改信用证

1. 修改信用证的情形

（1）信用证条款本身的错误。比如外贸合同的保险险别是一切险，但是开证申请人在开证时误填成平安险，这种情况下，属于信用证条款本身出现错误，必须进行修改。

（2）实际业务发生变化。比如原定的装运港、卸货港、货物的单价、数量等条件发生变化时，受益人需要与开证申请人进行协商后对信用证条款进行修改。

2. 修改信用证的注意事项

（1）凡是需要修改的内容，应做到一次性向客人提出，避免出现多次修改信用证的情况。

（2）对于不可撤销信用证中任何条款的修改，都必须取得当事人的同意后才能生效。

（3）收到信用证修改后，应及时检查修改内容是否符合要求，并分情况表示接受或重新提出修改。

（4）对于修改内容要么全部接受，要么全部拒绝，部分接受修改中的内容是无效的。

（5）有关信用证修改必须通过原信用证通知行才真实有效，通过客人直接寄送的修改申请书或修改书复印件不是有效的修改。

（6）明确修改费用由谁承担：一般按照责任归属来确定修改费用由谁承担。

3. 改证的业务流程

改证的业务流程如图 1.1 所示。

第一步，受益人审核完信用证后，确定需要修改的条款，之后向开证申请人发改证函，协商改证事宜。

第二步，开证申请人同意修改信用证后，向开证行提交信用证修改申请书。

第三步，开证行同意修改信用证后，针对申请修改事项进行审核，审核通过后进行修改并向信用证通知行发出信用证修改书，修改书一经发出不能撤销。

图 1.1 改证的业务流程

第四步，通知行在收到信用证修改书后应检验和审核修改书的表面真实性，审核通过的，向受益人发出修改通知书。

第五步，受益人收到信用证修改通知书后，可作出接受或不接受的决定。若受益人接受修改，则信用证项下的修改事项自受益人接受起正式生效；若受益人不接受，则需将修改通知书退回至通知行，并附上表示拒绝接受修改的文件，此种情况下信用证修改无效。受益人对信用证修改拒绝或接受的表态，可不立即作出，最迟可以推迟至交单时作出。

能力测评

一、单选题

1. 进口商填写开证申请书的主要依据是（　　）。

A. 发票　　　　B. 贸易合同　　　C. 订单　　　　D. 进口货物许可证

2. 按 UCP600 解释，若信用证条款未明确规定是否"允许分批装运""允许转运"，则应视为（　　）。

A. 可允许分批装运，但不允许转运　　B. 可允许分批装运和转运

C. 可允许转运，但不允许分批装运　　D. 不允许分批装运和转运

3. 信用证规定部分信用证付款、部分托收，应分做两套汇票：信用证部分的以（　　）为付款人，托收部分的以（　　）为付款人。

A. 客户/银行　　B. 客户/客户　　C. 银行/银行　　D. 银行/客户

4. 在 CIF 和信用证支付的条件下，保险单的被保险人一栏应按信用证要求填制。如信用证规定"To order"，此栏应填写（　　）。

A. To order 并作空白背书　　　　B. To order of…

C. In favor of…　　　　　　　　D. To order of 加上被保险人名称

5. 转让信用证必须由开证行在证中注明"可转让"字样，其可转让（　　）。

A. 1 次　　　　B. 2 次　　　　C. 3 次　　　　D. 4 次

6. 如果信用证没有规定最晚交单期，按照 UCP600 规定，一般为装期后（　　）。

A. 10 天　　　　B. 15 天　　　　C. 20 天　　　　D. 21 天

7. 物品装船后，出口商持全套出口结汇单据送至（　　）进行议付。
   A. 开证行　　　　B. 议付行　　　　C. 付款行　　　　D. 银行
8. 信用证是基于（　　）进行的国际结算方式。
   A. 国家信用　　　B. 商业信用　　　C. 公司信用　　　D. 银行信用
9. 信用证开证申请主要体现了（　　）。
   A. 开证申请人与开证行之间的契约关系　B. 开证行与受益人之间的契约关系
   C. 开证申请人与受益人之间的契约关系　D. 开证行与议付行之间的契约关系
10. 一张有效的信用证必须规定一个（　　）。
    A. 装运期　　　　B. 有效期　　　　C. 交单期　　　　D. 议付期
11. 信用证业务是一种纯粹的（　　）业务。
    A. 单据　　　　　B. 货物　　　　　C. 服务　　　　　D. 银行
12. 一份信用证如果未注明是否可以撤销，则是（　　）的。
    A. 可以撤销　　　B. 不可撤销　　　C. 由开证行说了算　D. 由申请人说了算
13. 信用证规定最晚装运期为 6 月 30 日，到期日为 7 月 18 日。出口商备货出运，提单的日期为 6 月 28 日，规定交单期为 15 天。根据 UCP600 规定，受益人最后的交单期限为（　　）。
    A. 7 月 10 日　　B. 6 月 30 日　　C. 7 月 18 日　　D. 7 月 13 日
14. 根据《跟单信用证统一惯例》规定，合同中使用"大约""近似"等约量字眼，可解释为交货数量的增减幅度为（　　）。
    A. 不超过 5%　　B. 不超过 10%　　C. 不超过 15%　　D. 由卖方自行决定
15. 在信用证支付下，当信用证条款与买卖合同规定不一致时，受益人可以要求（　　）。
    A. 付款行修改　　　　　　　　　　B. 开证申请人修改
    C. 通知行修改　　　　　　　　　　D. 开证行修改

二、多选题

1. 循环信用证形式有（　　）。
   A. 非自动循环信用证　　　　　　　B. 半自动循环信用证
   C. 自动循环信用证　　　　　　　　D. 有时自动，有时非自动信用证
2. 根据《跟单信用证统一惯例》的规定，信用证的特点是（　　）。
   A. 必须是跟单信用证　　　　　　　B. 信用证是一项独立文件
   C. 信用证方式是纯单据业务　　　　D. 开证行是第一付款人
3. 信用证是指开证行应开证申请人的要求和指示，开给受益人在其履行信用证条件时付款的承诺文件。在国际贸易中，通常所使用的信用证大多是（　　）。
   A. 跟单信用证　　　　　　　　　　B. 不可撤销信用证
   C. 议付信用证　　　　　　　　　　D. 即期信用证
4. 银行处理信用证业务，是以单证表面相符原则来决定是否付款，而不管实际货物如何，因此出口方必须做到（　　），开证行才承担付款责任。
   A. 单证一致　　　　　　　　　　　B. 单单一致

C. 单同一致　　　　　　　　　　　D. 单货一致

5. 出票条款必须按信用证的描述填在 Drawn under 后，如信用证没有出票条款，其分别填写（　　）。

A. 开证行的名称　　　　　　　　　B. 开证行的地址

C. 信用证编号　　　　　　　　　　D. 开证日期

6. 审核信用证的依据是（　　）。

A. 外贸合同　　　B. 商业发票　　　C. UCP600　　　D. 业务实际情况

7. 信用证支付方式的特点是（　　）。

A. 信用证是一种单据的买卖　　　　B. 信用证是一种商业信用

C. 信用证是一种自足文件　　　　　D. 信用证是一种银行信用

8. 在信用证业务的有关当事人之间，一定存在契约关系的有（　　）。

A. 开证申请人与开证行　　　　　　B. 开证申请人与受益人

C. 开证行与受益人（信用证）　　　D. 开证申请人与通知行

9. UCP600 将信用证下的单据分为（　　）。

A. 商业单据　　　B. 运输单据　　　C. 保险单据　　　D. 包装单据

10. 信用证与合同的关系，下列表述正确的是（　　）。

A. 信用证以合同为基础开立　　　　B. 信用证与合同相互独立

C. 信用证是纯粹的单据买卖　　　　D. 合同是审核信用证的依据

三、判断题

1. 在信用证支付条件下，究竟提供何种结汇单证，包括单据的份数和制作要求，都必须严格地按照合同的规定。（　　）

2. 在信用证方式下，货物描述必须与信用证的描述一致，省略或增加货名的任何字或句都会造成单证不符。（　　）

3. 不可撤销信用证开出后，合同双方当事人不得因某种原因修改信用证中的某项内容。（　　）

4. 在规定装运条文时，如使用了"迅速""立即""尽快"或类似词句，按 UCP600 规定，银行可以接受。（　　）

5. 一张可撤销的信用证，无论在什么情况下，都可以撤销。（　　）

6. 保兑信用证中的保兑行对保兑信用证负第一性的付款责任。（　　）

7. 若错过了信用证有效期到银行议付，受益人只要征得开证人的同意，即可要求银行付款。（　　）

8. 信用证是一种银行开立的无条件承诺付款的书面文件。（　　）

9. UCP600 规定，凡"约""大约"用于信用证金额、数量和单价时，可解释为有 10% 的增减。（　　）

10. 在信用证有效期内，如果发生开证行倒闭或拒付，保兑行可以向受益人追索。（　　）

四、案例分析

1. 我公司与某外商签订了一份出口服装合同，合同中规定采用信用证方式付款，装运期为 10 月，由于双方大意合同中未对信用证的种类予以规定。我方收到对方来证后，也发现信用证中无信用证类别的规定，请问：我公司是否要等对方修改信用证后才执行？

2. 大连进出口贸易公司向日商出口大豆一批，支付方式为远期付款交单。货到目的港后，日商在汇票上进行承兑，并出具信托收据向开证行借单提货。当汇票到期时，该进口商因经营不善，无力偿还。试析，该损失应由谁承担？为什么？

3. 某公司与日商签订一份出口销售合同，合同的标的是 APPLE WINE（苹果酒）。日商来证中描述的品名是 CIDER（苹果汁）。卖方按信用证规定如期装运，并安全到达目的地。由于当时苹果酒市场的价格较大幅度走低，日商以单据与信用证规定的品名不同，不接受货物并拒绝付款。试分析其原因和教训。

拓展实训

实训项目

2019 年 8 月 8 日，山东允芷国际贸易有限公司（SHANDONG YUNZHI INTERNATIONAL TRADE CO., LTD.）与澳大利亚悉尼的 ONE METER SUNSHINE CO., LTD. 签订了一份出口黄桃罐头的出口合同，具体内容如下：

SALES CONTRACT

NO.：YZ012　　　　　　　　　　　　　　　　　　　　DATE：AUG. 08, 2019

THE SELLER：SHANDONG YUNZHI INTERNATIONAL TRADE CO., LTD.
　　　　　　　　8 HEBEI STREET, QINGDAO CITY, SHANDONG, CHINA
THE BUYER：ONE METER SUNSHINE CO., LTD.
　　　　　　　　NO. 95, GEORGE STREET, SYDNEY, AUSTRALIA

This Contract is made by and agreed between the Buyer and Seller, in accordance with the terms and conditions stipulated below.

Commodity & specification	Quantity	Unit price	Amount
Canned yellow peach 850G×24TINS/CTN	24,000TINS	CIF SYDNEY, AUSTRALIA USD4.00/TINS	USD96,000.00
TOTAL	24,000TINS		USD96,000.00
TOTAL VALUE: SAY U.S. DOLLAR NINTY-SIX THOUSAND ONLY.			

　　More or less 5% of the quantity and the amount are allowed.
PACKING：24 tins are packed in one standard carton.
MARKS：Shipping mark includes ONE METER SUNSHINE, S/C no., port of destination and carton no.
TIME OF SHIPMENT：
To be effected by the seller by the end of SEP. 30, 2019.
Transshipment is not allowed and partial shipment is not allowed.
PORT OF LOADING AND DESTINATION：
From QINGDAO, CHINA to SYDNEY, AUSTRALIA

INSURANCE: To be effected by the seller for 120% of invoice value covering All Risks as per CIC of PICC dated 01/01/1981.

TERMS OF PAYMENT: Irrevocable sight Letter of Credit, opened by the buyer through a bank acceptable to the seller not later than AUG. 20, 2019 and remaining valid for negotiation in China for further 15 days after the effected shipment.

DOCUMENTS:

+Signed Commercial Invoice in triplicate.

+Packing List in triplicate.

+Full set (3/3) of clean on board ocean Bill of Lading marked "freight prepaid" made out to order of shipper blank endorsed notifying the applicant.

+Insurance Policy in duplicate endorsed in blank for 120% invoice value, covering all risks of CIC of PICC (1/1/1981).

+Certificate of Origin certified by Chamber of Commerce or CCPIT.

+Beneficiary certificate certifying that shipping advice has been sent to the applicant by telex within 3 days after the date of bill of lading.

FORCE MAJEURE:

Either party shall not be held responsible for failure or delay to perform all or any part of this agreement due to flood, fire, earthquake, draught, war or any other events which could not be predicted, controlled, avoided or overcome by the relative party. However, the party affected by the event of Force Majeure shall inform the other party of its occurrence in writing as soon as possible and thereafter send a certificate of the event issued by the relevant authorities to the other party within 15 days after its occurrence.

This contract is made in four original copies and becomes valid after signature, two copies to be held by each party.

Signed by:

THE SELLER:	THE BUYER:
SHANDONG YUNZHI INTERNATIONAL TRADE CO., LTD.	ONE METER SUNSHINE CO., LTD.
YUNYUN	GEORGE

2019年8月15日，山东允芷国际贸易有限公司（SHANDONG YUNZHI INTERNATIONAL TRADE CO., LTD.）收到中国银行青岛分行国际结算的信用证通知函，并被告知ONE METER SUNSHINE CORPORATION已经通过悉尼COMMONWEALTH BANK OF AUSTRALIA开来信用证。信用证内容如下：

MT 700	ISSUE OF A DOCUMENTARY CREDIT
SENDER	COMMONWEALTH BANK OF AUSTRALIA
RECEIVER	BANK OF CHINA, QINGDAO, CHINA
SEQUENCE OF TOTAL	27: 1/1
FORM OF DOC. CREDIT	40A: IRREVOCABLE
DOC. CREDIT NUMBER	20: MS112233
DATE OF ISSUE	31C: 190815
APPLICABLE RULES	40E: UCP LATEST VERSION
DATE AND PLACE OF EXPIRY	31D: DATE 191030 PLACE IN CHINA

BENEFICIARY	50： ONE METER SUNSHINE CO. , LTD.
	NO. 95, GEORGE STREET, SYDNEY, AUSTRALIA.
APPLICANT	59： SHANDONG YUNZHI INTERNATIONAL TRADE CO. , LTD.
	8 HEBEI STREET, QINGDAO CITY, SHANDONG, CHINA
AMOUNT	32B： CURRENCY USD AMOUNT 96,000. 00
AVAILABLE WITH/BY	41D： BANK OF CHINA, QINGDAO BRANCH, BY NEGOTIATION
DRAFTS AT...	42C： 30 DAYS AFTER SIGHT
DRAWEE	42A： COMMONWEALTH BANK OF AUSTRALIA
PARTIAL SHIPMTS	43P： ALLOWED
TRANSSHIPMENT	43T： NOT ALLOWED
PORT OF LOADING/ AIRPORT OF DEPARTURE	44E： QINGDAO, CHINA
PORT OF DISCHARGE	44F： SYDNEY, AUSTRALIA
LATEST DATE OF SHIPMENT	44C： 190820
DESCRIPTION OF GOODS AND/OR SERVICES	45A： 24,000 TINS CANNED YELLOW PEACH, AS PER S/C NO. YZ012 AT USD 4. 00/TIN CIF SYDNEY, AUSTRALIA. 24TINS/CTN
DOCUMENTS REQUIRED	46A：

+SIGNED COMMERCIAL INVOICE IN TRIPLICATE.
+PACKING LIST IN TRIPLICATE.
+FULL SET (3/3) OF CLEAN ON BOARD OCEAN BILLS OF LADING MADE OUT TO ORDER MARKED "FREIGHT COLLECT" AND NOTIFY APPLICANT.
+CERTIFICATE OF ORIGIN FORM A CERTIFIED BY CUSTOMS.
+INSURANCE POLICY/CERTIFICATE IN DUPLICATE ENDORSED IN BLANK FOR 110% INVOICE VALUE, COVERING ALL RISKS AND WAR RISK OF CIC OF PICC (1/1/1981)
+SHIPMENT ADVICE SHOWING THE NAME OF THE CARRYING VESSEL, DATE OF SHIPMENT, MARKS, QUANTITY, NET WEIGHT AND GROSS WEIGHT OF THE SHIPMENT TO APPLICANT WITHIN 3 DAYS AFTER THE DATE OF BILL OF LADING.
+BENEFICIARY CERTIFICATE CERTIFYING THAT ONE SET OF SHIPPING DOCUMENTS HAS BEEN FAXED TO THE APPLICANT WITHIN ONE DAY AFTER SHIPMENT.

ADDITIONAL CONDITION   47A：
+DOCUMENTS DATED PRIOR TO THE DATE OF THIS CREDIT ARE NOT ACCEPTABLE.
+THE NUMBER OF THIS CREDIT MUST BE QUOTED ON ALL DOCUMENTS.

CHARGES   71B： ALL BANKING CHARGES OUTSIDE JAPAN INCLUDING REIMBURSING COMMISSIONS ARE FOR ACCOUNT OF BENEFICIARY.

【实训任务】

任务一：翻译外贸合同条款。

任务二：分析和翻译信用证条款。

任务三：根据外贸合同条款审核信用证，找出问题条款。

任务四：对信用证的问题条款提出修改意见。

项目二　商业发票和装箱单的制作

学习目标

【素质目标】
认识到商业发票和装箱单在传统外贸、跨境电商 B2B 进出口中的重要性
培养诚实守信、一丝不苟、严谨制单的工作作风
养成善于沟通和团队合作的工作品质

【知识目标】
理解商业发票和装箱单的定义和作用
熟悉商业发票和装箱单的分类
熟悉信用证和 UCP600 中关于商业发票的相关条款
掌握商业发票和装箱单的制作要点

【能力目标】
能够读懂信用证和外贸合同的货物描述条款、价格条款、单据条款、装运条款
能够根据信用证和外贸合同相关条款准确制作商业发票和装箱单
能够完成 1+X 跨境电商 B2B 数据运营职业技能等级证书对于商业发票制作要点的考核

导入项目场景

2019 年 5 月 25 日，河北箬婉国际贸易有限公司收到了中国银行唐山分行国际结算部转寄的信用证修改书，单证员婉儿审核信用证修改书，确认无误后，着手替代原信用证中的相关错误条款，继而产生一份新的信用证。内容如下：

```
MT 700              ISSUE OF A DOCUMENTARY CREDIT
SENDER      STANDARD BANK OF SOUTH AFRICA LTD., TSHWANE, SOUTH AFRICA
RECEIVER    BANK OF CHINA, TANGSHAN, CHINA
SEQUENCE OF TOTAL        27：1/1
FORM OF DOC. CREDIT      40A：IRREVOCABLE
DOC. CREDIT NUMBER       20：SABK225498
DATE OF ISSUE            31C：190520
APPLICABLE RULES         40E：UCP LATEST VERSION
```

DATE AND PLACE OF EXPIRY	31D：DATE 190830 PLACE IN CHINA
APPLICANT	50：WARM SUNSHINE TRADING CO. , LTD.
	30 SANTA MARIA AVENUE, TSHWANE CITY, SOUTH AFRICA
BENEFICIARY	59：HEBEI RUOWAN INTERNATIONAL TRADE CO. , LTD.
	18 XINYUAN STREET, TANGSHAN CITY, HEBEI PROVINCE, CHINA
AMOUNT	32B：CURRENCY USD AMOUNT 100,000.00
AVAILABLE WITH/BY	41D：ANY BANK IN CHINA, BY NEGOTIATION
DRAFTS AT ...	42C：AT SIGHT
DRAWEE	42A：STANDARD BANK OF SOUTH AFRICA LTD. , TSHWANE
PARTIAL SHIPMTS	43P：NOT ALLOWED
TRANSSHIPMENT	43T：ALLOWED
PORT OF LOADING/ AIRPORT OF DEPARTURE	44E：TIANJIN, CHINA
PORT OF DISCHARGE	44F：CAPETOWN, SOUTH AFRICA
LATEST DATE OF SHIPMENT	44C：190720
DESCRIPTION OF GOODS AND/OR SERVICES	45A：20,000 BAGS COOKED CHESTNUT KERNEL, AS PER S/C NO. NW018 AT USD5.00/BAG CIF CAPETOWN, SOUTH AFRICA PACKING：20 BAGS/CTN
DOCUMENTS REQUIRED	46A：

+SIGNED COMMERCIAL INVOICE IN TRIPLICATE.
+PACKING LIST IN TRIPLICATE.
+FULL SET (3/3) OF CLEAN "ON BOARD" OCEAN BILLS OF LADING MADE OUT TO ORDER MARKED "FREIGHT PREPAID" AND NOTIFY APPLICANT.
+CERTIFICATE OF ORIGIN CERTIFIED BY CHAMBER OF COMMERCE OR CCPIT.
+INSURANCE POLICY/CERTIFICATE IN DUPLICATE ENDORSED IN BLANK FOR 110% INVOICE VALUE, COVERING ALL RISKS AND WAR RISK OF CIC OF PICC (1/1/1981).
+SANITARY CERTIFICATE AND PHYTOSANITARY ISSUED BY THE CUSTOMS OF THE PEOPLE'S REPUBLIC OF CHINA.
+SHIPMENT ADVICE SHOWING THE NAME OF THE CARRYING VESSEL, DATE OF SHIPMENT, MARKS, QUANTITY, NET WEIGHT AND GROSS WEIGHT OF THE SHIPMENT TO APPLICANT WITHIN 3 DAYS AFTER THE DATE OF BILL OF LADING.
+BENEFICIARY CERTIFICATE CERTIFYING THAT SHIPPING ADVICE HAS BEEN SENT TO THE APPLICANT BY TELEX WITHIN 3 DAYS AFTER THE DATE OF BILL OF LADING.

ADDITIONAL CONDITION   47A：
+DOCUMENTS DATED PRIOR TO THE DATE OF THIS CREDIT ARE NOT ACCEPTABLE.
++THE NUMBER OF THIS CREDIT MUST BE QUOTED ON ALL DOCUMENTS.
+TRANSSHIPMENT ALLOWED AT NINGBO ONLY.
+SHORT FORM/CHARTER PARTY/THIRD PARTY BILL OF LADING ARE NOT ACCEPTABLE.
+BOTH QUANTITY AND CREDIT AMOUNT 5% MORE OR LESS ARE ALLOWED.

```
CHARGES                      71B： ALL CHARGES AND COMMISSIONS OUT OF SOUTH AFRICA ARE
                                   FOR ACCOUNT OF BENEFICIARY EXCLUDING REIMBURSING FEE.
PERIOD FOR PRESENTATION      48： WITHIN 21 DAYS AFTER THE DATE OF SHIPMENT, BUT WITHIN
                                   THE VALIDITY OF THIS CREDIT.
CONFIRMATION INSTRUCTION     49： WITHOUT
REIMBURSING BANK             53A： STANDARD BANK OF SOUTH AFRICA LTD., TSHWANE, SOUTH
                                   AFRICA
```

之后，河北箬婉国际贸易有限公司在确定交货期后，向唐山锦华板栗加工厂下达生产通知，通知工厂按时生产。在2019年6月20日，河北箬婉国际贸易有限公司的单证员婉儿收到了提供的熟制板栗仁实际出运信息：

品名：熟制板栗仁
实际出运数量：20,400袋
装箱规格：20袋/纸箱
纸箱尺码：40厘米×30厘米×30厘米
纸箱重量：毛重21千克/箱　　净重20千克/箱

任务分析

河北箬婉国际贸易有限公司的单证员婉儿请示外贸主管后，依据信用证相关条款和实际出运信息，着手完成以下任务：

【任务1】制作商业发票

（ISSUER）				
COMMERCIAL INVOICE				
To：		Invoice No.：		
		Invoice Date：		
		S/C No.：		
		L/C No.		
Transport Details				
Marks and Numbers	Number and kind of package Description of goods	Quantity	Unit Price	Amount
TOTAL：				

SAY TOTAL：	

【任务 2】 制作装箱单

PACKING LIST								
To：				Invoice No.：				
				Invoice Date：				
				S/C No.：				
				L/C No.				
Transport Details								
Marks and Numbers	Number and kind of package Description of goods	Quantity	Package	G. W	N. W	Meas.		
	TOTAL：							
SAY TOTAL：								

任务实施

在任务实施过程中，河北箸婉国际贸易有限公司的单证员婉儿一边学习制作要点一边制作商业发票和装箱单。

【任务 1】 制作商业发票

1. 发票名称

不同发票的名称表示不同用途，要严格根据信用证的规定制作发票名称。一般发票都印有"INVOICE"字样，前面不加修饰语，如信用证规定"COMMERCIAL INVOICE" "SHIPPING INVOICE" "TRADE INVOICE" 或 "INVOICE"，均可作商业发票理解。信用证如规定"DETAILED INVOICE"是指详细发票，则应加打"DETAILED INVOICE"字样，而且发票内容中的货物名称、规格、数量、单价、价格条件、总值等应一一详细列出。来证如要求"CERTIFIED INVOICE"证实发票，则发票名称为"CERTIFIED INVOICE"。同时，在发票内注明"We hereby certify that the contents of invoice herein are true & correct"。当然，发票下端通常印就的"E. &. O. E."（有错当查）应去掉。来证如要求"MANUFACTURER'S INVOICE"厂商发票，则可在发票内加注"We hereby certify that we are actual manufacturer of the goods invoice"。同时，要用人民币表示国内市场价，此价应低于出口FOB价。此外，又有"RECEIPT INVOICE"（钱货两讫发票）、"SAMPLE INVOICE"（样品发票）、"CONSIGNMENT INVOICE"（寄售发票）等。

> 本项目信用证中有关发票的描述是"+SIGNED COMMERCIAL INVOICE IN TRIPLICATE."。因此该发票的名称是：COMMERCIAL INVOICE。

2. 出票人（Issuer）

出票人又称为出单人，一般填写出口商的英文名称、地址、联系电话、传真等。根据UCP600规定，应与信用证受益人的名称和地址保持一致。一般来说，出票人名称和地址是相对固定的，因此有许多出口商在印刷空白发票时就印刷上这一内容。但当公司更名或搬迁后，应及时印刷新的发票，以免造成单证不符。

> 本任务信用证中"59栏目"为受益人（出口商）的描述，因此在商业发票的顶部填写的出票人是：
> HEBEI RUOWAN INTERNATIONAL TRADE CO., LTD.
> 18 XINYUAN STREET, TANGSHAN CITY, HEBEI PROVINCE, CHINA
> TEL：0086-315-2788888　　　　FAX：0086-315-2788888

3. 受票人（To）

受票人又称为抬头人，此项必须与信用证中所规定的严格一致。多数情况下填写进口商的名称和地址，且应与信用证开证申请人的名称和地址一致。如信用证无规定，即将信用证的申请人或收货人的名称、地址填入此项。如信用证中无申请人名字则用汇票付款人。在其他支付方式下，可以按合同规定列入买方的名称和地址。

> 本任务信用证中"50栏目"为开证申请人（进口商）的描述，因此在商业发票的"TO"后面应填写受票人的名称和地址：
> 50：WARM SUNSHINE TRADING CO., LTD.
> 30 SANTA MARIA AVENUE, TSHWANE CITY, SOUTH AFRICA

4. 发票号码、发票日期、合同号、信用证号码等

发票号码一般由出口企业自行编制。发票号码可以代表整套单据的号码，如装箱单号码、汇票的号码及其他一系列同笔合同项下的单据编号都可用发票号码代替，因此发票号码尤其重要。有时，有些地区为使结汇不致混乱，也使用银行编制的统一编号。

发票日期不能早于合同的签订日期，不能迟于提单的签发日期。一般都是在信用证开证日期之后、信用证有效期之前。

合同号应与外贸合同、信用证中列明的保持一致。

信用证号码应参照信用证中的"DOC. CREDIT NUMBER"栏目。

> 本任务中箸婉公司的单证员婉儿根据业务实际需要、外贸合同、信用证的相关条款制作发票号码、发票日期、合同号、信用证号码如下：
>
> Invoice No.：NW IV011
> Invoice Date：JUN. 20，2019
> S/C No.：NW018
> L/C No.：SABK225498

5. 运输详情（Transport Details）

一般应填写运输航线、运输方式，有时还加上运输工具的名称；运输航线要严格与信用证一致。如果在中途转运，在信用证允许的条件下，应表示转运及其地点。

例如：From Shanghai to Liverpool by Vessel.（所有货物于2017年7月1日通过海运，从上海港运往利物浦港。）

> 本任务中的运输详情应根据信用证的44E和44F条款制作：FROM TIANJIN，CHINA TO CAPETOWN，SOUTH AFRICA BY SEA/VESSEL。

6. 唛头及件数编号（Marks and Numbers）

一般来说，若信用证中规定了唛头，则严格按照信用证的规定制作唛头。若是信用证没有规定的话，则出口商可以根据自己的需要自行设计唛头，唛头一般由收货人名称、参考号、目的地、包装件号4个元素构成，每个元素占一行，每行不应超过17个字符，并且这些运输标志都应在包装物和相关单证上标出。比如，收货人名称是进口商英文名称中每个单词的首字母缩写或简称；参考号可以是外贸合同号或发票号；目的地应为标明货物最终目的地港口或地点（卸货港、交货地点、续运承运人交货地点）的名称；包装件号是标明包装物连续编号及已知的总件数，例如"1/1 000""2/1 000"……直到"1 000/1 000"。在单证上标注为"1/1 000"，表示包装物编号从1到1 000。不要使用像"P/NO（件号/总件数）"的字样进行标注。特别注意的是，如没有唛头应填"No Mark"或"N/M"。

> 本任务中箸婉公司的单证员婉儿根据公司需要自行设计的唛头如下：
>
> WARM SUNSHINE
> NW018
> CAPETOWN，SOUTH AFRICA
> C/NO. 1-1020

7. 货物描述（Description of Goods、Number and Kind of Package）

此栏是发票的主要部分，此栏应详细填明商品的英文名称及规格。品名规格应该严格按照信用证的规定或描述填写。货物的数量应该与实际装运货物相符，同时符合信用证的要求，如信用证没有详细的规定，必要时可以按照合同注明货物数量，但不能与信用证内容有抵触。

> 本任务中的货物描述栏根据信用证中的 45（DESCRIPTION OF GOODS AND/OR SERVICES）栏目可制作为：
> <u>COOKED CHESTNUT KERNEL</u>
> <u>1KG/BAG</u>
> AS PER THE CONFIRMED SAMPLE OF MAR. 03, 2019. PACKED IN 20 BAGS/CTN

8. 数量（Quantity）、单价（Unit Price）和金额小计（Amount）

数量是指货物的销售数量，与计量单位连用，如：500 PCS（注意单位的单复数）。注意该数量和计量单位既要与实际出运货物情况一致，又要与信用证要求一致。

单价由四个部分组成：计价货币、计量单位、单位数额和价格术语。如果信用证有规定，应与信用证保持一致；若信用证没规定，则应与合同保持一致。

金额小计必须列明币种及各项商品总金额（总金额=单价×数量）。除非信用证上另有规定，货物总值不能超过信用证金额，但是当合同中的部分金额采用信用证方式支付、部分金额采用汇付或托收等其他方式支付的情况下（如30%的预付款采用T/T方式结算，剩余的70%合同金额采用信用证方式支付），开具的商业发票的金额可能会超过信用证规定的金额。若信用证没规定，则应与合同保持一致。

实际制单时，若信用证要求在发票中扣除佣金，则必须扣除。折扣与佣金的处理方法相同。有时证内无扣除佣金规定，但金额正好是减佣后的金额，发票应显示减佣，否则发票金额超证。有时合同规定佣金，但来证金额内未扣除，而且证内也未提及佣金事宜，则发票不宜显示，待货款收回后另行汇给买方。另外，在CFR和CIF价格条件下，佣金一般应按扣除运费和保险费之后的FOB价计算。

> 根据以上制作要点，本任务中的数量（Quantity）、单价（Unit Price）和金额小计（Amount）可制作为：
>
> | Quantity | Unit Price | Amount |
> |---|---|---|
> | | <u>CIF CAPETOWN, SOUTH AFRICA</u> | |
> | 20,400 BAGS | USD5.00/BAG | USD102,000.00 |

9. 货物总值（Say Total）

此栏以大写文字写明发票总金额，必须与数字表示的货物总金额一致。

> 本任务中的货物总值可制作为：<u>SAY U. S. DOLLARS ONE HUNDRED AND TWO THOUSAND ONLY.</u>

10. 特别声明（Special Statements）

此栏目位于SAY TOTAL下方的空白处。信用证要求在发票内特别加列船名、原产地、进口许可证号码等声明文句，制单时必须详细列明。常用的声明字句有：

①证明所到货物与合同或订单所列货物相符。

如：We certify that the goods named have been supplied in conformity with Order No. 123.
兹证明本发票所列货物与第123号合同相符。

②证明原产地。

如：We hereby certify that the above mentioned goods are of Korean Origin.

或者：This is to certify that the goods named herein are of Korean Origin.

兹证明所列货物系韩国产。

③证明不装载于或停靠限制的船只或港口。

如：We certify that the goods mentioned in this invoice have not been shipped on board of any vessel flying Japanese flag or due to call at any Japanese port. 兹证明本发票所列货物不装载悬挂日本国旗或驶靠任何日本港口的船只。

④证明货真价实。

如：We certify that this invoice is in all respects true and correct both as regards to the price and description of the goods referred herein. 兹证明本发票所列货物在价格和品质规格各方面均真实无误。

⑤证明已经航邮有关单据。

如：This is to certify that two copies of invoice and packing list have been airmailed direct to applicant immediate after shipment. 兹证明发票、装箱单各两份，已于装运后立即直接航邮开证人。

11. 出票人签名（Signature）

商业发票只能由信用证中规定的受益人出具。

除非信用证另有规定，如果用影印、电脑处理或者复写方法制作出来的发票，应该在作为正本的发票上注明"正本"（ORIGINAL）的字样，并且由出单人签字。

UCP600规定商业发票可不必签字，但有时来证规定发票需要手签的，则不能盖胶皮签字章，必须手签。对墨西哥、阿根廷出口商品，即使信用证没有规定，也必须手签。

本任务中的出票人签名可制作为：
HEBEI RUOWAN INTERNATIONAL TRADE CO., LTD.
WANER

河北箬婉国际贸易有限公司的单证员婉儿根据上述商业发票各项目的制作要点，完成商业发票的制作。内容如下：

HEBEI RUOWAN INTERNATIONAL TRADE CO., LTD.
18 XINYUAN STREET, TANGSHAN CITY, HEBEI PROVINCE, CHINA
TEL：0086-315-2788888   FAX：0086-315-2788888

COMMERCIAL INVOICE

To Messer:	WARM SUNSHINE TRADING CO., LTD. 30 SANTA MARIA AVENUE, TSHWANE CITY, SOUTH AFRICA TEL：27-21-25456888 FAX：27-21-25456801	Invoice No.：	NW IV011
		Invoice Date：	JUN. 20, 2019
		S/C No.：	NW018
		L/C No.：	SABK225498
Transport Details	FROM TIANJIN, CHINA TO CAPETOWN, SOUTH AFRICA BY SEA/VESSEL			
Marks and Numbers	Number and kind of package Description of goods	Quantity	Unit Price	Amount

WARM SUNSHINE NW018 CAPETOWN SOUTH AFRICA C/NO. 1-1020	COOKED CHESTNUT KERNEL 1KG/BAG As per the confirmed sample of Mar. 3, 2019. PACKED IN 20 BAGS/CTN	20,400 BAGS	CIF CAPETOWN, SOUTH AFRICA	
			USD5.00/BAG	USD102,000.00
	TOTAL:	20,400 BAGS		USD102,000.00
SAY TOTAL:	SAY U.S. DOLLARS ONE HUNDRED AND TWO THOUSAND ONLY.			
	HEBEI RUOWAN INTERNATIONAL TRADE CO., LTD. WANER			

【任务2】 制作装箱单

1. 装箱单名称（Packing List）

此栏目应按照信用证规定使用。通常用"Packing List""Packing Specification""Detailed Packing List"表示。如果来证要求用中性包装单（Neutral Packing List），则包装单名称打"Packing List"，但包装单内不打卖方名称，不能签章。

常见的单据名称有：

PACKING LIST（NOTE）装箱单

WEIGHT LIST（NOTE）重量单

MEASUREMENT LIST 尺码单

PACKING LIST AND WEIGHT LIST 装箱单/重量单

PACKING NOTE AND WEIGHT NOTE 装箱单/重量单

PACKING LIST AND WEIGHT LIST AND MEASUREMENT 装箱单/重量单/尺码单

PACKING NOTE AND WEIGHT NOTE AND MEASUREMENT 装箱单/重量单/尺码单

WEIGHT AND MEASUREMENT LIST 重量单/尺码单

WEIGHT AND MEASUREMENT NOTE 重量单/尺码单

PACKING AND MEASUREMENT LIST 装箱单/尺码单

PACKING AND MEASUREMENT NOTE 装箱单/尺码单

> 本项目信用证中有关装箱单的描述是"+PACKING LIST IN TRIPLICATE."。因此该装箱单的名称是：PACKING LIST。

2. 出票人（Issuer）

出票人又称为出单人，一般填写出口商的英文名称、地址、联系电话、传真等。根据UCP600规定，应与信用证受益人的名称和地址保持一致。一般来说，出票人名称和地址是相对固定的，因此有许多出口商在印刷空白发票时就印刷上这一内容。但当公司更名或搬迁后，应及时印刷新的发票，以免造成单证不符。

> 本任务信用证中"59栏目"为受益人（出口商）的描述，因此在装箱单的顶部填写的出票人是：
> HEBEI RUOWAN INTERNATIONAL TRADE CO., LTD.
> 18 XINYUAN STREET, TANGSHAN CITY, HEBEI PROVINCE, CHINA
> TEL: 0086-315-2788888　　　　　FAX: 0086-315-2788888

3. 受票人（To）

受票人又称为抬头人，此项必须与信用证中所规定的严格一致。多数情况下填写进口商的名称和地址，且应与信用证开证申请人的名称和地址一致。如信用证无规定，即将信用证的申请人或收货人的名称、地址填入此项。如信用证中无申请人名字则用汇票付款人。在其他支付方式下，可以按合同规定列入买方的名称和地址。

> 本任务信用证中"50栏目"为开证申请人（进口商）的描述，因此在装箱单的"TO"后面应填写受票人的名称和地址：
> 50：WARM SUNSHINE TRADING CO., LTD.
> 30 SANTA MARIA AVENUE, TSHWANE CITY, SOUTH AFRICA

4. 发票号码、发票日期、合同号、信用证号码等

该栏目与商业发票保持一致。

5. 运输详情（Transport Details）

该栏目与商业发票保持一致。

6. 唛头及件数编号（Marks and Numbers）

该栏目与商业发票一致，有的注实际唛头，有时也可以只注"as per invoice No. ×××"。

7. 货物描述（Description of Goods、Number and Kind of Package）

该栏目要求与商业发票保持一致。货名如有总称，应先注总称，然后逐项列明每一包装件的货名、规格、品种等内容。

8. 外包装件数（Package）、毛重（G.W）、净重（N.W）和体积（Meas.）

填写每种货物的包装件数，最后在合计栏处注外包装总件数。合同中的数量一般为销售数量，外包装件数则需通过计算得出。如本任务中的销售数量是20,400袋，20 BAGS/CTN，20,400除以20等于1,020，因此，外包装的件数是1,020。

毛重应注明每个包装件的毛重和此包装件内不同规格、品种、花色货物各自的总毛重，最后在合计栏处注总毛重。如果只有一种货物、一种规格，则直接写总毛重即可。信用证或合同未要求，不注亦可。如：每个纸箱毛重21千克，纸箱数量1,020，则总毛重为21乘以1,020等于21,420KGS。

净重注明每个包装件的净重和此包装件内不同规格、品种、花色货物各自的总净重，最后在合计栏处注总净重。如果只有一种货物、一种规格，则直接写总净重即可。信用证或合同未要求，不注亦可。如：每个纸箱净重20千克，纸箱数量1,020，则总净重为20乘以1,020等于20,400KGS。

体积应注明每个包装件的体积，最后在合计栏处注总体积。如果只有一种货物、一种规格，则直接计算总体积即可。如每个纸箱尺寸40厘米×30厘米×30厘米，体积是0.036，纸箱数量1,020，那么总体积是36.72CBM。

> 本任务中外包装件数（PACKAGE）、毛重（G.W）、净重（N.W）和体积（Meas.）应制作为：
> PACKAGE　　　　G.W　　　　　　N.W　　　　　　　Meas.
> 1,020CTNS　　　21,420KGS　　　20,400KGS　　　　36.72CBM

9. 总包装件数（Say Total）

以大写文字写明总包装数量，必须与数字表示的包装数量一致。

> 本任务中的总包装件数应制作为：SAY ONE THOUSAND AND TWENTY CARTONS ONLY。

10. 出票人签名（Signature）

此栏目与商业发票保持一致。

> 本任务中的出票人签名可制作为：
> 　　　　　HEBEI RUOWAN INTERNATIONAL TRADE CO., LTD.
> 　　　　　　　　　　　　WANER

综上所述，河北箬婉国际贸易有限公司的单证员婉儿根据上述装箱单各项目的制作要点，完成装箱单的制作。内容如下：

	HEBEI RUOWAN INTERNATIONAL TRADE CO., LTD. 18 XINYUAN STREET, TANGSHAN CITY, HEBEI PROVINCE, CHINA TEL：0086-315-2788888　　FAX：0086-315-2788888					
	PACKING LIST					
To：	WARM SUNSHINE TRADING CO., LTD. 30 SANTA MARIA AVENUE, TSHWANE CITY, SOUTH AFRICA TEL：27-21-25456888 FAX：27-21-25456801		Invoice No.：	NW IV011		
			Invoice Date：	JUN. 20, 2019		
			S/C No.：	NW018		
			L/C No.：	SABK225498		
Transport Details	FROM TINAJIN, CHINA TO CAPETOWN, SOUTH AFRICA BY SEA/VESSEL					
Marks and Numbers	Number and kind of package Description of goods	Quantity	Package	G.W	N.W	Meas.
WARM SUNSHINE NW018 CAPETOWN C/NO. 1-1020	COOKED CHESTNUT KERNEL 1kg/bag As per the confirmed sample of Mar. 3, 2019. PACKED IN 20BAGS/CTN	20,400BAGS	1,020CTNS	21,420KGS	20,400KGS	36.72CBM
	TOTAL	20,400BAGS	1,020CTNS	21,420KGS	20,400KGS	36.72CBM
SAY TOTAL：	SAY ONE THOUSAND AND TWENTY CARTONS ONLY					
	HEBEI RUOWAN INTERNATIONAL TRADE CO., LTD. 　　　　　　　　WANER					

知识链接

一、商业发票

（一）商业发票的定义

商业发票（Commercial Invoice）是卖方（出口商）开立的载有货物名称、数量、价格等内容的总清单。在进出口贸易结算中，商业发票是卖方必须提供的主要单据之一，是出口贸易结算单据中最重要的单据，所有其他单据都应以它为中心来缮制。

（二）商业发票的作用

商业发票的作用有以下几方面：

（1）交易的合法证明文件。商业发票是卖方（出口商）向买方（进口商）发送货物的凭证，可供进口商了解和掌握装运货物的全面情况。

（2）记账的凭证。作为进口商记账、进口报关、海关统计和报关纳税的依据，是买卖双方收付货款和记账的凭证。

（3）报关征税的依据。出口商凭以发票的内容，逐笔登记入账。在货物装运前，出口商需要向海关递交商业发票，作为报关发票，海关凭以核算税金，并作为验关放行和统计的凭证之一。

（4）替代汇票使用。在不用汇票的情况下，商业发票可代替汇票起付款凭证的作用。

另外，一旦发生保险索赔时，发票可以作为货物价值的证明等。

> **随堂小案例**
>
> **商业发票证明类语句制作引发的案例**
>
> 2018年2月10日，河北AA国际货运代理公司与美国MELLY公司签订了一笔女士牛皮手提包的出口合同。合同规定以信用证方式支付。2月20日，出口商收到了进口商通过花旗银行开来的信用证，出口商单证员审核无误后，于3月20日，根据货物的实际出运信息和信用证有关发票的相关条款要求着手制作商业发票。在信用证中，对商业发票制作的其中一条要求是"INVONCE MUST INDICATE THE FOLLOWING：OCEAN FREIGHT, INSURANCE COST AND FOB VALUE"。而单证员在制作时，没有在商业发票上标注海运运费、保险费和FOB价值。结果，在向议付行交单时遭到拒付，没有及时得到货款。请问该责任应该由谁来承担？

（三）商业发票的形式

商业发票没有统一规定的格式，每个出具商业发票的单位都有自己的发票格式。虽然格式各有不同，但是，商业发票填制的项目大同小异。一般来说，商业发票应该具备以下主要内容：

1. 首文部分

首文应该列明发票的名称、发票号码、合同号码、发票的出票日期和地点，以及船名、装运港、卸货港、发货人、收货人等。这部分一般都是已印刷的项目，后面留有的空格须填写。

2. 文本部分

发票的文本主要包括唛头、商品名称、货物数量、规格、单价、总价、毛重/净重等内容。

3. 结文部分

发票的结文一般包括信用证中加注的特别条款或文句。发票的结文还包括发票的出票人签字。发票的出票人签字一般在发票的右下角，一般包括两部分内容：一是出口商的名称（信用证的受益人），二是出口公司经理或其他授权人手签，有时也用手签图章代替手签。

（四）UCP600中有关商业发票的相关条款

1. UCP600第17条对于单据的正本单据和副本单据的要求

a. 信用证中规定的各种单据必须至少提供一份正本。

b. 除非单据本身表明其不是正本，银行将视任何单据表面上具有单据出具人正本签字、标志、图章或标签的单据为正本单据。

c. 除非单据另有显示，银行将接受单据作为正本单据。

如果该单据：

ⅰ. 表面看来由单据出具人手工书写、打字、穿孔签字或盖章。

ⅱ. 表面看来使用单据出具人的正本信笺。

ⅲ. 声明单据为正本，除非该项声明表面看来与所提示的单据不符。

d. 如果信用证要求提交副本单据，则提交正本单据或副本单据均可。

e. 如果信用证使用诸如"一式两份""两张""两份"等术语要求提交多份单据，则可以提交至少一份正本，其余份数以副本来满足。但单据本身另有相反指示者除外。

2. UCP600第18条对于商业发票的要求

a. 商业发票：

ⅰ. 必须在表面上看来系由受益人出具（第三十八条另有规定者除外）。

ⅱ. 必须做成以申请人的名称为抬头（第三十八条（g）款另有规定者除外）。

ⅲ. 必须将发票币种作成与信用证相同币种。

ⅳ. 无须签字。

b. 按照指定行事的被指定银行、保兑行（如有）或开证行可以接受金额超过信用证所允许金额的商业发票，倘若有关银行已兑付或已议付的金额没有超过信用证所允许的金额，则该银行的决定对各有关方均具有约束力。

c. 商业发票中货物、服务或行为的描述必须与信用证中显示的内容相符。

3. UCP600第30条对于商业发票金额、数量以及单价的增减幅度要求

a. "约"或"大约"用于信用证金额或信用证规定的数量或单价时，应解释为允许有关金额或数量或单价有不超过10%的增减幅度。

b. 在信用证未以包装单位件数或货物自身件数的方式规定货物数量时，货物数量允许有5%的增减幅度，只要总支取金额不超过信用证金额。

c. 如果信用证规定了货物数量，而该数量已全部发运，及如果信用证规定了单价，而该单价又未降低，或当第三十条b款不适用时，则即使不允许部分装运，也允许支取的金额有 5%的减幅。若信用证规定有特定的增减幅度或使用第三十条 a 款提到的用语限定数量，则该减幅不适用。

二、包装单据

包装单是指一切记载或描述商品包装情况的单据，是商业发票的附属单据，也是货运单据中的一项重要单据。进出口贸易中的货物，除了一小部分货物属于散装货物或裸装货物外，绝大多数货物都需要包装。因此，在通常情况下，包装单据是必不可少的文件之一。进口地海关验货、公证行检验、进口商核对货物时，都以包装单据为依据，从而了解包装内的具体内容，以便其接收、销售。

根据客户的要求，可以使用不同形式、种类的包装单据，如装箱单、包装说明、详细装箱单、包装提要、重量单、重量证书、磅码单、尺码单、花色搭配单等。考虑到国际贸易结算过程中以信用证支付方式为主，因此制作的包装单据既要满足客户的要求，同时又要能够为银行所接受。基于以上几点，主要包装单据有装箱单、重量单和尺码单。

（一）装箱单（Packing List）

装箱单又称包装单，是发票的补充单据，它列明了信用证（或合同）中买卖双方约定的有关出口货物的包装形式、包装内容、数量、重量、体积或件数包装事宜的细节。通常可以将其有关内容加列在商业发票上，但是在信用证有明确要求时，就必须严格按信用证约定制作。其主要用途是商业发票的补充，通过商品的包装件数、规格、唛头、重量等项目的填制，明确阐明商品的包装情况，有利于买方对进口商品包装和数量的了解以及国外买方在货物到达目的港时，供海关检查和核对货物。

（二）重量单（Weight List/Weight Note）

重量单是按照装货重量（Shipping Weight）成交的货物，在装运时出口商必须向进口商提供的一种证明文件，它证明所装货物的重量与合同规定相符，货到目的港有缺重量时出口商不负责任。若按照卸货重量（Delivered Weight）成交的货物，如果货物缺重量时，进口商必须提供重量证明书，才可向出口商、轮船公司或保险公司提出索赔。

重量单上所反映的内容除了装箱单上的内容以外，需要尽量清楚地表明商品每箱毛重、净重以及总重量的情况，供买方安排运输、存仓时参考。

（三）尺码单（Measurement List）

尺码单是一种偏重于说明货物每件的尺码和总尺码的包装单据，是在装箱单的基础上再重点说明每件、每种规格项目的尺码和总尺码，如果包装内不是统一尺码的货物则应逐一加以说明。

能力测评

一、单选题

1. 发票的日期在结汇单据中应（　　）。
   A. 早于汇票的签发日期　　　　　　B. 早于提单的签发日期
   C. 早于保险单的签发日期　　　　　D. 是最早签发的单据日期

2. 单证缮制工作中，（ ）是最基本的前提。
   A. 正确　　　　　B. 完整　　　　　C. 及时　　　　　D. 简明
3. 在所有商业单据中处于中心单据地位的是（ ）。
   A. 商业发票　　　B. 海关发票　　　C. 海运提单　　　D. 保险单
4. 装箱单编号一般填写（ ）。
   A. 提单号码　　　B. 发票号码　　　C. 合同号码　　　D. 保险单号码
5. 以下哪种单据不属于发票类（ ）。
   A. 形式发票　　　B. 海关发票　　　C. 领事发票　　　D. 花色搭配单
6. 一般情况下，商业发票的金额应与（ ）一致。
   A. 合同金额　　　B. 信用证金额　　C. 保险金额　　　D. 实际发货金额
7. 信用证中规定"PACKING LIST IN FIVE COPIES"，则受益人提交的装箱单的份数为（ ）。
   A. 5 份副本　　　　　　　　　　　　B. 1 份正本 4 份副本
   C. 不需要提交正本　　　　　　　　　D. 5 份正本 5 份副本
8. 信用证要求提供厂商发票的目的是（ ）。
   A. 查验货物是否已经加工生产　　　　B. 核对货物数量是否与商业发票相符
   C. 检查是否有反倾销行为　　　　　　D. 确认货物数量是否符合要求
9. 使用 Freight Prepaid 的方式支付运费的是（ ）。
   A. FCA　　　　　B. FOB　　　　　C. CIF　　　　　D. FAS
10. 在下列价格术语中，卖方不负责办理出口手续及支付相关费用的是（ ）。
    A. EXW　　　　B. FAS　　　　　C. FOB　　　　　D. FCA
11. 信用证方式下，发票的出票人应是（ ）。
    A. 受益人　　　B. 开证申请人　　C. 议付行　　　　D. 通知行

二、多选题

1. 商业发票的作用是（ ）。
   A. 交易的证明文件　B. 记账的凭证　C. 报关征税的依据　D. 替代汇票
2. 商业发票的唛头若自行拟定的话，内容包括（ ）。
   A. 进口商名称的缩写　　　　　　B. 合同号（或商业发票号）
   C. 目的港　　　　　　　　　　　D. 件数
3. 在国际货物买卖过程中，商品价格通常包括的内容是（ ）。
   A. 计价货币　　B. 计量单位　　　C. 单位金额　　　D. 国际贸易术语

三、判断题

1. 商业发票上的货物描述应详细，与信用证严格一致，不可像其他单据那样使用统称。（ ）
2. 商业发票中的货物描述要求必须与信用证的描述逐字对应。（ ）
3. 如果合同和信用证中均未规定具体唛头，货物为大宗散装货物，则发票的唛头栏可以留空不填。（ ）

拓展实训

实训项目一

结合"工作项目一 信用证业务操作"的拓展实训。2019年9月14日，山东允芷国际贸易有限公司 SHANDONG YUNZHI INTERNATIONAL TRADE CO., LTD. 的外贸单证员芸芸根据实训项目一修改后的信用证条款和实际货物的出运信息填制商业发票和装箱单。

1. 信用证

MT 700	ISSUE OF A DOCUMENTARY CREDIT
SENDER	COMMONWEALTH BANK OF AUSTRALIA
RECEIVER	BANK OF CHINA, QINGDAO, CHINA
SEQUENCE OF TOTAL	27：1/1
FORM OF DOC. CREDIT	40A：IRREVOCABLE
DOC. CREDIT NUMBER	20：MS112233
DATE OF ISSUE	31C：190815
APPLICABLE RULES	40E：UCP LATEST VERSION
DATE AND PLACE OF EXPIRY	31D：DATE 191030 PLACE IN CHINA
APPLICANT	50：ONE METER SUNSHINE CO., LTD. NO. 95, GEORGE STREET, SYDNEY, AUSTRALIA.
BENEFICIARY	59：SHANDONG YUNZHI INTERNATIONAL TRADE CO., LTD. 8 HEBEI STREET, QINGDAO CITY, SHANDONG, CHINA
AMOUNT	32B：CURRENCY USD AMOUNT 96,000.00
AVAILABLE WITH/BY	41D：ANY BANK IN CHINA, BY NEGOTIATION
DRAFTS AT ...	42C：AT SIGHT
DRAWEE	42A：BANK OF CHINA, QINGDAO BRANCH, BY NEGOTIATION
PARTIAL SHIPMTS	43P：NOT ALLOWED
TRANSSHIPMENT	43T：NOT ALLOWED
PORT OF LOADING/ AIRPORT OF DEPARTURE	44E：QINGDAO, CHINA
PORT OF DISCHARGE	44F：SYDNEY, AUSTRALIA
LATEST DATE OF SHIPMENT	44C：190930
DESCRIPTION OF GOODS AND/OR SERVICES	45A：24,000 TINS CANNED YELLOW PEACH, AS PER S/C NO. YZ012 AT USD4.00/TIN CIF SYDNEY, AUSTRALIA. 24TINS/CTN.

2. 货物实际出运信息

DOCUMENTS REQUIRED   46A：
+SIGNED COMMERCIAL INVOICE IN TRIPLICATE. INVONCE MUST INDICATE THE FOLLOWING: OCEAN FREIGHT, INSURANCE COST AND FOB VALUE.
+PACKING LIST IN TRIPLICATE.

+FULL SET (3/3) OF CLEAN ON BOARD OCEAN BILLS OF LADING MADE OUT TO ORDER MARKED FREIGHT PREPAID AND NOTIFY APPLICANT.

+CERTIFICATE OF ORIGIN FORM A CERTIFIED BY CUSTOMS.

+INSURANCE POLICY/CERTIFICATE IN DUPLICATE ENDORSED IN BLANK FOR 120% INVOICE VALUE, COVERING ALL RISKS OF CIC OF PICC (1/1/1981)

+SHIPMENT ADVICE SHOWING THE NAME OF THE CARRYING VESSEL, DATE OF SHIPMENT, MARKS, QUANTITY, NET WEIGHT AND GROSS WEIGHT OF THE SHIPMENT TO APPLICANT WITHIN 3 DAYS AFTER THE DATE OF BILL OF LADING.

+BENEFICIARY CERTIFICATE CERTIFYING THAT SHIIPPING ADVICE HAS BEEN SENT TO THE APPLICANT BY TELEX WITHIN 3 DAYS AFTER THE DATE OF BILL OF LADING.

ADDITIONAL CONDITION　　　　　47A：

+DOCUMENTS DATED PRIOR TO THE DATE OF THIS CREDIT ARE NOT ACCEPTABLE.

+THE NUMBER OF THIS CREDIT MUST BE QUOTED ON ALL DOCUMENTS.

CHARGES　　　　　　　　　　71B：ALL BANKING CHARGES OUTSIDE JAPAN INCLUDING REIMBURSING COMMISSIONS ARE FOR ACCOUNT OF BENEFICIARY.

PERIOD FOR PRESENTATION　　48：WITHIN 15 DAYS AFTER THE DATE OF SHIPMENT, BUT WITHIN THE VALIDITY OF THIS CREDIT.

CONFIRMATION INSTRUCTION　　49：WITHOUT

REIMBURSING BANK　　　　　53A：COMMONWEALTH BANK OF AUSTRALIA

品名：黄桃罐头

数量：24,000罐　每24罐装入一纸箱

纸箱尺寸：40厘米×20厘米×20厘米

每箱毛重：22千克

每箱净重：20.4千克

商业发票号码：YZ2019012

商业发票日期：2019年9月15日

唛头由出口商自行拟定

【实训任务】

【任务一】制作商业发票

	COMMERCIAL INVOICE		
To:		Invoice No.：	
		Invoice Date：	
		S/C No.：	
		L/C No.：	
Transport Details			

Marks and Numbers	Number and kind of package Description of goods	Quantity	Unit Price	Amount
	TOTAL：			
SAY TOTAL：				

【任务二】制作装箱单

PACKING LIST

To：		Invoice No.：	
		Invoice Date：	
		S/C No.：	
		L/C No.：	

Transport Details						
Marks and Numbers	Number and kind of package Description of goods	Quantity	Package	G.W	N.W	Meas.
	TOTAL：					
SAY TOTAL：						

项目三　订舱委托书制作和海运提单审核

> **学习目标**

【素质目标】
认识到订舱委托书在进出口单证制作流程中的重要性
培养诚实守信、一丝不苟的工作作风
培养高度的爱国情怀和责任感
养成善于沟通和团队合作的工作品质

【知识目标】
熟悉企业选择国际货运代理公司的依据
熟悉集装箱班轮出口托运流程
理解订舱委托书和海运提单定义、作用以及海运提单分类
掌握订舱委托书的注意事项和海运提单的背面条款
掌握订舱委托书的制作要点和海运提单的审核要点

【能力目标】
能够读懂信用证和外贸合同的单据条款、装运条款
能够根据信用证和外贸合同相关条款准确制作订舱委托书和审核海运提单

> **导入项目场景**

2019年6月22日，河北箬婉国际贸易有限公司的单证员婉儿根据唐山锦华板栗加工厂提供的货物实际出运信息、商业发票、装箱单、订舱要求等，着手制作订舱委托书，并委托天津中和韵致国际货运代理公司办理订舱手续。

1. 商业发票

HEBEI RUOWAN INTERNATIONAL TRADE CO., LTD. 18 XINYUAN STREET, TANGSHAN CITY, HEBEI PROVINCE, CHINA TEL：0086-315-2788888　　FAX：0086-315-2788888		
COMMERCIAL INVOICE		
To Messer:	WARM SUNSHINE TRADING CO., LTD. 30 SANTA MARIA AVENUE, TSHWANE CITY, SOUTH AFRICA TEL：27-21-25456888　FAX：27-21-25456801	Invoice No.：　NW IV011 Invoice Date：　JUN. 20, 2019 S/C No.：　NW018 L/C No.：　SABK225498

Transport Details	FROM TIANJIN, CHINA TO CAPETOWN, SOUTH AFRICA BY SEA/VESSEL			
Marks and Numbers	Number and kind of packages Description of goods	Quantity	Unit Price	Amount
WARM SUNSHINE NW018 CAPETOWN SOUTH AFRICA C/NO. 1-1020	COOKED CHESTNUT KERNEL 1KG/BAG As per the confirmed sample of Mar. 03, 2019. PACKED IN 20BAGS/CTN	20,400BAGS	CIF CAPETOWN, SOUTH AFRICA	
			USD5.00/BAG	USD102,000.00
	TOTAL:	20,400BAGS		USD102,000.00
SAY TOTAL:	SAY U.S. DOLLARS ONE HUNDRED AND TWO THOUSAND ONLY.			
	HEBEI RUOWAN INTERNATIONAL TRADE CO., LTD. WANER			

2. 装箱单

	HEBEI RUOWAN INTERNATIONAL TRADE CO., LTD. 18 XINYUAN STREET, TANGSHAN CITY, HEBEI PROVINCE, CHINA TEL：0086-315-2788888　　FAX：0086-315-2788888					
	PACKING LIST					
To:	WARM SUNSHINE TRADING CO., LTD. 30 SANTA MARIA AVENUE, TSHWANE CITY, SOUTH AFRICA TEL：27-21-25456888 FAX：27-21-25456801		Invoice No.:	NW IV011		
			Invoice Date:	JUN. 20, 2019		
			S/C No.:	NW018		
			L/C No.:	SABK225498		
Transport Details	FROM TIANJIN, CHINA TO CAPETOWN, SOUTH AFRICA BY SEA/VESSEL					
Marks and Numbers	Number and kind of package Description of goods	Quantity	Package	G.W	N.W	Meas.
WARM SUNSHINE NW018 CAPETOWN C/NO. 1-1020	COOKED CHESTNUT KERNEL 1KG/BAG As per the confirmed sample of Mar. 03, 2019. PACKED IN 20BAGS/CTN	20,400BAGS	1,020CTNS	21,420KGS	20,400KGS	36.72CBM
	TOTAL	20,400BAGS	1,020CTNS	21,420KGS	20,400KGS	36.72CBM
SAY TOTAL:	SAY ONE THOUSAND AND TWENTY CARTONS ONLY					
	HEBEI RUOWAN INTERNATIONAL TRADE CO., LTD. WANER					

3. 货物实际出运信息
唐山锦华板栗加工厂的仓库地址：唐山市高新技术开发区锦华板栗加工厂 1 号仓库
联系人：梦梦　　电话：0315-3273333

任务分析

河北箸婉国际贸易有限公司的外贸单证员婉儿请示外贸主管后，着手完成以下任务：

【任务 1】与国际货运代理公司沟通确定船公司、船期、船名、航次

2019 年 6 月 22 日，单证员婉儿打电话主动联系与公司经常有业务往来的天津中和韵致国际货运代理公司的业务员梁华，将货物的名称、最迟装运期、装货港、卸货港等信息告知梁华，要求梁华根据天津至南非开普敦港的运价表，选择一家合适的集装箱运输公司，并及时向我公司发送船公司、船期、船名、航次等信息。

【任务 2】制作订舱委托书

订舱委托书（Booking Note）			
		年　　月　　日	
Shipper（托运人）	合同号		
	发票号		
	信用证号码		
	成交条件		
Consignee（收货人）	订舱要求及特别条款		
	装箱地址及联系方式		
Notify Party（通知人）			
装运港		目的港	
转船运输		分批装运	
装运期限		运费支付方式	
箱型及数量		装箱交接方式	
标记唛码	货物名称	包装件数	总毛重	总体积
受托人		委托人	

项目三 订舱委托书制作和海运提单审核

【任务3】审核海运提单样本

2019年6月27日，天津中和韵致国际货运代理公司向中远集装箱运输公司订舱成功后，会根据船公司或船代的要求，提前确认海运提单样本。同时，也会把海运提单样本传真给河北箬婉国际贸易有限公司的外贸单证员婉儿，婉儿的工作就是根据信用证条款、商业发票、装箱单、订舱委托书的内容对海运提单样本进行审核。

Shipper HEBEI RUOWAN INTERNATIONAL TRADE CO., LTD. 18 XINYUAN STREET, TANGSHAN CITY, HEBEI PROVINCE, CHINA		B/L NO. COSU45736 ***ORIGINAL*** 中远集装箱运输有限公司 **COSCO CONTAINER LINES** TLX：33057 COSCO CN FAX：+86（022）6545 8984 Port-to-port combined transport **BILL OF LADING**	
Consignee WARM SUNSHINE TRADING CO., LTD. 30 SANTA MARIA AVENUE, TSHWANE CITY, SOUTH AFRICA			
Notify Party WARM SUNSHINE TRADING CO., LTD. 30 SANTA MARIA AVENUE, TSHWANE CITY, SOUTH AFRICA			
Pre-carriage by	**Port of loading** TIANJIN, CHINA		
Ocean Vessel/Voy. No. XIN LANZHOU CII/140S	**Port of transshipment**		
Port of discharge CAPETOWN, SOUTH AFRICA	Final destination		
Marks and Nos. **Container/Seal No.**	**Number and kind of packages** **Description of goods**	Gross weight（kgs.）	Measurement（m³）
WARM SUNSHINE NW018 CAPETOWN C/NO. 1-1020 MADE IN CHINA COSU7348955/055623	COOKED CHESTNUT KERNEL SAY ONE THOUSAND AND TWENTY（1,020）CARTONS ONLY TOTAL 1×40' CONTAINER CY TO CY	21,420KGS	36.72 CBM
Total number of containers and/or packages（in words） SAY ONE THOUSAND AND TWENTY CARTONS ONLY.			
REGARDING TRANSSHIPMENT INFORMATION PLEASE CONTACT		Freight and charge COLLECT	
Ex. rate	Prepaid at	Freight payable at	Place and date of issue
	Total Prepaid	Number of original Bs/L THREE（3）	Signed for or on behalf of the Master

任务实施

在任务实施过程中，河北箸婉国际贸易有限公司的单证员婉儿和国际货运代理公司首先确定船公司、船期、船名、航次，之后一边学习制作要点一边制作订舱委托书。订舱成功后，单证员婉儿又着手审核海运提单样本。

【任务1】确定船公司、船期、船名、航次

2019年6月21日，箸婉公司的单证员婉儿收到了天津中和韵致国际货运代理公司的业务员梁华的推荐信息：中远海运集装箱运输有限公司，7月8日或10日船期，CY/CY，FCL/FCL。随后，婉儿登录中远集装箱运输公司的网站 https：//elines.coscoshipping.com/ebusiness/，进行船期表查询，查询结果如下：

货物类型	载重时间	离港时间	在途	船名/航线/航次-途经港口/地点	到港时间	出发地服务	目的地服务
GC，RF	2019/07/05	2019/07/06	36	XIN GANG ZHOU CII/199S QINGDAO-NINGBO 中转-CAPETOWN	2019/8/11	CY/DOOY	CY/DOOY
GC，RF	2019/07/07	2019/07/08	34	XIN GANG ZHOU CII/199S TIANJIN XINGANG-NINGBO 中转-CAPE TOWN	2019/8/11	CY/DOOY	CY/DOOY
GC，RF	2019/07/09	2019/07/10	33	XIN LANZHOU CII/140S TIANJIN XINGANG-NINGBO 中转-CAPETOWN	2019/8/11	CY/DOOY	CY/DOOY
GC，RF	2019/07/11	2019/07/12	40	XIN LANZHOU CII/140S TIANJIN XINGANG-NINGBO 中转-CAPETOWN	2019/8/17	CY/DOOY	CY/DOOY
GC，RF	2019/07/13	2019/07/14	39	XIN LANZHOU CII/140S QINGDAO-NINGBO 中转-CAPETOWN	2019/8/17	CY/DOOY	CY/DOOY

婉儿根据装货港、离港时间、在途时间等因素综合考虑，采纳天津中和韵致国际货运代理公司的建议，选择中远海运集装箱运输有限公司，2019年7月10日船期，船名、航次为XIN LANZHOU CII/140S。之后，婉儿着手制作订舱委托书，向天津中和韵致国际货运代理公司办理正式订舱手续。

【任务2】制作订舱委托书

1. 托运人（Shipper）

此栏应填写托运人的英文名称和地址。若是信用证结算方式的话，应填写信用证受益人

的名称和地址，如果信用证要求以第三者为托运人的必须按信用证的要求予以缮制。若是汇付和托收结算方式，一般填写外贸合同中卖方的名称和地址。

> 本任务下信用证中有关受益人的描述是：59 HEBEI NUOWAN INTERNATIONAL TRADE CO., LTD. 18 XINYUAN STREET, TANGSHAN CITY, HEBEI PROVINCE, CHINA。因此订舱委托书中的托运人一栏应填制为：
> HEBEI RUOWAN INTERNATIONAL TRADE CO., LTD.
> 18 XINYUAN STREET, TANGSHAN CITY, HEBEI PROVINCE, CHINA
> TEL：0086-315-2788888　　　　FAX：0086-315-2788888

2. 收货人（Consignee）

此栏目一般填写收货人的名称和地址，该栏目关系到提单能否转让以及货物的归属问题。在信用证结算方式之下，应严格按信用证中提单条款的具体规定填写，将来船公司签发的提单上的相应栏目也会参照订舱委托书中的写法。在汇付和托收的结算方式下，应严格按照合同中关于海运提单的收货人的要求来填制。

收货人即运输单据的抬头人，包括记名抬头、不记名抬头和指示抬头三种类型。采用记名抬头时，货物只能由特定的收货人提取，或者说承运人在卸货港只能把货物交给指定的收货人，如 A COMPANY 或 B COMPANY 等。如果承运人将货物交给提单指定的以外的人，即使该人占有提单，承运人也应负责。这种记名提单失去了代表货物可转让流通的便利，但同时也可以避免在转让过程中可能带来的风险，因此记名抬头的很少使用。采用不记名抬头时，收货人栏一般空着不填或填写 TO THE BEARER 或 TO HOLDER，相应的提单无需背书即可流通转让，这样风险很大，因此也很少使用。在实际进出口业务中，指示抬头的应用比较广泛，一般有四种写法：

a. 凭银行指示：即提单收货人栏填写为"To the order of ×× Bank"。

b. 凭收货人指示：即提单收货人栏填写为"To the order of A. B. C. Co. Ltd."。

c. 凭发货人指示：即提单收货人栏填写为"To the order of shipper"，并由托运人在提单背面空白背书。这种提单亦可根据信用证的规定而作成记名背书。托收人也可不作背书，在这种情况下则只有托运人可以提货，即卖方保留货物所有权。

d. 不记名指示：即提单收货人栏填写为"To the order"，并由托运人在提单背面作空白背书。亦可根据信用证的规定而作成记名背书。

> 本任务下信用证中关于海运提单的描述是："+FULL SET (3/3) OF CLEAN 'ON BOARD' OCEAN BILLS OF LADING MADE OUT TO ORDER MARKED FREIGHT PREPAID AND NOTIFY APPLICANT."
> 因此在订舱委托书中的收货人应填制为：**TO ORDER**

3. 通知人（Notify Party）

通知人也称抬头人，此项必须与信用证中所规定的严格一致。多数情况下填写进口商的名称和地址，且应与信用证开证申请人的名称和地址一致。如信用证无规定，即将信用证的申请人或收货人的名称、地址填入此项。如信用证中无申请人名字则用汇票付款人。在其他支付方式下，可以按合同规定列入买方名称和地址。

43

> 本任务信用证中"50栏目"对开证申请人（进口商）的描述是 WARM SUNSHINE TRADING CO., LTD. 30 SANTA MARIA AVENUE, TSHWANE CITY, SOUTH AFRICA.
> 因此在订舱委托书中的通知人应填制为：
> **WARM SUNSHINE TRADING CO., LTD.**
> **30 SANTA MARIA AVENUE, TSHWANE CITY, SOUTH AFRICA**

4. 合同号、发票号、信用证号、成交条件等参考信息

合同号应与外贸合同、信用证中列明的保持一致。

发票号应与商业发票的号码保持一致。

信用证号应参照信用证中的"DOC. CREDIT NUMBER"栏目。

成交条件应与合同、信用证列明的保持一致。一般为 CIF、CFR、FOB、CIP、CPT、FCA、EXW 等。

> 本任务中根据外贸合同、信用证、商业发票的相关条款制作的合同号、发票号、信用证号、成交条件如下：
> 合同号：**NW018**
> 发票号：**NW IV011**
> 信用证号：**SABK225498**
> 成交条件：**CIF**

5. 装运港和目的港

此栏目应按照合同和信用证的规定来填写。

> 本任务中的装运口岸和目的港应根据信用证的 44E 和 44F 条款制作如下：
> 装运口岸：**TIANJIN, CHINA**
> 目的港：**CAPETOWN, SOUTH AFRICA**

6. 转船运输和分批装运

此栏目应严格按照合同和信用证规定填写。若合同和信用证规定了转运港，则在转船运输栏填写"是"，否则填"否"；若合同和信用证规定了可以分批装运，则在分批装运栏填写"是"，否则填"否"。

> 本任务中根据合同和信用证规定应填制为：
> 转船运输：**是**　　分批装运：**否**

7. 装运期限

此栏应严格按照合同和信用证中的装运条款来填制。

> 本任务中的合同描述为：TIME OF SHIPMENT：to be effected by the seller by the end of JUL. 20, 2019. 信用证中的描述为：LATEST DATE OF SHIPMENT　44C：190720。因此订舱委托书中的装运期限应填制为：
> **JUL. 20, 2019**

8. 运费支付方式

此栏目应填写为 PREPAID 或 COLLECT。在 CIF、CIP、CFR、CPT 贸易术语下，运费支付方式为预付 PREPAID；在 FOB、FCA 贸易术语下，运费支付方式为 COLLECT。

> 本任务中的贸易术语为 CIF CAPETOWN, SOUTH AFRICA，因此，运费支付方式应填制为：**PREPAID**。

9. 箱型及数量

此栏目要根据货物的特性、总件数、总毛重以及总体积来填制。如果合同和信用证已经规定好箱型及数量，可以直接按照规定填制。如果合同和信用证并未规定箱型及数量，要根据货物的特性、集装箱的规格合理选择，其中 GP 为普箱，HQ 为高箱，RF 为冷藏箱。

规格	长×宽×高（米）	配货毛重（吨）	体积（立方米）
20GP	内：5.898×2.352×2.385 外：6.058×2.438×2.591	17.5	33.1
40GP	内：12.032×2.352×2.385 外：12.192×2.438×2.591	22	67.5
40HQ	内：12.032×2.352×2.69 外：12.192×2.438×2.896	22	76.2
20RF	内：5.480×2.286×2.235 外：6.058×2.438×2.591	17	28
40RF	内：11.585×2.29×2.544 外：12.192×2.438×2.896	22	67.5

> 本任务中的货物为袋装熟制板栗，选择普箱即可。货物的件数为 1,020 箱；总毛重为 21,420 千克，即 21.42 吨；总体积为 36.72 立方米。按照集装箱规格可选择 1 个 40 英尺集装箱即可。因此，箱型及数量栏目应填制为：**1×40' GP**。

10. 集装箱交接方式

此栏目应按照实际情况填制。

集装箱货物根据装箱数量和方式分为整箱和拼箱两种：

（1）整箱（FCL）：货主向承运人或租赁公司租用一定的集装箱。空箱运到工厂仓库后在海关人员监管下，货主把货装入箱内，铅封加锁后，交承运人并取得场站收据，最后凭收据换取提单或运单。

（2）拼箱（LCL）：承运人接受货主托运的数量不足整箱的，小票货运后根据货类性质和目的地进行分类整理，把去同一目的地的货，集中到一定数量，拼装入箱。

整箱和拼箱在交接方式上有所不同，大致有以下四类：

（1）整箱交、整箱接（FCL/FCL）：货主在工厂或仓库把装满货后的整箱交给承运人，收货人在目的地以同样整箱接货，换言之，承运人以整箱为单位负责交接。货物的装箱和拆箱均由货方负责。

（2）拼箱交、拆箱接（LCL/LCL）。货主将不足整箱的小票托运货物在集装箱货运站或内陆转运站交给承运人，由承运人负责拼箱和装箱（Stuffing, Vanning）运到目的地货运站或内陆转运站，由承运人负责拆箱（Unstuffing, Devanning），拆箱后，收货人凭单接货。货物的装箱和拆箱均由承运人负责。

（3）整箱交、拆箱接（FCL/LCL）。货主在工厂或仓库把装满货后的整箱交给承运人，在目的地的集装箱货运站或内陆转运站由承运人负责拆箱后，各收货人凭单接货。

（4）拼箱交、整箱接（LCL/FCL）。货主将不足整箱的小票托运货物在集装箱货运站或内陆转运站交给承运人。由承运人分类调整，把同一收货人的货集中拼装成整箱，运到目的地后，承运人以整箱交，收货人以整箱接。

上述各种交接方式中，以整箱交、整箱接效果最好，也最能发挥集装箱的优越性。

> 本任务中根据托运人要求和集装箱实际情况，集装箱交接方式应填制为：
> **FCL/FCL**

11. 标记唛码、货物名称、包装件数、总毛重、总体积

标记唛码栏目应与商业发票、装箱单保持一致。

货物名称栏目应严格与合同、信用证保持一致，可以只填写商品的英文名称，也可以写统称。

包装件数、总毛重、总体积这三个栏目应与装箱单保持一致。

> 本任务中根据合同、信用证、商业发票和装箱单的内容，此栏目应填制为：
> 标记唛码　　　　货物名称　　　　包装件数　　　总毛重　　　总体积
> WARM SUNSHINE　COOKED CHESTNUT　1,020CTNS　21,420KGS　36.72CBM
> 　　NW018　　　　　KERNEL
> CAPETOWN, SOUTH AFRICA
> 　　　C/NO. 1-1020

12. 订舱要求及特别条款

此栏目一般填写托运人对于订舱的要求，比如预订的船公司的名称、船期、装箱方式以及对集装箱冷藏、熏蒸的要求等。装箱方式一般从门到门、内装箱或自拉自送三种方式中进行选择。门到门是指由托运人负责装载的集装箱，在其货仓或厂库交承运人验收后，由承运人负责全程运输，直到收货人的货仓或工厂仓库交箱为止。内装箱是指在规定的时间内由托运人将货物送到货代指定的场站或仓库装箱。自拉自送是托运人自己从集装箱堆场提取空箱，将货物装箱后再送至集装箱堆场或码头。若要选择门到门，应注明托运人的装箱地址及联系方式等，若要选择内装箱或自拉自送，应标清货代公司的联系方式以及进仓地址。

此栏目中的特别条款主要是信用证中与提单相关的条款，比如信用证要求将原产地显示在提单上。

项目三　订舱委托书制作和海运提单审核

　　根据任务一选定的船公司的名称和船期，以及信用证对于提单的特殊要求：47A+THE NUMBER OF THIS CREDIT MUST BE QUOTED ON ALL DOCUMENTS. 本栏目应填制为：**请订中远海运集装箱运输有限公司 2019 年 7 月 10 日的船期，门到门；**
提单上要显示：L/C NO. SABK225498

13. 装箱地址及联系方式
本栏目应按照货物实际出运信息填制。

本任务中根据货物实际出运信息应填制为：
唐山市高新技术开发区锦华板栗加工厂 1 号仓库；
联系人：梦梦；
联系电话：0315-3333333

河北箬婉国际贸易有限公司的单证员婉儿根据上述订舱单各项目的制作要点，完成订舱单的制作。内容如下：

14. 委托人
此栏目一般填写委托人（即出口商）公司名称、联系电话以及委托人的签名。

本任务中的委托人可填制为：
　　HEBEI NUOWAN INTERNATIONAL TRADE CO.，LTD.
　　电话：0086-315-2788888　　传真：0086-315-2788888
　　联系人：Waner

15. 受托人
此栏目一般填写受托人（国际货运代理公司）的名称、地址、联系电话等信息。

本任务中的受托人可填制为：
　　天津中和韵致国际货运代理公司
　　天津滨海新区新港路 80 号
　　电话：022-28886666　　传真：022-28886666
　　联系人：梁华

河北箬婉国际贸易有限公司的单证员婉儿根据上述订舱委托书各项目的制作要点，完成订舱委托书的制作。内容如下：

订舱委托书（Booking Note）			
	2019 年　6 月　25 日		
托运人（Shipper） HEBEI RUOWAN INTERNATIONAL TRADE CO.，LTD. 18 XINYUAN STREET, TANGSHAN CITY, HEBEI PROVINCE, CHINA TEL：0086-315-2788888　FAX：0086-315-2788888		合同号	NW018
~		发票号	NW IV011
~		信用证号码	SABK225498
~		成交条件	CIF

收货人（Consignee） TO ORDER	订舱要求及特别条款 请订中远海运集装箱运输有限公司2019年7月10日的船期，门到门； 提单上要显示：L/C NO. SABK225498 装箱地址及联系方式 唐山市高新技术开发区锦华板栗加工厂1号仓库； 联系人：梦梦； 联系电话：0315-3333333
通知人（Notify Party） WARM SUNSHINE TRADING CO.，LTD. 30 SANTA MARIA AVENUE, TSHWANE CITY, SOUTH AFRICA	

装运口岸	TIANJIN, CHINA	目的港	CAPETOWN, SOUTH AFRICA
转船运输	ALLOWED	分批装运	PROHIBITED
装运期限	JUL. 20, 2019	运费支付方式	PREPAID
箱型及数量	1×40' GP	集装箱交接方式	FCL/FCL
标记唛码	货物名称	包装件数	总毛重	总体积
WARM SUNSHINE NW018 CAPETOWN C/NO. 1-1020	COOKED CHESTNUT KERNEL	1,020CTNS	21,420KGS	36.72CBM

受托人： 天津中和韵致国际货运代理公司 天津滨海新区新港路80号 电话：022-28886666　传真：022-28886666 联系人：梁华	委托人： HEBEI RUOWAN INTERNATIONAL TRADE CO.，LTD. 电话：0086-315-2788888　传真：0086-315-2788888 联系人：Waner

【任务3】审核海运提单样本

订舱成功后，6月27日，天津中和韵致国际货运代理公司的业务员梁华将中远海运集装箱运输公司的船代发来的海运提单的样本电传给河北箬婉国际贸易有限公司的单证员婉儿，要求其确认一下提单内容。婉儿首先学习海运提单各项目的审核要点，然后提出了自己的审核意见。

（一）海运提单审核要点

1. 托运人（Shipper）

一般为信用证中的受益人。如果开证人为了贸易上的需要，要求做第三者提单（Third Party，B/L），也可照办。

2. 收货人（Consignee）

如要求记名提单，则可填上具体的收货公司或收货人名称；如属指示提单，则填为"指示"（Order）或"凭指示"（To Order）；如需在提单上列明指示人，则可根据不同要求，作成"凭托运人指示"（To The Order Of Shipper），"凭收货人指示"（To The Order Of Consignee）或"凭银行指示"（To The Order Of ×× Bank）。

3. 被通知人（Notify Party）

这是船公司在货物到达目的港时发送到货通知的收件人，有时为进口人。在信用证项下的提单，一般为信用证的申请人，如信用证上对提单被通知人有具体规定时，则必须严格按信用证要求填写。如果是记名提单或收货人指示提单，且收货人又有详细地址的，则此栏可以不填。如果是空白指示提单或托运人指示提单则此栏必须填列被通知人名称及详细地址，否则船方就无法与收货人联系，收货人也不能及时报关提货，甚至会因超过海关规定申报时间被没收。

4. 提单号码（B/L NO.）

一般列在提单右上角，以便于工作联系和查核。发货人向收货人发送装船通知（Shipment Advice）时，也要列明船名和提单号码。

5. 船名（Name Of Vessel）

应填列货物所装的船名及航次。

6. 装货港（Port Of Loading）

应填列实际装船港口的具体名称。

7. 卸货港（Port Of Discharge）

填列货物实际卸下的港口名称。如属转船，第一程提单上的卸货港填转船港，收货人填二程船公司；第二程提单装货港填上述转船港，卸货港填最后目的港。如由第一程船公司出联运提单（Through B/L），则卸货港可填最后目的港，提单上列明第一和第二程船名。如经某港转运，要显示"Via ××"字样。在运用集装箱运输方式时，使用"联合运输提单"（Combined Transport B/L），提单上除列明装货港，卸货港外，还要列明"收货地"（Place Of Receipt），"交货地"（Place Of Delivery）以及"第一程运输工具"（Pre-carriage By），"海运船名和航次"（Ocean Vessel，Voy NO.）。填写卸货港，还要注意同名港口问题，如属选择港提单，就要在这栏中注明。

8. 货名（Description Of Goods）

一般需要与货物出口时向当地海关申报的品名一致，在信用证项下货名必须与信用证上规定的一致。

9. 件数和包装种类（Number And Kind Of Packages）

要按实际包装情况填写。

10. 唛头（Shipping Marks）

信用证有规定的，必须按规定填写，否则可按发票上的唛头填写。

11. 毛重、尺码（Gross Weight，Measurement）

除信用证另有规定外，一般以公斤为单位列出货物的毛重，以立方米列出货物体积。

12. 运费和费用（Freight And Charges）

一般为预付（Freight Prepaid）或到付（Freight Collect）。如 CIF 或 CFR 出口，一般均填上运费预付（Prepaid）字样，千万不可漏列，否则收货人会因运费问题而提不到货，虽可查清情况，但拖延提货时间，也将造成损失。如是 FOB 出口，则运费可制作"运费到付（Collect）"字样，除非收货人委托发货人垫付运费。

13. 提单的签发、日期和份数

提单必须由承运人或船长或他们的代理签发，并应明确表明签发人身份。一般表示方法有：Carrier, Captain 或 "As Agent For The Carrier：×××" 等。提单份数一般按信用证要求出具，如"Full Set Of"一般理解成三份正本若干份副本，等其中一份正本完成提货任务后，其余各份失效。提单还是结汇的必需单据，特别是跟单信用证结汇时，银行要求所提供的单证必须一致，因此提单上所签的日期必须与信用证或合同上所要求的最迟装船期一致或先于装期。如果卖方估计货物无法在信用证最迟装运期前装上船，应尽早通知买方，要求修改信用证，而不应利用"倒签提单""预借提单"等欺诈行为取得货款。

（二）审核意见

河北箬婉国际贸易有限公司的单证员婉儿学习了上述海运提单的审核要点之后，着手审核天津中和韵致国际货运代理公司发来的海运提单样本，经过仔细审核，发现存在的问题并提出修改意见：

1. 海运提单的收货人出现错误

信用证中的 46A 有关海运提单的描述是"+FULL SET（3/3）OF CLEAN 'ON BOARD' OCEAN BILLS OF LADING MADE OUT TO ORDER MARKED FREIGHT PREPAID AND NOTIFY APPLICANT."此句中指出海运提单的收货人（CONSIGNEE）为"TO ORDER"，而发来的海运提单样本中收货人（CONSIGNEE）是"WARM SUNSHINE TRADING CO., LTD. 30 SANTA MARIA AVENUE，TSHWANE CITY，SOUTH AFRICA"，因此，海运提单的收货人应改为：

```
CONSIGNEE（收货人）：
TO ORDER
```

2. 海运提单没有标注信用证的号码

信用证中 47A 有关注意事项的描述是"+THE NUMBER OF THIS CREDIT MUST BE QUOTED ON ALL DOCUMENTS."，就是将信用证的号码显示在所有的单据上。但是发来的海运提单样本中并没有标注信用证的号码。因此，海运提单应改为：

```
Number and kind of packages
Description of goods

COOKED CHESTNUT KERNEL
SAY ONE THOUSAND AND TWENTY（1,020）CARTONS ONLY
TOTAL 1×40' CONTAINER. DR/CR
L/C NO.  2254 SABK225498
```

3. 海运提单运费的支付方式错误

箬婉贸易有限公司的外贸合同规定的贸易术语为 CIF，运费的支付方式应为 PREPAID。但是发来的海运提单样本中显示的是：COLLECT。因此，海运提单应改为：

```
Freight and Charge
PREPAID
```

箬婉有限公司的单证员婉儿审核完海运提单后，将修改意见发给中和韵致国际货运代理公司，要求船公司或船代进行修改。经修改后的海运提单如下：

Shipper HEBEI RUOWAN INTERNATIONAL TRADE CO., LTD. 18 XINYUAN STREET, TANGSHAN CITY, HEBEI PROVINCE, CHINA			B/L NO.　COSU45736		ORIGINAL
Consignee TO ORDER			中远集装箱运输有限公司 COSCO CONTAINER LINES TLX：33057 COSCO CN FAX：+86（022）6545 8984 Port-to-port combined transport BILL OF LADING			
Notify party WARM SUNSHINE TRADING CO., LTD. 30 SANTA MARIA AVENUE, TSHWANE CITY, SOUTH AFRICA					
Pre-carriage by		Port of loading TIANJIN, CHINA			
Ocean vessel/voy. No. XIN LANZHOU CII/140S		Port of transshipment			
Port of discharge CAPETOWN, SOUTH AFRICA		Final destination			
Marks and Nos. Container/Seal No.	No. of Containers or Packages	Description of goods	Gross weight （kgs.）		Measurement （m³）
WARM SUNSHINE NW018 CAPETOWN C/NO. 1-1020 MADE IN CHINA	SAY ONE THOUSAND AND TWENTY （1,020）CARTONS ONLY TOTAL 1×40' CONTAINER DR/DR COSU7348955/055623	COOKED CHESTNUT KERNEL L/C NO. SABK225498	21,420KGS		36.72 CBM
Total number of containers and/or packages（in words）		SAY ONE THOUSAND AND TWENTY CARTONS ONLY			
Freight and charge	Revenue tons	Rate	Per	Prepaid	Collect
Declared value charge				Prepaid	
Ex. rate	Prepaid at	Freight payable at	Place and date of issue TIANJIN, JUL. 10, 2019		
^^	Total prepaid	Number of original Bs/L THREE（3）	Signed for or on behalf of the Master COSCO CONTAINER LINES		
LADEN ON BOARD THE VESSEL					
DATE	JUL. 10, 2019		BY	COSCO CONTAINER LINES	

知识链接

一、外贸企业选择国际货运代理公司的依据

1. 货运代理熟知海运地理方面的常识

由于船舶进出于不同国家，作为国际货运代理公司，必须熟知世界地理及航线、港口所处位置、转运地及其内陆集散地。另外，货代还应了解国际贸易的模式及其发展趋势、货物的流向等。

2. 货运代理熟知不同类型运输方式对货物的适用性

世界航运市场上存在4种运输方式：班轮运输、租船运输、无船承运人运输和多式联运。班轮运输的特点是定时间、定航线、定港口顺序和定费率；租船运输即不定期运输，指不设固定的航线和时间表，按照航运市场供求关系，可以在任何航线上从事营运业务，运价尚可协商，适用于大宗散货承运；无船承运人是指从事定期营运的承运人，但并不拥有或经营海上运输所需的船舶，无船承运人相对于实际托运人是承运人身份，但相对于实际承运人又是托运人的身份。

对于货主或托运人而言，选择好适当的运输方式，取决于货运代理是否精于以下几个方面业务：

（1）运输服务的定期性，如货物须在某一固定时间内运出则应选择班轮运输。

（2）运输速度。

（3）运输费用，当运输时间和运输速度不是托运人或货主考虑的主要因素时，运价就成为最重要的因素。

（4）运输的可靠性，选择货运所要托付的船公司前应考察其实力信誉，以减少海事欺诈而成为受害者的可能性。

（5）经营状况和责任，表面上某一船舶所有人对船舶享有所有权，而事实上他将船舶抵押给银行，并通过与银行的经营合同而成为经营人，这会给将来货物运输纠纷诉诸法院时的货主利益带来负面影响。

3. 货运代理了解不同类型的船舶对货主货物的适应性

作为货运代理人，必须了解船舶特征，如船舶登记国和吨位、总登记吨（GRT）、净登记吨（NRT）、散装容、包装容、总载重吨（DWT）、载重线、船级等方面的知识。较佳的货运代理还应了解几种特别的货船类型，如班轮、半集装箱船、半托盘船、散货船、滚装船及全集装箱船等。

4. 一流的货运代理熟知航运法规

货运代理人除应了解《海牙规则》《威斯比规则》《汉堡规则》以外，还应适当了解货物出口地或目的港国家的海运法规、港口操作习惯等。

一流的货运代理熟练操作海上货物运输的单证，并能确保海运单证制作的正确、清晰和及时。主要海运单证包括提单、海运单、舱单、发货单、提货单、装箱单、港站收据、大副收据等。

5. 较佳的货运代理懂得海关手续和港口作业流程

在进出口贸易中，清关是货运代理的一项传统职能。在货运代理与海关当局及其客户的

双重关系中，对于货运代理的法律职位，各国的规定不尽相同，但海关代理通常是由政府授权的。客户（即货主）应考虑货代作为海关代理的身份，在其履行职责的过程中，是否具有保护客户和海关当局双方责任的能力。

货运代理具备疏导离港手续、保税贮存、内陆结关等的代理能力，港口程序的运作能力是非常重要的。此外，货运代理所能提供的较低运费率也是考虑的重要因素，货运代理主要与班轮费率关系密切。

二、集装箱班轮出口托运流程

目前，出口货物托运流程分为杂货班轮托运流程和集装箱班轮托运流程，下面重点介绍集装箱班轮出口托运流程：

（1）外贸企业根据外贸合同或信用证的内容着手编制订舱委托书，同时电传给国际货运代理公司，委托其办理国际货物运输的订舱手续。

（2）货运代理公司根据货主的具体要求按航线分类整理后，填制好国际海运出口托运单，及时向船公司或其代理订舱。

（3）船公司或船代接受订舱后，向国际货运代理公司下达配舱回单或提箱联系单，订舱工作即告完成，也就意味着托运人和承运人之间的运输合同已经缔结。同时，要求国际货运代理公司或托运人将货物按照规定的时间送达指定的港口集装箱堆场或码头仓库。

（4）国际货运代理公司通知托运人（外贸企业）订舱信息，并着手编制订舱清单，然后分送集装箱堆场（CY）或集装箱货运站（CFS），据以安排空箱及办理货运交接。

（5）托运人（外贸企业）或国际货运代理公司从集装箱堆场提取空箱，从门到门、内装箱或自拉自送三种装箱方式中选择一种进行装箱。

（6）托运人（外贸企业）、国际货运代理公司将货物按照规定的时间送到集装箱堆场或港口码头仓库，交给港口理货公司，完成集装箱集港任务。

（7）港口堆场或码头仓库收到货物后签发场站收据给国际货运代理公司。

（8）托运人（外贸企业）填制好出口货物报关单，委托国际货运代理公司或报关行向海关申报报关，海关审查合格后，下达通关无纸化出口放行通知书，指示国际货运代理公司可以在港区装船发运。

（9）货物按照订舱时间装船发运后的三天内，收到船公司或船代发来的提单进行确认。经外贸企业确认后，货代公司在海运提单申领单上签字盖章，凭此到船舶代理公司换领正本海运提单，待收到外贸企业的费用后，将正本提单寄给外贸企业。

三、订舱委托书

1. 订舱委托书的定义

订舱委托书简称托书，英文名称是 Booking Note，是指承运人或其代理人在接受发货人或货物托运人的订舱时，根据发货人的书面申请、货物托运的情况安排集装箱货物运输而制定的单证。它是进出口企业向承运人提供出口货物的必要资料，是承运人定舱配载的依据。

订舱委托书没有固定格式，不同进出口公司缮制的委托书不尽相同，但主要内容都要包含在内。其中主要包括托运人、收货人、装货港、卸货港、唛头、货物描述、货物毛重、货物体积、运费的支付方式、所订船期、订舱章以及其他需要在订舱委托书中体现的，例如目的港免用箱期申请等。

2. 订舱委托书的作用

（1）承运人制作、签发提单的依据。

（2）报关单的依据。

（3）目的港代理交货依据。

（4）出口商申请出口退税的依据。

3. 制作订舱委托书的注意事项

（1）确认委托书所载品名是否是危险品，是否是液体（对接载液体以及电池有特殊要求），确认品名的另外一个作用就是查明该产品是否存在海关监管条件。

（2）确认件数，确认货物尺寸体积是否超过装载装箱能力；确认重量是否有单件货物超过3吨，如果超过3吨需要和仓库确认是否有装箱能力。

（3）订舱委托书是预配舱单以及提单确认的初步依据，因此要确保一次性准确完整。

（4）如需要投保、熏蒸、打托缠膜、拍照、换单，要在订舱委托书显要位置注明。

（5）所订船期受到外商订购合同、备货时间、商检时间等制约，因此要根据实际情况合理安排订舱日期。

（6）遇到拼箱出口未能按时出运，并未按时撤载，会产生亏舱费。

四、海运提单

1. 海运提单的定义

海运提单简称提单，英文全称是 Bill of Lading（B/L），是指由船长或船公司或其代理人签发的，证明已收到特定货物，承诺将货物运到特定的目的地，并交付给收货人的凭证。同时，海运提单也是收货人在目的港向船公司或其代理提取货物的凭证。

2. 海运提单的性质和作用

（1）货物收据。

提单是承运人签发给托运人的收据，确认承运人已收到提单所列货物并已装船，或者承运人已接管了货物，已代装船。

（2）运输契约证明。

运输契约证明是托运人与承运人的运输契约证明。承运人之所以为托运人承运有关货物，是因为承运人和托运人之间存在一定的权利义务关系，双方权利义务关系以提单作为运输契约的凭证。

（3）货物所有权凭证。

提单是货物所有权的凭证。谁持有提单，谁就有权要求承运人交付货物，并且享有占有和处理货物的权利，提单代表了其所载明的货物。

3. 海运提单的背面条款

提单的背面印有各种条款，一般分为两类：一类属于强制性条款，其内容不能违背有关国家的海商法规、国际公约或港口惯例的规定，违反或不符合这些规定的条款是无效的。一类是任意性条款，即上述法规、公约和惯例没有明确规定，允许承运人自行拟订的条款。所有这些条款都是表明承运人与托运人以及其他关系人之间承运货物的权利、义务、责任与免责的条款，是解决他们之间争议的依据。各船公司的提单背面条款繁简不一，有些竟达三四十条，但内容大同小异，现将主要条款内容介绍如下：

(1) 定义（Definition）：各船公司的提单中，一般都订有定义条款，对作为运输合同当事人一方的"货方"（Merchant）的含义和范围作出规定，将"货方"定义为"包括托运人、受货人、收货人、提单持有人和货物所有人"。

(2) 首要条款（Paramount Clause）：说明提单所适用的法律依据，即如果发生纠纷时，应按哪一国家的法律裁决。这一条款一般印刷在提单条款的上方，通常列为第一条。

(3) 承运人责任条款（Carrier's Responsibility Clause）：说明签发本提单的承运人对货物运输应承担的责任和义务。由于提单的首要条款都规定了提单所适用的法规，而不论有关提单的国际公约或各国的海商法都规定了承运人的责任，凡是列有首要条款或类似首要条款的提单都不再以明示条款将承运人的责任列记于提单条款中。如果首要条款规定海牙规则适用于本提单，那么，海牙规则所规定的承运人责任，也就是签发本提单的承运人对货物运输应承担的责任和义务。

(4) 承运人责任期间条款（Carrier's Period of Responsibility Clause）：各船公司的提单条款中都列有承运人对货物运输承担责任的开始和终止时间的条款。根据海牙规则，承运人从装船开始到卸船为止的期间对货物负责，也即通常所称的"钩至钩"（Tackle to Tackle）责任，具体指货物从挂上船上吊机的吊钩到卸货时下吊钩为止。但这种规定与普通班轮运输现行的"仓库收货、集中装船"和"集中卸货、仓库交付"的货物交接做法不相适应，一些船公司为了争揽货载，也常在责任期间向两端延伸，并将延伸了的责任期间列记于提单条款之中。因此，针对这种情况以及集装箱运输出现之后的实际情况，汉堡规则将承运人的责任期间扩大至"包括在装货港、在运输途中以及在卸货港、货物在承运人掌管下的全部时间"。这与海牙规则比较起来，无疑是延长了承运人的责任期间，加重了承运人的责任。

(5) 免责条款（Exception Clause）：由于提单的首要条款都规定了提单所适用的法规，而不论有关提单的国际公约或各国的海商法都规定了承运人的免责事项，所以不论提单条款中是否列有免责事项条款的规定，承运人都能按照提单适用法规享受免责权利。譬如海牙规则有17项免责事项，如地震、海啸、雷击等天灾、战争、武装冲突和海盗袭击、检疫或司法扣押、罢工停工、触礁搁浅、在海上救助或者企图救助人命或者财产，因托运人过失如包装不良、货物的自然特性或者固有缺陷如容积或重量的"正常损耗"等免责事项。

(6) 索赔条款（Claim Clause）：包括损失赔偿责任限制（Limit of Liability），即指已明确承运人对货物的灭失和损坏负有赔偿责任应支付赔偿金时，承运人对每件或每单位货物支付的最高赔偿金额；索赔通知（Notice of Claim），亦称货物灭失或损害通知（Notice of Loss Damage）；诉讼时效（Time Bar），即指对索赔案件提起诉讼的最终期限，等等。

(7) 包装与唛头（标志）条款（Packing and Mark Clause）：要求在起运之前，托运人对货物加以妥善包装、货物唛头必须确定明显，并将目的港清楚地标明在货物外表，在交货时仍要保持清楚。

(8) 运费条款（Freight Clause）：预付运费应在起运时连同其他费用一并支付。如装运易腐货物、低值货物、动植物、舱面货等，其运费和其他费用必须在起运时全部付清。到付费用在目的港连同其他费用一起支付。另外，承运人有权对货物的数量、重量、体积和内容等进行查对，如发现实际情况与提单所列情况不符，而且所付运费低于应付运费，承运人有权收取罚金，由此而引起的一切费用和损失应由托运人负担。

（9）留置权条款（Lien Clause）：如果货方未交付运费、空舱费、滞期费、共同海损分摊的费用及其他一切与货物有关的费用，承运人有权扣押或出售货物以抵付欠款，如仍不足以抵付全部欠款，承运人仍有权向货方收回差额。

（10）转运或转船条款（Transshipment Clause）：如果需要，承运人有权将货物转船或改用其他运输方式或间接运至目的地。由此引起的费用由承运人负担，但风险由货方负担。承运人的责任只限于其本身经营船舶所完成的运输。

（11）卸货和交货条款（Discharging and Delivery Clause）：船到卸货港后，收货人应及时提货，否则承运人有权将货物卸到岸上或卸在其他适当场所，一切费用和风险应由货方承担。

（12）动植物和舱面货条款（Animals, Plants and on Deck Cargo Clause）：根据海牙规则，这些货物不包括在"货物"的范围之内，因此承运人对这些货物的灭失或损坏不负赔偿责任。但是只有对运输合同载明并且实际装舱面（甲板）上的"舱面货"，承运人才可免责。

（13）危险品条款（Dangerous Cargo Clause）：危险品的装运必须由托运人在装船时声明，如不声明可标明，承运人有权将该货卸下、抛弃或消灭而不予赔偿。

4. 海运提单的分类

（1）按提单收货人的抬头划分。

①记名提单（Straight B/L）。

记名提单又称收货人抬头提单，是指提单上的收货人栏中已具体填写收货人名称的提单。提单所记载的货物只能由提单上特定的收货人提取，或者说承运人在卸货港只能把货物交给提单上所指定的收货人。如果承运人将货物交给提单指定的以外的人，即使该人占有提单，承运人也应负责。这种提单失去了代表货物可转让流通的便利，但同时也可以避免在转让过程中可能带来的风险。

使用记名提单，如果货物的交付不涉及贸易合同下的义务，则可不通过银行而由托运人将其邮寄给收货人，或由船长随船带交。这样，提单就可以及时送达收货人，而不致延误。因此，记名提单一般只适用于运输展览品或贵重物品，特别是短途运输中使用较有优势，而在国际贸易中较少使用。

②不记名提单（Bearer B/L, or Open B/L, or Blank B/L）。

提单上收货人一栏内没有指明任何收货人，而注明"提单持有人"（Bearer）字样或将这一栏空白，不填写任何人的名称的提单。这种提单不需要任何背书手续即可转让或提取货物，极为简便。承运人应将货物交给提单持有人，谁持有提单，谁就可以提货，承运人交付货物只凭单，不凭人。这种提单丢失或被窃，风险极大，若转入恶意的第三者手中时，极易引起纠纷，故国际上较少使用这种提单。另外，根据有些班轮公会的规定，凡使用不记名提单，在给大副的提单副本中必须注明卸货港通知人的名称和地址。

③指示提单（Order B/L）。

在提单正面"收货人"一栏内填上"凭指示"（To Order）或"凭某人指示"（Order Of...）字样的提单。指示提单按照表示指示人的方法不同，又分为托运人指示提单、记名指示人提单和选择指示人提单。如果在收货人栏内只填记"指示"字样，则称为托运人指示提单。这种提单在托运人未指定收货人或受让人之前，货物所有权仍属于卖方，在跟单信用证支付方式下，托运人就是以议付银行或收货人为受让人，通过转让提单而取得议付货款的。如果收货人栏内填记"某某指示",则称为记名指示提单,如果在收货人栏内填记"某某或某某指示",则称为选择指示人提单。记名指示提单或选择指示人提单中指名的"某某"既可以是银行的名称,也可以是托运人。

指示提单是一种可转让提单。提单的持有人可以通过背书的方式把它转让给第三者,而不须经过承运人认可,所以这种提单为买方所欢迎。而不记名指示(托运人指示)提单与记名指示提单不同,它没有经提单指定的人背书才能转让的限制,所以其流通性更大。指示提单在国际海运业务中使用较广泛。

(2)按货物是否已装船划分。

①已装船提单(Shipped B/L, or On Board B/L)。

已装船提单是指货物装船后由承运人或其授权代理人根据大副收据签发给托运人的提单。如果承运人签发了已装船提单,就是确认他已将货物装在船上。这种提单除载明一般事项外,通常还必须注明装载货物的船舶名称和装船日期,即提单项下货物的装船日期。

由于已装船提单对于收货人及时收到货物有保障,所以在国际货物买卖合同中一般都要求卖方提供已装船提单。根据国际商会1990年修订的《国际贸易术语解释通则》的规定,凡以CIF或CFR条件成立的货物买卖合同,卖方应提供已装船提单。在以跟单信用证为付款方式的国际贸易中,更是要求卖方必须提供已装船提单。国际商会1993年重新修订的《跟单信用证统一惯例》规定,如信用证要求海运提单作为运输单据时,银行将接受注明货物已装船或已装指定船只的提单。

②收货待运提单(Received for Shipment B/L)。

收货待运提单又称备运提单、待装提单,或简称待运提单。它是承运人在收到托运人交来的货物但还没有装船时,应托运人的要求而签发的提单。签发这种提单时,说明承运人确认货物已交由承运人保管并存在其所控制的仓库或场地,但还未装船。所以,这种提单未载明所装船名和装船时间,在跟单信用证支付方式下,银行一般都不肯接受这种提单。但当货物装船,承运人在这种提单上加注装运船名和装船日期并签字盖章后,待运提单即成为已装船提单。同样,托运人也可以用待运提单向承运人换取已装船提单。中国《海商法》第七十四条对此作了明确的规定。

这种待运提单于19世纪晚期首先出现于美国,其优点在于:对托运人来说,他可以在货物交承运人保管之后至装船前的期间,尽快地从承运人手中取得可转让提单,以便融通资金,加速交易进程;而对于承运人来说,则有利于招揽生意,拓宽货源。但这种提单同时也存在一定的缺陷:首先,因待运提单没有装船日期,很可能因到货不及时而使货主遭受损失;其次,待运提单上没有肯定的装货船名,致使提单持有人在承运人违约时难以向法院申请扣押船只;另外,待运提单签发后和货物装船前发生的货损、货差由谁承担也是提单所适用的法律和提单条款本身通常不能明确规定的问题,实践中引起的责任纠纷也难以解决。基于上述原因,在贸易实践中,买方一般不愿意接受这种提单。

随着集装箱运输的发展,承运人在内陆收货越来越多,而货运站不能签发已装船提单,货物装入集装箱后没有特殊情况,一般货物质量不会受到影响。港口收到集装箱货物后,向托运人签发"场站收据",托运人可持"场站收据"向海上承运人换取"待运提单",这里的待运提单实质上是"收货待运提单"。由于在集装箱运输中,承运人的责任期间已向两端延伸,所以根据《联合国国际货物多式联运公约》和《跟单信用证统一惯例》的规定,在集装箱运输中银行还是可以接受以这种提单办理货款的结汇的。

中国《海商法》第七十四条规定："货物装船前，承运人已经应托运人的要求签发收货待运提单或者其他单证的，货物装船完毕，托运人可以将收货待运提单或者其他单证退还承运人，以换取已装船提单，承运人也可以在收货待运提单上加注承运船舶的船名和装船日期，加注后的收货待运提单视为已装船提单。"

由此可见，从承运人的责任来讲，集装箱的"收货待运提单"与"已装船提单"是相同的。因为集装箱货物的责任期间是从港口收货时开始的，与非集装箱货物从装船时开始的情况不同。跟单信用证惯例也允许接受集装箱的"收货待运提单"。但是在国际贸易中的信用证往往规定海运提单必须是"已装船提单"，使开证者放心。

（3）按提单上有无批注划分。

①清洁提单（Clean B/L）。

在装船时，货物外表状况良好，承运人在签发提单时，未在提单上加注任何有关货物残损、包装不良、件数、重量和体积，或其他妨碍结汇的批注的提单称为清洁提单。

使用清洁提单在国际贸易实践中非常重要，买方要想收到完好无损的货物，首先必须要求卖方在装船时保持货物外观良好，并要求卖方提供清洁提单。根据国际商会《跟单信用证统一惯例》第三十四条规定："清洁运输单据，是指货运单据上并无明显地声明货物或包装有缺陷的附加条文或批注者。银行对有该类附加条文或批注的运输单据，除信用证明确规定接受外，应当拒绝接受。"可见，在以跟单信用证为付款方式的贸易中，通常卖方只有向银行提交清洁提单才能取得货款。清洁提单是收货人转让提单时必须具备的条件，同时也是履行货物买卖合同规定的交货义务的必要条件。

中国《海商法》第七十六条规定："承运人或者代其签发提单的人未在提单上批注货物表面状况的，视为货物的表面状况良好。"

由此可见，承运人一旦签发了清洁提单，货物在卸货港卸下后，如发现有残损，除非是由承运人可以免责的原因所致，否则承运人必须负责赔偿。

②不清洁提单（Unclean B/L or Foul B/L）。

在货物装船时，承运人若发现货物存在包装不牢、破残、渗漏、污染、标志不清等现象时，大副将在收货单上对此加以批注，并将此批注转移到提单上，这种提单称为不清洁提单。中国《海商法》第七十五条规定："承运人或者代其签发提单的人，知道或者有合理的根据怀疑提单记载的货物品名、标志、包数、件数、重量或者体积与实际接收的货物不符，在签发已装船提单的情况下怀疑与已装船的货物不符，或者没有适当的方法核对提单记载的，可以在提单上批注，说明不符之处、怀疑的根据或者说明无法核对。"

实践中承运人接收货物时，如果货物外表状况不良，一般先在大副收据上作出记载，然后在正式签发提单时，再把这种记载转移到提单上。在国际贸易的实践中，银行是拒绝出口商以不清洁提单办理结汇的。为此，托运人应把损坏或外表状况有缺陷的货物进行修补或更换。习惯上的变通办法是由托运人出具保函，要求承运人不要将大副收据上所作的有关货物外表状况不良的批注转批到提单上，而根据保函签发清洁提单，以使出口商能顺利完成结汇。但是，承运人因未将大副收据上的批注转移到提单上，承运人可能承担对收货人的赔偿责任，承运人因此遭受损失的，应由托运人赔偿。那么，托运人是否能够赔偿，在向托运人追偿时，往往因为难以得到法律的保护而承担很大的风险。承运人与收货人之间的权利义务是提单条款的规定，而不是保函的保证。所以，承运人不能凭保函拒赔，保函对收货人是无效的，如果承、托双方的做法损害了第三者收货人的利益，有违民事活动的诚实信用的基本原则，则容易构成承运人与托运人的串通，对收货人进行欺诈行为。

由于保函换取提单的做法，有时确实能起到变通的作用，故在实践中难以完全拒绝，中国最高人民法院在《关于保函是否具有法律效力问题的批复》中指出："海上货物运输的托运人为换取清洁提单而向承运人出具的保函，对收货人不具有约束力。不论保函如何约定，都不影响收货人向承运人或托运人索赔；对托运人和承运人出于善意而由一方出具另一方接受的保函，双方均有履行之义务。"承运人应当清楚自己在接受保函后所处的地位，切不可掉以轻心。

（4）根据运输方式不同划分。

①直达提单（Direct B/L）。

直达提单，又称直运提单，是指货物从装货港装船后，中途不经转船，直接运至目的港卸船交与收货人的提单。直达提单上不得有"转船"或"在某港转船"的批注。凡信用证规定不准转船者，必须使用这种直达提单。如果提单背面条款印有承运人有权转船的"自由转船"条款者，则不影响该提单成为直达提单的性质。

使用直达提单，货物由同一船舶直运目的港，对买方来说比中途转船有利得多，它既可以节省费用、减少风险，又可以节省时间，尽早到货。因此，通常买方只有在无直达船时才同意转船。在贸易实务中，如信用证规定不准转船，则买方必须取得直达提单才能结汇。

②转船提单（Transshipment B/L）。

转船提单是指货物从起运港装载的船舶不直接驶往目的港，需要在中途港口换装其他船舶转运至目的港卸货，承运人签发的这种提单称为转船提单。在提单上注明"转运"或在"某某港转船"的字样，转船提单往往由第一程船的承运人签发。由于货物中途转船，会增加转船费用和风险，并影响到货时间，故一般信用证内均规定不允许转船，但直达船少或没有直达船的港口，买方也只好同意可以转船。

按照海牙规则，如船舶不能直达货物目的港，非中转不可，一定要事先征得托运人同意。船舶承运转船货物，主要是为了扩大营业、获取运费。转运的货物，一般均属零星杂货，如果是大宗货物，托运人可以租船直航目的港，也就不会发生转船问题。

③联运提单（Through B/L）。

联运提单是指货物运输需经两段或两段以上的运输方式来完成，如海陆、海空或海海等联合运输所使用的提单。船船（海海）联运在航运界也称为转运，包括海船将货物送到一个港口后再由驳船从港口经内河运往内河目的港。

联运的范围超过了海上运输界限，货物由船舶运送经水域运到一个港口，再经其他运输工具将货物送至目的港，先海运后陆运或空运，或者先空运、陆运后海运。当船舶承运由陆路或飞机运来的货物继续运至目的港时，货方一般选择使用船方所签发的联运提单。

④多式联运提单（Multimodal Transport B/L or Intermodal Transport B/L）。

这种提单主要用于集装箱运输，是指一批货物需要经过两种以上不同运输方式，其中一种是海上运输方式，由一个承运人负责全程运输，将货物从接收地运至目的地交付收货人，并收取全程运费所签发的提单。提单内的项目不仅包括起运港和目的港，而且列明一程、二程等运输路线，以及收货地和交货地。

（5）按签发提单的时间划分。

①倒签提单（Anti-dated B/L）。

倒签提单是指承运人或其代理人应托运人的要求，在货物装船完毕后，以早于货物实际装船日期为签发日期的提单。当货物实际装船日期晚于信用证规定的装船日期，若仍按实际装船日期签发提单，托运人就无法结汇。为了使签发提单的日期与信用证规定的装运日期相符，以便结汇，承运人应托运人的要求，在提单上仍以信用证的装运日期填写签发日期，以免违约。

签发这种提单，尤其当倒签时间过长时，有可能推断承运人没有使船舶速遣，因而承担货物运输延误的责任。特别是市场上货价下跌时，收货人可以以"伪造提单"为借口拒绝收货，并向法院起诉要求赔偿。承运人签发这种提单是要承担一定风险的。但是为了贸易需要，在一定条件下，比如在该票货物已装船完毕，但所签日期船舶已抵港并开始装货，而所签提单的这票货尚未装船，是尚未装船的某一天；或签单的货物是零星货物而不是数量很大的大宗货；或倒签的时间与实际装船完毕时间的间隔不长等情况下，取得了托运人保证承担一切责任的保函后，才可以考虑签发。

②顺签提单（Post-date B/L）。

顺签提单指在货物装船完毕后，应托运人的要求，由承运人或其代理人签发的提单。但是该提单上记载的签发日期晚于货物实际装船完毕的日期。即托运人从承运人处得到的以晚于货物实际装船完毕的日期作为提单签发日期的提单。由于顺填日期签发提单，所以称为"顺签提单"。

③预借提单（Advanced B/L）。

预借提单是指货物尚未装船或尚未装船完毕的情况下，信用证规定的结汇期（即信用证的有效期）即将届满，托运人为了能及时结汇，而要求承运人或其代理人提前签发的已装船清洁提单，即托运人为了能及时结汇而从承运人那里借用的已装船清洁提单。

这种提单往往是当托运人未能及时备妥货物或船期延误，船舶不能按时到港接受货载，估计货物装船完毕的时间可能超过信用证规定的结汇期时，托运人采用从承运人那里借出提单用以结汇，当然必须出具保函。签发这种提单承运人要承担更大的风险，可能构成承、托双方合谋对善意的第三者收货人进行欺诈的情况。签发这种提单的后果：第一，因为货物尚未装船而签发提单，即货物未经大副检验而签发清洁提单，有可能增加承运人的赔偿责任。第二，签发提单后，可能因种种原因改变原定的装运船舶，或发生货物灭失、损坏或退关，这样就会很容易地使收货人掌握预借提单的事实，以欺诈为由拒绝收货，并向承运人提出索赔要求，甚至诉讼。第三，不少国家的法律规定和判例表明，在签发预借提单的情况下，承运人不但要承担货损赔偿责任，而且会丧失享受责任限制和援引免责条款的权利，即使该票货物是因免责事项原因受损的，承运人也必须赔偿货物的全部损失。

签发倒签或预借提单，对承运人的风险很大，由此引起的责任承运人必须承担，尽管托运人往往向承运人出具保函，但这种保函同样不能约束收货人。比较而言，签发预借提单比签发倒签提单对承运人的风险更大，因为预借提单是承运人在货物尚未装船，或者装船还未完毕时签发的。中国法院对承运人签发预借提单的判例，不但由承运人承担了由此而引起的一切后果，赔偿货款损失和利息损失，还赔偿了包括收货人向第三人赔付的其他各项损失。

④过期提单（Stale B/L）。

过期提单有两种含义，一是指出口商在装船后延滞过久才交到银行议付的提单。按国际商会 500 号出版物《跟单信用证统一惯例》1993 年修订本第四十二条规定："如信用证无特殊规定，银行将拒收在运输单据签发日期后超过 21 天才提交的单据。在任何情况下，交单不得晚于信用证到期日。"二是指提单晚于货物到达目的港，这种提单也称为过期提单。因此，近洋国家的贸易合同一般都规定有"过期提单也可接受"的条款（Stale B/L is acceptance）。

能力测评

一、单选题

1. 海运提单的抬头是指提单的（   ）。
   A. Voyage No.　　　B. Consignee　　　C. Notify Party　　　D. Shipper
2. "仓至仓"（W/W）条款是指（   ）的起讫条款。
   A. 进口人负责接货起讫责任　　　　　B. 保险公司负责保险起讫责任
   C. 出口人负责交货起讫责任　　　　　D. 承运人负责运输起讫责任
3. 在 FOB 术语之后要注明（   ）的名称，CFR 术语后面需要加注的是（   ）的名称。
   A. 装运港；装运港　　　　　　　　　B. 目的港；目的港
   C. 装运港；目的港　　　　　　　　　D. 目的港；装运港
4. 清洁提单是指（   ）。
   A. 承运人未加有关货物或包装不良之类批注的提单
   B. 不载有任何批注的提单
   C. 表面整洁无涂改痕迹的提单
   D. 提单收货人栏内没有指明任何收货人的提单
5. 买方和银行通常不接受的提单有（   ）。
   A. 已装船提单　　B. 清洁提单　　C. 不清洁提单　　D. 过期提单
6. 根据《2010 国际贸易术语解释通则》规定，FOB 条件下的贸易合同，买方在办理租船订舱手续后，应及时向卖方发出（   ），以便其备货装船。
   A. 装运通知　　B. 发货通知　　C. 保险通知　　D. 付款通知
7. 海运提单日期应该理解为（   ）。
   A. 货物开始装船的日期　　　　　　　B. 货物装船过程中的任何一天
   C. 货物装船完毕的日期　　　　　　　D. 签订运输合同的日期
8. 出口商委托货运代理公司办理租船订舱时，出口商填写的是（   ）。
   A. 装船单　　B. 托运单　　C. 订舱委托书　　D. 租船合同
9. 用集装箱运输时无唛头标记用以表示的英文缩写是（   ）。
   A. N/B　　B. N/M　　C. N/N　　D. N/L
10. FOB 和 FCA 的主要区别是（   ）。
    A. 适合的运输方式不同　　　　　　　B. 办理出口手续的责任方不同
    C. 负责订立运输合同的责任方不同　　D. 风险和费用是否同时转移不同
11. 若不同包装种类的货物混装在同一集装箱内，则包装种类用（   ）表示。
    A. 箱　　B. 个　　C. 包　　D. 件

12. 下列说法不正确的是（　　）。

A. 海运提单具有货物收据、运输合同证明、物权凭证的作用

B. 海运单与一般海运提单完全相同

C. 租船合约提单受租船合同条款的约束

D. 多式联运单据使用两种或两种以上不同的运输方式

13. 货物装船后，凭以换取正本提单的单据是（　　）。

A. 托运单　　　　B. 装货单　　　　C. 大副收据　　　　D. 订舱委托书

14. 所谓"空白抬头，空白背书提单"，是指（　　）。

A. 提单的收货人一栏什么也不填，也不背书

B. 提单的收货人一栏填上"空白"二字，在提单的背面也填上"空白"二字

C. 提单的收货人一栏填上"TO ORDER"，在提单背面由托运人签字

D. 提单的收货人一栏填上"TO ORDER"，在提单背面由承运人签字

15. Telex Release B/L 表示的含义是（　　）。

A. 预借提单　　　B. 电子提单　　　C. 电放提单　　　D. 过期提单

16. 信用证上显示货物运输 From Guangzhou to Vancouver，Vancouver 一词应显示在提单的（　　）栏。

A. place of receipt　　　　　　B. place of delivery

C. port of loading　　　　　　D. port of discharge

17. 发货人出具保函后承运人倒签提单的做法是（　　）的。

A. 合法有效　　　　　　　　　B. 符合航运惯例

C. 错误　　　　　　　　　　　D. 只要双方同意就是合法

18. 香港进口商向上海某企业购货，双方约定贸易术语"FOB SHA"。托运前，进口商要求供应商将货直接运往美国纽约，并同意承担上海至纽约的全程运费。这时，海运托运单上运费支付栏内应填写（　　）。

A. Freight Collectable　　　　　B. Freight Collect

C. Freight Prepayable　　　　　D. Freight Prepaid

19. 以下海运提单收货人不同，显示（　　）收货人时需要托运人背书。

A. To order　　　　　　　　　B. ABC Company

C. To order of Issuing Bank　　　D. To order of applicant

20. 有关缩写的中文含义，下列不正确的是（　　）。

A. NO. 表示"号码"　　　　　　B. N/M 表示"未提及"

C. NCV 表示"对海关没有声明价值"　D. N/N 表示"不可转让"

21. 有一信用证规定货物从中国港口运至美国纽约港，不允许分期发运，提交海运提单。第一套提单显示：

Port of loading：Shanghai, China Vessel&Voy. SHANHE V.1 07

Port of Discharge：New York, USA On board（date：AUG.07, 2006）

第二套提单显示：

Port of loading：Qingdao, China Vessel&Voy.：SHANHE V.1 07

Port of Discharge：New York, USA On board date：AUG.08, 2006

如果受益人将两份提单一起提交给银行，以下关于提单的正确理解应是（　　）。
  A. 提单发生分期发运不予接受，因为装运港不同、装运时间不同
  B. 提单未发生分期发运可接受，因为同一运输工具并经由同次航程运输至同一目的地
  C. 提单发生分期发运不予接受，因为提交了两份提单
  D. 提单未发生分期发运可接受，因为两套提单的目的地相同

22. 对于海运卸货港的选择，一般行使选择权的是（　　）。
  A. 船公司　　　B. 货运代理人　　　C. 买方　　　D. 卖方

23. 在集装箱运输中，能够实现"门到门"运输的集装箱货物交接方式是（　　）。
  A. LCL/LCL　　　　　　　　B. FCL/FCL
  C. LCL/FCL　　　　　　　　D. FCL/LCL

24. 若信用证同时列明三个装运港 XINGANG/QINHUANGDAO/TANGSHANG，在填制托运单时应填（　　）。
  A. XINGANG/QINHUANGDAO/TANGSHANG
  B. XINGANG
  C. 根据 L/C 提供的港口，只填写实际装运港的名称
  D. GUANGZHOU

25. 我国出口业务中，出口商委托货代代为办理出口货物托运手续时，首先由外贸企业填制（　　）。
  A. 托运单　　　B. 订舱委托书　　　C. 装货单　　　D. 配舱回单

26. 开证行 HANGSENG BANK 开来的信用证中，要求 FULL SET OF B/L MADE OUT TO OUR ORDER，则填托运单时在 CONSIGNEE 一栏应填（　　）。
  A. TO ORDER　　　　　　　　B. TO OUR ORDER
  C. TO ORDER OF HANGSENG BANK　　D. HANGSENG BANK

二、多选题

1. 海运提单的性质与作用是（　　）。
  A. 它是承运人与托运人之间订立的运输契约的证明
  B. 它是承运人或其代理人出具的货物收据
  C. 它是代表货物所有权的凭证
  D. 它是海运单据的唯一表现形式

2. 订舱委托书的收货人也称为提单抬头，包括（　　）。
  A. 记名抬头　　B. 不记名抬头　　C. 指示抬头　　D. 空白抬头

3. 订舱委托书中标注的集装箱的装箱方式有（　　）。
  A. 门到门　　B. 内装箱　　C. 外装箱　　D. 自拉自送

4. 信用证对提供运输单据要求："Full sets of original clean on board ocean bill of lading made out to order of Royal Bank Canada and marked Freight Prepaid notify applicant."这表示出口方提供的提单必须是（　　）。
  A. 三份正本提单
  B. 清洁提单

C. 收货人显示"to order of Royal Bank Canada"

D. 已装船承运人提单

5. 根据UCP600，海运提单表面上注明承运人的名称

A. 必须由承运人或其代理人、船长或其代理人签署

B. 签署人需表明其身份

C. 签署人不需表明其身份

D. 若为代理人签署，还必须表明被代理

6. 按UCP600规定，下列有关海运提单中货物描述的说法正确的有（　　）。

A. 与实际货物的名称、规格、型号、成分、品牌等相一致

B. 只要不与信用证的描述相抵触，可使用货物的统称

C. 必须与商业发票的货物描述完全一致

D. 符合信用证或合同的要求

7. 对托运人而言，选择海上货物承运人时，主要考虑的因素包括（　　）。

A. 运输服务的定期性　　　　　　B. 运输时间

C. 运输费用　　　　　　　　　　D. 运输的可靠性

8. 出口货物托运人缮制《国际货物托运委托书》所依据的文件有（　　）。

A. 外销出舱单　　　　　　　　　B. 销售合同

C. 信用证　　　　　　　　　　　D. 配舱回单

9. （　　）是结汇单据，如果缮制错漏、延误等，就会影响安全结汇。

A. 汇票　　　B. 发票　　　C. 托运单　　　D. 受益人证明书

10. 因租船订舱所需要的单据有（　　）。

A. 托运单　　　B. 装货单　　　C. 装箱单　　　D. 海运提单

11. 根据集装箱货物装箱数量和方式，集装箱的装箱方式分为（　　）。

A. 混装　　　B. 整箱　　　C. 分装　　　D. 拼箱

12. 托运单收货人栏目填写为（　　），则其对应的提单可通过背书转让。

A. ABC CO.　　　　　　　　　　B. TO ORDER

C. TO ORDER OF SHIPPER　　　　D. TO ORDER OF…BANK

13. 海运托运单的作用（　　）。

A. 是收货人凭以提货的物权凭证

B. 是承运人收到托运人货物的收据

C. 是承运人与托运人之间运输合同契约的证明

D. 经过背书，海运托运单是可以转让的

14. 下面托运单栏目中，须由船公司填写的是（　　）。

A. 提单编号　　　B. 船名　　　C. 船期　　　D. 托运单编号

15. 托运单的运费缴付方式，根据实际情况可填写（　　）。

A. FREIGHT PREPAID　　　　　　B. FREIGHT PAID

C. FREIGHT COLLECT　　　　　　D. FREIGHT PAYABLE AT DESTINATION

16. 承运人从起运地到目的地都采用整箱交接货物方式的是（　　）。

A. CY TO CY　　　B. CY TO CFS　　　C. DOOR TO CY　　　D. CFS TO CY

三、判断题

1. 提单的签发人通常应为托运人。（   ）
2. 海运提单的签发日期就是货物装船完毕的日期。（   ）
3. 海运提单具有物权凭证的作用，铁路运单和航空运单也具有该作用。（   ）
4. 清洁提单即要求提单本身纸张完好整洁，所填写的内容无任何涂改或不洁之处。（   ）
5. 为保证进口商收货，海运提单必须作成记名抬头。（   ）
6. UCP600 将运输单据分成七类，这七类单据都是承运人或其具名代理人签发给托运人的货物收据，都是承运人保证凭以交付货物的物权凭证。（   ）
7. UCP600 规定，凡装于海运中集装箱的转运都不视作转运，海运以外的其他各种运输方式，其中包括空运、公路、铁路，也都不视作转运。（   ）
8. 按 UCP600 规定，银行接受七种运输单据，除非另有约定，一般银行不接受卖方提供的快递收据。（   ）
9. 具有物权凭证作用的单据只有提单。（   ）
10. 记名提单不能转让，不记名提单和指示提单可以转让，但必须通过背书方式。（   ）
11. 海运提单只有签发日期而没有已装船日期，按惯例，提单的签发日期可视为装船日期。如果海运提单上批注有已装船日期，则该批注的日期不得早于海运提单的签发日期。（   ）
12. 空白抬头提单是指提单收货人处空白，空白背书是指提单背面没有人背书。（   ）
13. 装运期就是交货期。（   ）
14. 若合同或信用证没有特别说明，通常情况下，托运单中的货物说明也必须详细列出货物的型号、规格，不能只写大类名称或统称。（   ）
15. 承运人接受的托运人保函具有对抗收货人的效力。（   ）
16. 如果来证中要求两个或两个以上的公司为收货人，若托运单栏内写不下，可只填写一个收货人。（   ）
17. 若信用证中规定装运港为 Chinese main port，则在托运单中的装运港应填 Chinese main port，以保持单证一致。（   ）
18. 如在托运单收货人一栏留空，这种表示方法称为空白指示。（   ）
19. 被通知人的职责是及时接受船方发出的到货通知并及时提货。（   ）
20. 如出口 10 万码花布，分别用粗胚布捆成 100 捆，则填写数目这一栏时应填写 100 捆。（   ）
21. 货物装船后，大副在收货单上签收。托运人凭已签名的收货单向船公司或船代理换取全套正本提单。（   ）
22. 托运单号码一般就是提单号码。（   ）

拓展实训

2019 年 9 月 20 日，山东允芷国际贸易有限公司（SHANDONG YUNZHI INTERNATIONAL TRADE CO.，LTD.）外贸单证员芸芸根据项目二拓展实训中的商业发票、装箱单以及其他补充信息，制作订舱委托书，同时向青岛恒顺通国际货运代理公司办理委托订舱。

1. 商业发票

	SHANDONG YUNZHI INTERNATIONAL TRADE CO., LTD. 8 HEBEI STREET, QINGDAO CITY, SHANDONG, CHINA			
	COMMERCIAL INVOICE			
To:	ONE METER SUNSHINE CO., LTD. NO.95, GEORGE STREET, SYDNEY, AUSTRALIA	Invoice No.:	YZ2019012	
		Invoice Date:	SEP. 15, 2019	
		S/C No.:	YZ012	
		L/C No.:	MS112233	
Transport details	From QINGDAO, CHINA To SYDNEY, AUSTRALIA BY VESSEL			
Marks and Numbers	Number and kind of package Description of goods	Quantity	Unit Price	Amount
ONE METER SUNSHINE YZ012 SYDNEY C/NO. 1-1000	CANNED YELLOW PEACH 850G 24TINS/CTN	24,000TINS	CIFSYDNEY, AUSTRALIA	
			USD4.00/TIN	USD96,000.00
	TOTAL:	24,000TINS		USD96,000.00
SAY TOTAL:	SAY U.S. DOLLARS NINTY-SIX THOUSAND ONLY			
	SHANDONG YUNZHI INTERNATIONAL TRADE CO., LTD. YUNYUN			

2. 装箱单

	SHANDONG YUNZHI INTERNATIONAL TRADE CO., LTD. 8 HEBEI STREET, QINGDAO CITY, SHANDONG, CHINA					
	PACKING LIST					
To:	ONE METER SUNSHINE CO., LTD. NO.95, GEORGE STREET, SYDNEY, AUSTRALIA.	Invoice No.:	YZ2019012			
		Date:	SEP. 15, 2019			
		S/C No.:	YZ012			
		L/C No.:	MS112233			
Transport details	From QINGDAO, CHINA To SYDNEY, AUSTRALIA. BY VESSEL					
Marks and Numbers	Number and kind of package Description of goods	Quantity	Package	G.W	N.W	Meas.
ONE METER SUNSHINE YZ012 SYDNEY C/NO. 1-1000	CANNED YELLOW PEACH 850G 24TINS/CTN	24,000TINS	1,000CTNS	22,000KGS	20,400KGS	16CBM

	TOTAL：		24,000TINS	1,000CTNS	22,000KGS	20,400KGS	16CBM
SAY TOTAL：		SAY ONE THOUSAND CARTONS ONLY				
		SHANDONG YUNZHI INTERNATIONAL TRADE CO., LTD. YUNYUN				

3. 补充信息

要求定中远集装箱运输公司（简称COSCO）2019年9月30日的船期，船名为Princess，航次为S505，1个40英尺集装箱，CY/CY。

仓库地址：山东省青岛市河北路20号锦华仓库

联系人：芳芳

电话：0532-28787878

★山东允芷国际贸易有限公司的外贸单证员芸芸需完成的实训任务如下：

任务一：制作订舱委托书

订舱委托书（Booking Note）

2019 年 9 月 20 日

托运人（Shipper）		合同号	
		发票号	
		信用证号码	
		成交条件	
收货人（Consignee）		订舱要求及注意事项	
通知人（Notify Party）		装箱地址及联系方式	
装运口岸		目的港	
转船运输		分批装运	
装运期限		运费支付方式	
箱型及数量		集装箱交接方式	
标记唛码	货物名称	包装件数	总毛重	总体积

受托人：   委托人：

任务二：审核海运提单样本

Shipper SHANDONG YUNZHI INTERNATIONAL TRADE CO., LTD. 8 HEBEI STREET, QINGDAO CITY, SHANDONG, CHINA				B/L NO. COSU45736 *ORIGINAL*		
Consignee ONE METER SUNSHINE CO., LTD. NO.95, GEORGE STREET, SYDNEY, AUSTRALIA.				中远集装箱运输有限公司 COSCO CONTAINER LINES TLX: 33057 COSCO CN FAX: +86 (022) 6545 8984		
Notify Party TO ORDER				Port-to-port combined transport BILL OF LADING		
Pre-carriage by		Port of loading QINGDAO, CHINA					
Ocean Vessel/Voy. No Princess/S505		Port of transshipment					
Port of discharge SYDNEY, AUSTRALIA		Final destination					
Marks and Nos. Container/Seal No.		No. of Containers or Packages		Description of goods	Gross weight (kgs.)	Measurement (m³)
ONE METER SUNSHINE YZ012 QINGDAO C/NO. 1–1000 COSU7348955/055623		SAY ONE THOUSAND (1,000) CARTONS ONLY TOTAL 1×40' CONTAINER CY/CY		CANNED YELLOW PEACH L/C NO.: MS112233	22,000 KGS	16.00CBM
Total number of containers and/or packages (in words)				SAY ONE THOUSAND CARTONS ONLY		
Freight and charge		Revenue tons	Rate	Per	Prepaid	Collect
Declared value charge							
Ex. rate	Prepaid at		Freight payable at		Place and date of issue QINGDAO, CHINA; SEP. 30, 2019	
^	Total prepaid		Number of original Bs/L THREE (3)		Signed for or on behalf of the Master COSCO CONTAINER LINES	
LADEN ON BOARD THE VESSEL						
DATE	SEP. 30, 2019		BY		COSCO CONTAINER LINES	

项目四　报检单据填制

📝 **学习目标**

【素质目标】
　　认识到进出境报检单据在进出口流程中的重要性
　　具备守法意识、责任意识
　　养成一丝不苟、严谨制单的工作作风
　　培养团结协作、良好的沟通能力

【知识目标】
　　熟悉报检和报检单位
　　熟悉检验检疫的一般流程
　　掌握进出境货物检验检疫申请的填制要点

【能力目标】
　　能够读懂信用证和外贸合同中与报检相关的条款
　　能够准确填制出入境货物检验检疫申请

导入项目场景

【项目场景1】

2019年7月2日，河北箬婉国际贸易有限公司在收到天津中和韵致国际货运公司的订舱成功信息后，着手准备报检工作。单证员婉儿通过查询 http：//www.hs-bianma.com/ 网站，在搜索栏输入产品"板栗仁"，经过合理选择，最后找到相关申报信息，如下表所示：

HS 编码	2008199100
中文描述	栗仁丨用醋或醋酸以外其他方法制作或保藏的
CIQ 代码	2008199100999：栗仁（用醋或醋酸以外其他方法制作或保藏的）
英文描述	Chestnut seed, prepared otherwise than by vinegar or acetic acid
申报要素	0：品牌类型丨1：出口享惠情况丨2：加工方法（烹煮、炒、炸、糖泡、浸渍、渗透等）丨3：成分含量丨4：包装规格丨5：品牌（中文及外文名称）丨6：GTIN丨7：CAS丨8：其他

法定第一单位	千克	法定第二单位	无
出口退税	9%	出口税	0%
监管条件	AB	检疫条件	PR/QS
备注：P 进境动植物、动植物产品检疫　　R 进口食品卫生监督检验 　　　Q 出境动植物、动植物产品检疫　　S 出口食品卫生监督检验			

通过上表得知，熟制板栗仁的监管条件为 AB，属于法定检验的商品。因此，河北箬婉国际贸易有限公司的外贸单证员婉儿依据信用证、商业发票、装箱单和其他相关信息着手制作出境货物的检验检疫申请，并委托唐山锦华板栗加工厂向当地的唐山海关检验检疫部门办理出口报检手续。

1. 商业发票

HEBEI RUOWAN INTERNATIONAL TRADE CO., LTD.
18 XINYUAN STREET, TANGSHAN CITY, HEBEI PROVINCE, CHINA
TEL：0086-315-2788888　　FAX：0086-315-2788888

COMMERCIAL INVOICE

To Messer：	WARM SUNSHINE TRADING CO., LTD. 30 SANTA MARIA AVENUE, TSHWANE CITY, SOUTH AFRICA TEL：27-21-25456888 FAX：27-21-25456801		Invoice No.：	NW IV011
:::	:::		Invoice Date：	JUN. 20, 2019
:::	:::		S/C No.：	NW018
:::	:::		L/C No.：	SABK225498
Transport Details	FROM TIANJIN, CHINA TO CAPETOWN, SOUTH AFRICA BY SEA/VESSEL			
Marks and Numbers	Number and kind of package Description of goods	Quantity	Unit Price	Amount
WARM SUNSHINE NW018 CAPETOWN SOUTH AFRICA C/NO. 1-1020	COOKED CHESTNUT KERNEL 1KG/BAG As per the confirmed sample of Mar. 3, 2019. PACKED IN 20BAGS/CTN	20,400BAGS	CIF CAPETOWN, SOUTH AFRICA	
:::	:::	:::	USD5.00/BAG	USD102,000.00
TOTAL：		20,400BAGS		USD102,000.00
SAY TOTAL：	SAY U.S. DOLLARS ONE HUNDRED AND TWO THOUSAND ONLY.			
HEBEI RUOWAN INTERNATIONAL TRADE CO., LTD. WANER				

2. 装箱单

	HEBEI RUOWAN INTERNATIONAL TRADE CO., LTD. 18 XINYUAN STREET, TANGSHAN CITY, HEBEI PROVINCE, CHINA TEL：0086-315-2788888　　　FAX：0086-315-2788888						
	**PACKING LIST**						
To:		WARM SUNSHINE TRADING CO., LTD. 30 SANTA MARIA AVENUE, TSHWANE CITY, SOUTH AFRICA TEL：27-21-25456888 FAX：27-21-25456801		Invoice No.：	NW IV011		
^^	^^	^^	Invoice Date：	JUN. 20, 2019		
^^	^^	^^	S/C No.：	NW018		
^^	^^	^^	L/C No.：	SABK225498		
Transport Details		FROM TIANJIN, CHINA TO CAPETOWN, SOUTH AFRICA BY SEA/VESSEL					
Marks and Numbers	Number and kind of package Description of goods	Quantity	Package	G.W	N.W	Meas.
WARM SUNSHINE NW018 CAPETOWN C/NO. 1-1020	COOKED CHESTNUT KERNEL 1KG/BAG As per the confirmed sample of Mar. 03, 2019. PACKED IN 20BAGS/CTN	20,400BAGS	1,020CTNS	21,420KGS	20,400KGS	36.72CBM
	TOTAL		20,400BAGS	1,020CTNS	21,420KGS	20,400KGS	36.72CBM
SAY TOTAL：		SAY ONE THOUSAND AND TWENTY CARTONS ONLY					
	HEBEI RUOWAN INTERNATIONAL TRADE CO., LTD. 　　　　　　　　　　　　WANER						

3. 相关信息

河北箬婉国际贸易有限公司的报检单位登记号是 1300686868，属于私营有限责任公司；唐山锦华板栗加工厂的报检单位登记号是 1300345345，属于私营有限责任公司，联系人是梦梦，联系电话是 0315-3273333。

【项目场景 2】

2020 年 2 月 15 日，河北箬婉国际贸易有限公司与韩国美妍株式会社（KOREA BEAUTY SHES CO., LTD.）签订了进口亮白珍珠面膜的外贸合同，合同号是 MY018；进口亮白珍珠面膜的英文名称是 Bright White Pearl Mask。进口数量为 60,000 盒，每盒内 10 片面膜，每 15 盒装入纸箱，共计 4 000 箱，每箱毛重 2.5 千克，净重 2 千克；成交价格为每盒 USD2.00 FOB BUSAN, KOREA；启运口岸为韩国釜山港；经在 http：//www.hs-bianma.com/ 网站查询得知，该亮白珍珠面膜的 HS 编码是 3304990099，监管条件为 AB，属于法定检验商品；委托天津中和韵致国际货运代理公司订妥中远集装箱运输公司（简称 COSCO）2020 年 12 月 4 日的船期，船名为 HONGHE，航次是 160S，1 个 20 英尺集装箱，集装箱箱号及封志号为 COSU6573463/0325624，提单号是 COS683259。该批商品从天津港入境，预计到货时间为 2020 年 5 月 20 日，卸货时间为 2020 年 5 月 22 日。在货物到港之前，箬婉公司单证员婉儿着手制作进境货物检验检疫申请，并向天津海关检验检疫部门办理报检手续。

任务分析

河北箸婉国际贸易有限公司的外贸单证员婉儿请示外贸主管后，着手完成以下任务：

【任务1】 制作出境货物检验检疫申请

<table>
<tr><td colspan="6" align="center">中华人民共和国海关
出境货物检验检疫申请</td></tr>
<tr><td colspan="6">　　　　　　　　　　　　　　　　　　　电子底账数据号：</td></tr>
<tr><td colspan="3">申请单位（加盖公章）</td><td colspan="3">*编号：</td></tr>
<tr><td colspan="2">申请单位登记号：</td><td>联系人：</td><td>电话：</td><td colspan="2">申请日期：　年　月　日</td></tr>
<tr><td rowspan="2">发货人</td><td>（中文）</td><td></td><td>企业性质（"√"）</td><td colspan="2">（　）合资（　）合作
（　）外资</td></tr>
<tr><td>（外文）</td><td colspan="4"></td></tr>
<tr><td rowspan="2">收货人</td><td>（中文）</td><td colspan="4"></td></tr>
<tr><td>（外文）</td><td colspan="4"></td></tr>
<tr><td colspan="2">货物名称
（中/外文）</td><td>H.S.编码</td><td>原产国（地区）</td><td>数/重量</td><td>货物总值</td><td>包装种类及数量</td></tr>
<tr><td colspan="2"></td><td></td><td></td><td></td><td></td><td></td></tr>
<tr><td colspan="3">运输工具
名称号码</td><td>贸易方式</td><td colspan="3">货物存放地点</td></tr>
<tr><td colspan="2">合同号</td><td colspan="2">信用证号</td><td colspan="3">用途</td></tr>
<tr><td colspan="2">发货日期</td><td colspan="2">输往国家（地区）</td><td colspan="3">许可证/审批号</td></tr>
<tr><td colspan="2">启运地</td><td colspan="2">到达口岸</td><td colspan="3">生产单位注册号</td></tr>
<tr><td colspan="7">集装箱规格、数量及号码</td></tr>
<tr><td colspan="2">合同、信用证订立的检验
检疫条款或特殊要求</td><td colspan="2">标记及号码</td><td colspan="3">随附单据（划"√"或补填）</td></tr>
<tr><td colspan="2" rowspan="2"></td><td colspan="2" rowspan="2"></td><td colspan="3">□合同　　　　□装箱单
□信用证　　　□厂检单
□发票　　　　□包装性能结果单
□换证凭单　　□许可/审批文件</td></tr>
<tr></tr>
<tr><td colspan="4" align="center">需要证单名称（划"√"或补填）</td><td colspan="3" align="center">*检验检疫费</td></tr>
</table>

□品质证书　　　__正__副 □重量证书　　　__正__副 □数量证书　　　__正__副 □兽医卫生证书　__正__副 □健康证书　　　__正__副	□卫生证书　　　　__正__副 □动物卫生证书　　__正__副 □植物检疫证书　　__正__副 □熏蒸/消毒证书　　__正__副 □出境货物换证凭单__正__副	总金额（人民币元）	
		计费人	
		收费人	
申请人郑重声明： 1. 本人被授权申请检验检疫。 2. 上列填写内容正确属实。 　　　　　　　　　　　　　　　签名：		领取证单	
		日期	
		签名	

【任务 2】制作入境货物检验检疫申请

中华人民共和国海关
入境货物检验检疫申请
电子底账数据号：

申请单位（加盖公章）：				*编号：		
申请单位登记号：		联系人：	电话：	申请日期：	年　月　日	

发货人	（中文）		企业性质（"√"）		（　）合资（　）合作 （　）外资
	（外文）				
收货人	（中文）				
	（外文）				

货物名称 （中/外文）	H.S. 编码	原产国（地区）	数/重量	货物总值	包装种类及数量

运输工具 名称号码		贸易方式		合同号	
贸易方式		贸易国别（地区）		提单/运单号	
到货日期		启运国家（地区）		许可证/审批号	
卸货日期		启运口岸		入境口岸	
索赔有效期至		经停口岸		目的地	
集装箱规格、数量及号码					

随附单据 （划"√"或补填）		标记及号码	外商投资财产 （划"√"）	□ 是　　□ 否	
□合同 □发票 □提/运单 □兽医卫生证书 □植物检疫证书 □动物检疫证书 □卫生证书 □原产地证 □许可/审批文件	□到货通知 □装箱单 □质保书 □理货清单 □磅码单 □验收报告 □无木质包装证书 □报检委托书 □合格证书		*检验检疫费		
^	^	^	总金额 （人民币元）		
^	^	^	计费人		
^	^	^	收费人		
申请人郑重声明： 1. 本人被授权申请检验检疫。 2. 上列填写内容正确属实。 　　　　　　　　　签名：			领取证单		
^	^	^	日期		
^	^	^	签名		

任务实施

在任务实施过程中，河北箬婉国际贸易有限公司的单证员婉儿一边学习制作要点一边制作出入境货物检验检疫申请。

【任务 1】制作出境货物检验检疫申请

1. 申请单位名称、申请单位登记号、联系人、电话

本栏目应填写实际申请检验检疫单位的中文名称、报检单位登记号、联系人的名称以及联系电话。

> 本任务中，河北箬婉国际贸易有限公司委托唐山锦华板栗加工厂办理出境货物检验检疫申请，因此本栏目应制作为：
> 申请单位名称：**唐山锦华板栗加工厂**
> 申请单位登记号：**1300345345**　　联系人：**梦梦**　　电话：**0315-3273333**

2. 申请日期

此栏目应按照实际申请检验检疫日期填制。

> 本任务中，唐山锦华板栗加工厂申请日期应制作为：**2019 年 7 月 2 日**

3. 发货人

本栏目应填写出口商公司中、英文名称，应与商业发票和装箱单保持一致。

> 本任务中，根据商业发票，发货人应制作为：
> 中文：河北箬婉国际贸易有限公司
> 英文：**HEBEI RUOWAN INTERNATIONAL TRADE CO.，LTD.**

4. 收货人

本栏目应填写进口商公司的英文名称。如果进口商是国外客户的话，应填写其英文名称。

> 本任务中，收货人应制作为：
> 英文：**WARM SUNSHINE TRADING CO.，LTD.**

5. 货物名称（中/外文）

本栏目应按合同、商业发票和装箱单所列名称填写，但中/外文要一致。

> 本任务中，货物名称（中/外文）应制作为：
> **熟制板栗仁/COOKED CHESTNUT KERNEL**

6. HS 编码

本栏目应填写货物的 HS 编码即海关编码，为编码协调制度的简称。

HS 采用六位数编码，把全部国际贸易商品分为 22 类，98 章。章以下再分为目和子目。商品编码第一、二位数码代表"章"，第三、四位数码代表"目"（Heading），第五、六位数码代表"子目"（Subheading）。前 6 位数是 HS 国际标准编码，HS 有 1 241 个四位数的税目，5 113 个六位数子目。有的国家根据本国的实际，已分出第七、八、九位数码。

在 HS 中，"类"基本上是按经济部门划分的，如食品、饮料和烟酒在第四类；化学工业及其相关工业产品在第六类；纺织原料及制品在第十一类；机电设备在第十六类；运输设备在第十七类；武器、弹药在第十九类等。HS "章"分类基本采取两种办法：一是按商品原材料的属性分类，相同原料的产品一般归入同一章。章内按产品的加工程度从原料到成品顺序排列。如 52 章棉花，按原棉—已梳棉—棉纱—棉布顺序排列。二是按商品的用途或性能分类。制造业的许多产品很难按其原料分类，尤其是可用多种材料制作的产品或由混合材料制成的产品（如第 64 章鞋、第 65 章帽、第 95 章玩具等）及机电仪产品等，HS 按其功能或用途分为不同的章，而不考虑其使用何种原料，章内再按原料或加工程序排列出目或子目。HS 的各章均列有一个起"兜底"作用，名为"其他"的子目，使任何进出口商品都能在这个分类体系中找到自己适当的位置。

我国目前使用的 HS 编码，一共 10 位，其中前面 8 位称为主码，后两位称为附加码。

> 本任务中的 HS 编码可填制为：**2008199100**

7. 原产国（地区）

本栏目应填写货物实际的原产国（地区）的中文名称。

原产国（地区）就是指货物必须在出口国经过最后一道的实质性加工生产，使货物得到其特有的性质，该出口国才被认为是该货物的原产国。判定实质性加工生产，其中一个方法就是税则归类改变标准，如果货物加工后在《税则》中税目一级，即前四位数级，税则归类发生改变，即以使其发生改变的国家为该货物的原产地。

> 本任务中，熟制板栗仁的原产国（地区）应制成：**中国**

8. 数/重量

本栏目填写合同中商品交易数量，并注明计量单位，用中文填写。如：500 包。

> 本任务中，熟制板栗仁的数/重量应制成：**20,400 袋**

9. 货物总值

本栏目应填写实际货物出运总值，一般应与商业发票的总值保持一致。

> 本任务中，熟制板栗仁的货物总值应制成：**USD102,000**

10. 包装种类及数量

本栏目应填外包装材料的种类及件数，单位用中文填写，应与装箱单上的包装种类及数量保持一致。比如"370 盒"。

> 本任务中，熟制板栗仁的包装种类及数量应制成：**1,020 纸箱**

11. 运输工具名称号码

本栏目应按照实际订舱信息填写。

> 本任务中，熟制板栗仁的运输工具名称号码应制成：**XIN LANZHOU CII/140S**

12. 贸易方式

本栏目一般按照实际的贸易方式填写。一般有以下几种：

①一般贸易，是与加工贸易相对而言的贸易方式。一般贸易是指中国境内有进出口经营权的企业单边进口或单边出口的贸易。

②补偿贸易，是国际贸易中以产品偿付进口设备、技术等费用的贸易方式。它既是一种贸易方式也是一种利用外资的形式。

③来料加工装配贸易，是指外商提供全部原材料、辅料、零部件、元器件、配套件和包装物料，必要时提供设备，由承接方加工单位按外商的要求进行加工装配。

④进料加工贸易，是指我方用外汇购买进口的原材料、辅料、零部件、元器件、配套件、包装物料等，经加工成品或半成品后再外销出口的交易形式。

⑤寄售、代销贸易，是指寄售人把货物运交事先约定的代销人，由代销人按照事先约定或根据寄售代销协议规定的条件，在当地市场代为销售。

> 本任务中，河北箬婉国际贸易有限公司只是单方面和南非公司签订出口贸易合同，因此，该栏目应填制成：**一般贸易**

13. 货物存放地点

本栏目应按照货物的实际存放地点填写，空运方式下则不用填写。

> 本任务中，熟制板栗仁的存放地点为：**锦华板栗加工厂1号仓库**

14. 合同号、信用证号

本栏目应该按照合同、信用证如实填写。

> 本任务中，合同号、信用证号应制作为：NW018　SABK225498

15. 用途

本栏目填写商品的用途，一般用途明确的商品也可不填，或填写"其他"。

> 本任务中，货物的用途应制作为：其他

16. 发货日期

本栏目一般填写货物装船发运的日期，必须为日期格式。

> 本任务中，货物装船发运日期应制作为：2019 年 7 月 10 日

17. 输往国家（地区）

本栏目填写货物实际输往的国家和地区的中文名称。

> 本任务中，货物输往的国家应制作为：南非

18. 许可证/审批号

本栏目需申领许可证或经审批的商品填写，一般商品可空白。

> 本任务中，许可证/审批号应空白不填

19. 启运地

本栏目应填写出口国港口中文名称，应与合同、信用证、商业发票保持一致。

> 本任务中，启运地应填制为天津

20. 到达口岸

本栏目应填写进口港中文名称，应与合同、信用证、商业发票保持一致。

> 本任务中，到达口岸应填制为开普敦

21. 生产单位注册号

本栏目应填写卫生注册证书号或质量许可证号，没有可不填。

> 本任务中，生产单位注册号应填制为1300345345/唐山锦华板栗加工厂

22. 集装箱规格、数量及号码

本栏目应按照实际订舱信息填写。

> 本任务中，集装箱规格、数量及号码应填制为1×40'　GP/COSU7348955/055623

23. 合同、信用证订立的检验检疫条款或特殊要求

本栏目填写对海关出具检验证书的要求，即检验检疫条款的内容。检验机构制作证书的

77

检验结果内容时会参考此栏的内容。

> 本任务中，合同、信用证没有规定检验检疫条款或特殊要求，所以本栏目空白不填

24. 标记及号码

本栏目填写实际货物运输包装上的标记，与合同、商业发票和装箱单相一致。中性包装或裸装、散装商品应填"N/M"，并注明"裸装"或"散装"。

> 本任务中的标记及号码应制作成：
>
>
> WARM SUNSHINE
> NW018
> CAPETOWN
> C/NO. 1-1020
>

25. 随附单据

本栏目应按照海关检验检疫要求如实填写。出口商品在报验时，一般应提供外贸合同（或售货确认书及函电）、发票及装箱单。合同如果有补充协议的，要提供补充的协议书；合同、信用证有更改，要提供合同、信用证修改书或更改的函电。对订有长期贸易合同而采取记账方式结算的，外贸进出口公司每年一次将合同副本送交海关。申请检验时，只在申请单上填明合同号即可，不必每批附交合同副本。凡属危险或法定检验范围内的商品，在申请品质、规格、数量、重量、安全、卫生检验时，必须提交海关签发的出口商品包装性能检验合格单证，海关凭此受理上述各种报验手续。

> 本任务中，由于出口货物是食品，因此在申请检验检疫时，要随附合同、商业发票、装箱单、包装性能结果单和标签审核证书等。因此该栏目应选择为：
>
> ☑合同　　　　　　□厂检单
> □信用证　　　　　☑包装性能结果单
> ☑发票　　　　　　□许可/审批文件
> □换证凭单　　　　☑其他
> ☑装箱单

26. 需要证单名称

本栏目按照合同、信用证及有关国际条约规定必须经海关检验并签发证书的，应在出境货物检验检疫申请单上准确注明所需检验检疫证书的种类和数量。

> 本任务中，由于出口食品到南非，南非进口清关需要有卫生证书和植物检疫证书。因此，在申请检验检疫时，需要海关检验检疫部门签发的证单应有卫生证书和植物检疫证书。因此该栏目应选择为：
>
> □品质证书　　__正__副　　☑卫生证书　　　　1正1副
> □重量证书　　__正__副　　□动物卫生证书　　__正__副
> □数量证书　　__正__副　　☑植物检疫证书　　1正1副
> □兽医卫生证书　__正__副　　□熏蒸/消毒证书　　__正__副
> □健康证书　　__正__副　　□出境货物换证凭单　__正__副

27. 检验检疫费
本栏目由海关检验检疫部门填写。
28. 签名
本栏目由申请检验检疫单位的法人签名。
29. 领取证单
本栏目应在海关受理报验日现场由报验人填写。

河北箬婉国际贸易有限公司的单证员婉儿根据上述订舱委托书各项目的制作要点，完成出境货物检验检疫申请的制作。内容如下：

中华人民共和国海关 出境货物检验检疫申请					
电子底账数据号：136700221005633112					
申请单位（加盖公章） 唐山锦华板栗加工厂				* 编号：IC0000044	
申请单位登记号：1300345345 联系人：梦梦 电话：0315-3273333 申请日期：2019年 7 月 2 日					
发货人	（中文）	河北箬婉国际贸易有限公司	企业性质（"√"）	□合资 □合作 □外资	
	（外文）	HEBEI RUOWAN INTERNATIONAL TRADE CO., LTD.			
收货人	（中文）					
	（外文）	WARM SUNSHINE TRADING CO., LTD.			
货物名称（中/外文）	H.S. 编码	原产国（地区）	数/重量	货物总值	包装种类及数量
熟制板栗仁/COOKED CHESTNUT KERNEL	2008199100	中国	20,400 袋	USD102,000	1,020 纸箱
运输工具名称号码	XIN LANZHOU CII/140S	贸易方式	一般贸易	货物存放地点	锦华板栗加工厂1号仓库
合同号	NW018	信用证号	SABK225498	用途	其他
发货日期	2019 年 7 月 10 日	输往国家（地区）	南非	许可证/审批号	
启运地	天津	到达口岸	开普敦	生产单位注册号	1300345345/唐山锦华板栗加工厂
集装箱规格、数量及号码		1×40'GP/COSU7348955/055623			
合同、信用证订立的检验检疫条款或特殊要求		标记及号码	随附单据（划"√"或补填）		
		WARM SUNSHINE NW018 CAPETOWN C/NO. 1-1020	☑合同 □信用证 ☑发票 □换证凭单 ☑装箱单	□厂检单 ☑包装性能结果单 □许可/审批文件 ☑其他	

需要证单名称（划"√"或补填）			*检验检疫费	
□品质证书　__正__副 □重量证书　__正__副 □数量证书　__正__副 □兽医卫生证书 __正__副 □健康证书　__正__副	☑卫生证书 □动物卫生证书 ☑植物检疫证书 □熏蒸/消毒证书 □出境货物换证凭单	1正1副 __正__副 1正1副 __正__副 __正__副	总金额（人民币元）	
			计费人	
			收费人	
申请人郑重声明： 1. 本人被授权申请检验检疫。 2. 上列填写内容正确属实。 　　　　　　　　　签名：婉儿			领 取 证 单	
			日期	
			签名	

【任务2】制作入境货物检验检疫申请

河北箬婉国际贸易有限公司的单证员婉儿在制作入境货物检验检疫申请的过程中，发现大部分项目的制作要点与出境货物检验检疫申请类似，因此婉儿一边学习不同项目的制作要点，一边制作入境货物检验检疫申请。

1. 收货人

此栏目填写进口商公司中、英文名称。

> 本任务中，收货人应制作为：
> 中文：河北箬婉国际贸易有限公司
> 英文：HEBEI RUOWAN INTERNATIONAL TRADE CO., LTD.

2. 发货人

此栏目填写出口商公司的英文名称。

> 本任务中，发货人应制作为：
> 英文：KOREA BEAUTY SHES CO., LTD.

3. 启运口岸

此栏目填写出口港中文名称。

> 本任务中，启运口岸应制作为：釜山港

4. 入境口岸

此栏目填写进口港中文名称。

> 本任务中，入境口岸应制作为：天津港

箬婉国际贸易有限公司的单证员婉儿梳理上述制作要点之后，制作的入境货物检验检疫申请如下：

项目四　报检单据填制

<table>
<tr><td colspan="6" align="center">中华人民共和国海关
入境货物检验检疫申请
电子底账数据号：136700221005633004</td></tr>
<tr><td colspan="4">申请单位（加盖公章）河北箬婉国际贸易有限公司</td><td colspan="2">*编号：IC0000012</td></tr>
<tr><td colspan="6">申请单位登记号：1300686868　联系人：婉儿　电话：0315-2788888　申请日期：2020 年 5 月 18 日</td></tr>
<tr><td rowspan="2">发货人</td><td>（中文）</td><td colspan="2">河北箬婉国际贸易有限公司</td><td>企业性质（"√"）</td><td>（　）合资
（　）合作　（　）外资</td></tr>
<tr><td>（外文）</td><td colspan="4">HEBEI RUOWAN INTERNATIONAL TRADE CO., LTD.</td></tr>
<tr><td rowspan="2">收货人</td><td>（中文）</td><td colspan="4"></td></tr>
<tr><td>（外文）</td><td colspan="4">KOREA BEAUTY SHES CO., LTD.</td></tr>
<tr><td colspan="2">货物名称
（中/外文）</td><td>H.S. 编码</td><td>原产国（地区）</td><td>数/重量</td><td>货物总值</td><td>包装种类及数量</td></tr>
<tr><td colspan="2">亮白珍珠面膜/
bright white pearl mask</td><td>330499009</td><td>韩国</td><td>60,000 盒</td><td>USD120,000</td><td>4,000 纸箱</td></tr>
<tr><td colspan="2">运输工具
名称号码</td><td colspan="2" align="center">HONGHE/160S</td><td>合同号</td><td colspan="2">MY018</td></tr>
<tr><td colspan="2">贸易方式</td><td>一般贸易</td><td>贸易国别（地区）</td><td>韩国</td><td>提单/运单号</td><td>COS683259</td></tr>
<tr><td colspan="2">到货日期</td><td>2020 年 5 月 20 日</td><td>启运国家（地区）</td><td>韩国</td><td>许可证/审批号</td><td></td></tr>
<tr><td colspan="2">卸货日期</td><td>2020 年 5 月 22 日</td><td>启运口岸</td><td>釜山港</td><td>入境口岸</td><td>天津港</td></tr>
<tr><td colspan="2">索赔有效期至</td><td>2020 年 10 月 31 日</td><td>经停口岸</td><td></td><td>目的地</td><td>唐山</td></tr>
<tr><td colspan="2">集装箱规格、数量及号码</td><td colspan="5">1×20' GP/COSU6573463/0325624</td></tr>
<tr><td colspan="2">随附单据（划"√"或补填）</td><td>标记及号码</td><td>外商投资财产
（划"√"）</td><td colspan="2">□是　　□否</td></tr>
<tr><td colspan="2">☑合同
☑发票
☑提/运单
□兽医卫生证书
□植物检疫证书
□动物检疫证书
□卫生证书
□原产地证
□许可/审批文件</td><td>□到货通知
☑装箱单
□质保书
□理货清单
□磅码单
□验收报告
□无木质包装证书
□报检委托书
□合格证书</td><td>Beauty Shes
MY018
TIANJIN
C/NO. 1-4000</td><td colspan="3">*检验检疫费

总金额（人民币元）

计费人

收费人</td></tr>
<tr><td colspan="3">申请人郑重声明：
1. 本人被授权申请检验检疫。
2. 上列填写内容正确属实。
　　　　　　　　　签名：　婉儿</td><td colspan="3">领 取 证 单
日期
签名</td></tr>
</table>

知识链接

一、出入境检验检疫概述

1. 出入境检验检疫的含义

出入境检验检疫是指在国际贸易中对买卖双方成交的商品，由具有权威的检验检疫机构依照相应的法律、法规或进出口合同的规定，对商品的质量、数量、重量、包装、卫生、安全及装运条件进行检验并出具相应的检验证书的一系列活动，通常简称为商检工作。

2. 出入境检验检疫制度的构成

我国进出境检验检疫制度内容包括：进出口商品检验制度、进出境动植物检疫制度以及国境卫生监督制度。

（1）进出口商品检验制度。

进出口商品检验制度是根据实施条例的规定，海关总署及各口岸海关对进出口商品所进行品质、质量检验和监督管理的制度。

商品检验机构实施进出口商品检验的内容包括商品的质量、规格、数量、重量、包装以及是否符合安全、卫生的要求。我国商品检验的种类分为四种，即法定检验、合同检验、公证鉴定和委托检验。

对法律、行政法规、部门规章规定有强制性标准或者其他必须执行的检验标准的进出口商品，依照法律、行政法规、部门规章规定的检验标准检验；法律、行政法规未规定有强制性标准或者其他必须执行的检验标准的，依照对外贸易合同约定的检验标准检验。

（2）进出境动植物检疫制度。

进出境动植物检疫制度是根据《中华人民共和国进出境动植物检疫法》及其实施条例的规定，海关总署及其口岸海关检验检疫机构对进出境动植物、动植物产品生产、加工、存放过程实行动植物检疫的进出境的监督管理制度。

我国实行进出境检验检疫制度的目的是防止动物传染病、寄生虫病和植物危险性病、虫、杂草以及其他有害生物传入、传出国境，保护农、林、牧、渔业生产和人体健康，促进对外经济贸易的发展。

口岸海关检验检疫机构实施动植物检疫监督管理的方式有：实行注册登记、疫情调查、检测和防疫指导等。其管理主要包括：进境检疫、出境检疫、过境检疫、进出境携带和邮寄检疫以及进出境运输工具检疫等。

（3）国境卫生监督制度。

国境卫生监督制度是指海关根据《中华人民共和国国境卫生检疫法》及其实施细则，以及国家其他的卫生法律、法规和卫生标准，在进出口口岸对进出境的交通工具、货物、运输容器以及口岸辖区的公共场所、环境、生活设施、生产设备所进行的卫生检查、鉴定、评价和采样检验的制度。

我国实行国境卫生监督制度是为了防止传染病由国外传入或者由国内传出，实施国境卫生检疫，保护人体健康。其监督职能主要包括：进出境检疫、国境传染病检测、进出境卫生监督等。

3. 报检的范围

（1）国家法律法规规定须经检验检疫的。

（2）输入国家或地区规定必须凭检验检疫证书方准入境的。

（3）有关国际条约规定须经检验检疫的。

（4）申请签发原产地证明书及普惠制原产地证明书的。

4. 报检依据

（1）《中华人民共和国进出口商品检验法》及实施条例。

（2）《中华人民共和国进出境动植物检疫法》及实施条例。

（3）《中华人民共和国国境卫生检疫法》及实施细则。

（4）《中华人民共和国食品卫生法》。

（5）其他与出入境检验检疫相关的法规。

5. 报检时限和地点

（1）对入境货物，应在入境前或入境时向入境口岸、指定的或到达站的海关办理报检手续；入境的运输工具及人员应在入境前或入境时申报。

（2）入境货物需对外索赔出证的，应在索赔有效期前不少于 20 天内向到货口岸或货物到达地的海关报检。

（3）输入微生物、人体组织、生物制品、血液及其制品或种畜、禽及其精液、胚胎、受精卵的，应当在入境前 30 天报检。

（4）输入其他动物的，应当在入境前 15 天报检。

（5）输入植物、种子、种苗及其他繁殖材料的，应当在入境前 7 天报检。

（6）出境货物最迟应于报关或装运前 7 天报检，对于个别检验检疫周期较长的货物，应留有相应的检验检疫时间。

（7）出境的运输工具和人员应在出境前向口岸海关报检或申报。

（8）需隔离检疫的出境动物在出境前 60 天预报，隔离前 7 天报检。

二、报检单位

出入境检验检疫单位包括自理报检单位和代理报检单位。

1. 自理报检单位

自理报检单位是指经报检单位工商注册所在地辖区海关审查合格，办理过备案登记手续并取得报检单位代码后，自行办理相关的报检/申报手续的境内企业法人或其他报检单位。

2. 代理报检单位

代理报检单位是指经海关注册登记，受出口货物生产企业的委托或进出口货物发货人、收货人的委托，或受对外贸易关系人等的委托依法代为办理出入境检验检疫报检/申请事宜的，在工商行政管理部门注册登记的境内企业法人。

三、进出口商品检验

1. 进出口商品检验的含义

进出口商品检验检疫，简称商检，是指进出口商品的收发货人或其代理人根据《商检法》及其实施条例等有关法律、行政法规的规定，在检验检疫机构规定的地点和期限内向出入境检验检疫机构申请对其进出口商品实施法定检验的程序。

2018年4月20日起，原中国出入境检验检疫部门正式并入中国海关。2018年6月1日起，海关总署全面取消通关单。凡列入《出入境检验检疫机构实施检验检疫的进出境商品目录表》的出口商品和其他法律、法规规定须经检验的出口商品，或合同规定必须经由海关检验出证的商品，在完成备货后，应在规定地点和期限内向检验机构申请检验。凡是列入法定检验范围的进口商品必须按规定由国家市场监督管理总局施行强制性检验。需要实施检验的商品必须检验合格领得证书后，才能办理通关提货。对不属于法定检验的进口商品，检验机构可以抽样检验并实施监督管理。

2. 出口商品报检的程序

我国出口商品检验的程序，主要包括3个环节：申请报检、检验、签证与放行。

（1）申请报检。

应施行出口检验的商品，报检人应于出口前，详细填写《出境货物检验检疫申请》（Application for Certificate of Export Inspection），每份出境货物检验检疫申请仅限填报一个合同、一份信用证的商品。对同一合同、同一信用证，但标记号码不同者，应分别填写相应的申请单。

除了申请单，还应同时提交有关的单证和资料，如双方签订的外贸合同与合同附件、信用证、商业发票、装箱单以及厂检单、出口商品运输包装性能检验等必要的单证，向商品存放所在地的检验机构申请检验，缴交检验费。

（2）检验。

检验机构在审查上述单证符合要求后，受理该批商品的报检。检验方式有：

①抽样：检验机构接受报检之后，及时派员赴货物堆存地点进行现场检验、鉴定。现场检验一般采取国际贸易中普遍使用的抽样法（个别特殊商品除外），抽样时，要根据不同的货物形态，按照规定的方法和一定的比例，在货物的不同部位抽取一定数量的、能代表全批货物质量的样品（标本）供检验之用。报验人应提供存货地点情况，并配合检验人员做好抽样工作。

②检验：检验机构首先应当认真研究申报的检验项目，确定检验内容，仔细审核合同（信用证）中关于品质、规格、包装的规定，弄清检验的依据，确定检验标准、方法，然后使用从感官到化学分析、仪器分析等各种技术手段，对出口商品进行检验。检验的形式有商检自验、共同检验、驻厂检验和产地检验等。

（3）签证与放行。

海关对检验合格的商品签发相应的检验检疫证书，出口企业即凭此在规定的有效期内报关出口。

3. 进口商品报检的程序

（1）报检。

①应施行进口检验的商品，由进口商填具入境货物检验检疫申请，并备齐有关进口证件，向进口港所在地的检验机构申请检验。

②缴交检验费。

（2）取样。

①依规定按国家标准取样。

②在未检验通过之前，非经获准不得移动货品。

（3）检验。

①必须经海关检验的进口商品以外的进口商品的收货人，发现进口商品质量不合格或残损短缺，需要由海关出证索赔的，应当向海关申请检验出证。

②对重要的进口商品和大型的成套设备，收货人应该依据对外贸易合同约定在出口国装运前进行预检验、监造或者监装，海关根据需要可以派出检验人员参加。

四、检验证书的种类

检验证书（Inspection Certificate），是各种进出口商品检验证书、鉴定证书和其他证明书的统称，是国际贸易有关各方履行契约义务、处理索赔争议和仲裁、诉讼举证，具有法律依据的有效证件，也是海关验放、征收关税和优惠减免关税的必要证明。商检证书的种类和用途主要有：

（1）品质检验证书（Inspection Certificate of Quality）。

这是出口商品交货结汇和进口商品结算索赔的有效凭证；法定检验商品的证书，是进出口商品报关、输出输入的合法凭证。商检机构签发的放行单和在报关单上加盖的放行章有与商检证书同等的通关效力；签发的检验情况通知单同为商检证书性质。

（2）重量或数量检验证书（Inspection Certificate of Weight or Quantity）。

这是出口商品交货结汇、签发提单和进口商品结算索赔的有效凭证；出口商品的重量证书，也是国外报关征税和计算运费、装卸费用的证件。

（3）兽医检验证书（Veterinary Inspection Certificate）。

这是证明出口动物产品或食品经过检疫合格的证件，适用于冻畜肉、冻禽、禽畜罐头、冻兔、皮张、毛类、绒类、猪鬃、肠衣等出口商品，是对外交货、银行结汇和进口国通关输入的重要证件。

（4）卫生检验证书（Sanitary Inspection Certificate）。

这也称健康检验证书（Inspection Certificate of Health），是证明可供人类食用的出口动物产品、食品等经过卫生检验或检疫合格的证件，适用于肠衣、罐头、冻鱼、冻虾、食品、蛋品、乳制品、蜂蜜等，是对外交货、银行结汇和通关验放的有效证件。

（5）消毒检验证书（Inspection Certificate of Disinfection）。

这是证明出口动物产品经过消毒处理，保证安全卫生的证件，适用于猪鬃、马尾、皮张、山羊毛、羽毛、人发等商品，是对外交货、银行结汇和国外通关验放的有效凭证。

（6）熏蒸证书（Inspection Certificate of Fumigation）。

这是用于证明出口粮谷、油籽、豆类、皮张等商品，以及包装用木材与植物性填充物等，已经过熏蒸灭虫的证书。

（7）残损检验证书（Inspection Certificate on Damaged Cargo）。

这是证明进口商品残损情况的证件，适用于进口商品发生残、短、渍、毁等情况，可作为受货人向发货人或承运人或保险人等有关责任方索赔的有效证件。

（8）货载衡量检验证书（Inspection Certificate on Cargo Weight &/or Measurement）。

这是证明进出口商品的重量、体积吨位的证件，同时亦可作为计算运费和制订配载计划的依据。

（9）价值证明书（Certificate of Value）。

此证明书可作为进口国管理外汇和征收关税的凭证。在发票上签盖商检机构的价值证明章与价值证明书具有同等效力。

（10）船舱检验证书（Inspection Certificate on Tank/Hold）。

此证书可证明承运出口商品的船舱清洁、密固、冷藏效能及其他技术条件是否符合保护承载商品的质量和数量完整与安全的要求。可作为承运人履行租船契约适载义务，对外贸易关系方进行货物交接和处理货损事故的依据。

（11）生丝品级及公量检验证书（Inspection Certificate for Raw Silk Classification & Condition Weight）。

生丝品级及公量检验证书是出口生丝的专用证书。其作用相当于品质检验证书和重量/数量检验证书。

（12）产地证书（Inspection Certificate of Origin）。

产地证书是出口商品在进口国通关输入和享受减免关税优惠待遇和证明商品产地的凭证。

（13）舱口检视证书、监视装/卸载证书、舱口封识证书、油温空距证书、集装箱监装/拆证书。

此类证书可作为证明承运人履行契约义务、明确责任界限，便于处理货损货差责任事故的证明。

（14）集装箱租箱交货检验证书、租船交船剩水/油重量鉴定证书。

其可作为契约双方明确履约责任和处理费用清算的凭证。

能力测评

一、单选题

1. 自理报检单位在初次报检时须先办理（　　）登记手续，获得报检单位代码，方可办理有关检查检疫报检/申报手续。

　　A. 允许　　　　B. 备案　　　　C. 注册　　　　D. 审批

2. 《出境货物检验检疫申请》中的启运地栏目，根据规定应填报（　　）。

　　A. 货物最后离境的口岸　　　　B. 货物存放地
　　C. 装货地　　　　D. 原产地

3. 入境法检货品在办理报检、通关手续后，货主或其代理人应（　　）。

　　A. 及时与检验检疫机构施检部门联系验货事宜
　　B. 等待检验检疫机构施检部门联系验货事宜
　　C. 不需检验检疫即可销售或使用
　　D. 发现问题后及时与检验检疫机构联系验货事宜

4. 输入植物、种子、种苗及其他繁殖材料，应在入境前（　　）天报检。

　　A. 7　　　　B. 14　　　　C. 21　　　　D. 21

5. 色织棉布 HS 编码为 52094100.10，在《商品目录》中其计量单位为"米/公斤"，该货品描述如下：长 2,000 米，净重 54 公斤，10 个纸箱包装。那么在填制检验检疫申请时，"数/重量"一栏内应填（　　）。

　　A. 54 公斤　　　B. 2,000 米/54 公斤　　C. 10 纸箱　　　D. 54 公斤/10 纸箱

6. 输往香港地区的冻鸡产品在报检时，应申请（   ）。

A. 品质检验证书　　B. 健康检验证书　　C. 兽医卫生证书　　D. 以上都不是

7. 一般出口货物按（   ），向属地海关报检。

A. 出口口岸　　B. 生产厂所在地　　C. 报检单位注册地　　D. 报关地

8. 出境货物的检验检疫流程一般为（   ）。

A. 报检—签发检验检疫证单—实施检验检疫

B. 签发检验检疫证单报检—报检—实施检验检疫

C. 签发检验检疫证单报检—实施检验检疫—报检

D. 报检—实施检验检疫—签发检验检疫证单

9. 北京某公司拟出口一批货物（检验检疫类别为 M/N），货物由广西某企业生产，从广州口岸出口，以下表述正确的是（   ）。

A. 该公司须在广西办理报检单位备案登记手续

B. 该公司须在北京办理报检单位备案登记手续

C. 该企业须在广州办理报检单位备案登记手续

D. 该企业须办理卫生注册登记手续

10. 广州某公司向长沙一生产企业购买一批货物（检验检疫类别为 M/N）出口，出境口岸为深圳。报检人应向（   ）检验检疫机构申请实施检验。

A. 广州　　B. 湖南　　C. 深圳　　D. 广州或深圳

11. 进口商品在口岸卸货时发现残损或者数量、重量短缺需要索赔的，（   ）应当及时向口岸检验检疫机构申请检验出证。

A. 发货人　　B. 卸货单位　　C. 收货人　　D. 承运人

12. 公司进口一批已使用过的制衣设备，合同的品名是电动缝纫机，入境检验检疫单的"货物名称"一栏应填写（   ）。

A. 电动缝纫机　　B. 制衣设备

C. 电动缝纫机（旧）　　D. 制衣设备（旧）

13. 公司拟向西班牙出口一批机械设备，货物使用了针叶树木质包装，应在出境货物报检单的"需要证单名称"一栏中选择（   ）。

A. 植物检疫证书　　B. 品质证书　　C. 熏蒸/消毒证书　　D. 数量证书

二、多选题

1. 入境报检时必须提供的单证有（   ）。

A. 《入境货物检验检疫申请》　　B. 合同、发票、提单

C. 入境报检单位的工商营业执照　　D. 特殊情况还须提交其他相关文件

2. 出境报检时，应填写《出境货物检验检疫申请》，并提供下列单证（   ）。

A. 对外贸易合同、信用证　　B. 发票、装箱单

C. 提单　　D. 保险单

3. 《中华人民共和国进出口商品检验法》是为了加强进出口商品检验工作，（   ）而制定的。

A. 规范进出口商品检验行为

B. 维护社会公共利益和进出口贸易有关各方的合法利益

C. 促进对外贸易关系的顺利发展

D. 保护农林牧渔生产和人体健康

4. 办理出口货物报检手续时,《出境货物检验检疫申请》的"发货人"根据实际情况可填写( )。

  A. 生产单位   B. 外贸合同中的卖方

  C. 信用证的受益人   D. 出口货物的承运人

5. 报检单位包括( )。

  A. 自理报检单位   B. 出票人   C. 代理报检单位   D. 受益人

6. 某公司从瑞典进口一批水果（纸箱包装），进境口岸为天津，货物目的地为西安，入境报检时需要提供的单据包括( )。

  A. 产地证   B. 关于包装的声明或证书

  C.《进境动植物检疫许可证》   D. 瑞典官方出具的植物检疫证书

7. 出入境检验检疫机构是( )等法律的行政执法机构。

  A.《中华人民共和国进出口商品检验法》 B.《中华人民共和国进出境动植物检疫法》

  C.《中华人民共和国国境卫生检疫法》   D.《中华人民共和国食品卫生法》

三、判断题

1. 已实施装运前检验的货物，入境时无须再报检。 （ ）

2. 《出境货物检验检疫申请》的"启运地"一栏应填写装运本批货物离境的交通工具的启运口岸。 （ ）

3. 已实施装运前检验的入境货物，入境时检验检疫机构仍须实施检验。 （ ）

4. 某公司从美国进口一批苹果，从上海口岸入境，目的地合肥。该公司应向上海检验检疫机构报检，该货物必须由上海海关进行检疫。 （ ）

5. 填写报检单时，"标记及号码"一栏应与合同、发票等有关单据保持一致，如果无标记，应填写 N/M。 （ ）

6. 检验检疫工作受到法律保护，所签发的证件具有法律效力。 （ ）

7. 所谓"法定检验检疫"，又称强制性检验检疫。 （ ）

拓展实训

实训项目一　制作出境货物检验检疫申请

上接项目三拓展实训，2019 年 9 月 23 日，山东允芷国际贸易有限公司（SHANDONG YUNZHI INTERNATIONAL TRADE CO.，LTD.）已经收到了岛恒顺通国际货运代理公司配舱回单，已订妥中远集装箱运输公司（简称 COSCO）2019 年 9 月 30 日的船期，船名为 Princess，航次为 S505，1 个 40 英尺集装箱，CY/CY。外贸单证员芸芸在 http：//www.hs-bianma.com/ 网站查询得知，黄桃罐头的 HS 编码是 2008701000，监管条件为 AB，属于法定检验商品。因此，芸芸根据商业发票、装箱单及其他信息制作出境货物检验检疫申请，委托黄桃罐头的生产制造企业青岛即墨市荔妍食品有限公司向青岛海关进行该批货物的报检。

项目四 报检单据填制

1. 商业发票

\multicolumn{5}{c}{SHANDONG YUNZHI INTERNATIONAL TRADE CO., LTD. 8 HEBEI STREET, QINGDAO CITY, SHANDONG, CHINA}
\multicolumn{5}{c}{**COMMERCIAL INVOICE**}
To:	ONE METER SUNSHINE CO., LTD. NO.95, GEORGE STREET, SYDNEY, AUSTRALIA.		Invoice No.:	YZ2019012
			Invoice Date:	SEP. 15, 2019
			S/C No.:	YZ012
			L/C No.:	MS112233
Transport details	\multicolumn{4}{l}{From QINGDAO, CHINA To SYDNEY, AUSTRALIA BY VESSEL}
Marks and Numbers	Number and kind of package Description of goods	Quantity	Unit Price	Amount
ONE METER SUNSHINE YZ012 SYDNEY C/NO. 1-1000	CANNED YELLOW PEACH 850G 24TINS/CTN	24,000TINS	CIFSYDNEY, AUSTRALIA	
			USD4.00/TIN	USD96,000.00
	TOTAL:	24,000TINS		USD96,000.00
SAY TOTAL:	\multicolumn{4}{c}{SAY US DOLLARS NINTY-SIX THOUSAND ONLY}
\multicolumn{5}{c}{SHANDONG YUNZHI INTERNATIONAL TRADE CO., LTD. YUNYUN}

2. 装箱单

\multicolumn{6}{c}{SHANDONG YUNZHI INTERNATIONAL TRADE CO., LTD. 8 HEBEI STREET, QINGDAO CITY, SHANDONG, CHINA}
\multicolumn{6}{c}{**PACKING LIST**}
To:	ONE METER SUNSHINE CO., LTD. NO.95, GEORGE STREET, SYDNEY, AUSTRALIA.			Invoice No.:	YZ2019012
				Date:	SEP. 15, 2019
				S/C No.:	YZ012
				L/C No.:	MS112233
Transport details	\multicolumn{5}{l}{From QINGDAO, CHINA To SYDNEY, AUSTRALIA BY VESSEL}
Marks and Numbers	Number and kind of package Description of goods	Quantity	Package	G.W	N.W	Meas.
ONE METER SUNSHINE YZ012 SYDNEY C/NO. 1-1000	CANNED YELLOW PEACH 850G 24TINS/CTN	24,000TINS	1,000CTNS	22,000KGS	20,400KGS	16CBM

TOTAL：		24,000TINS	1,000CTNS	22,000KGS	20,400KGS	16CBM
SAY TOTAL：			SAY ONE THOUSAND CARTONS ONLY
		SHANDONG YUNZHI INTERNATIONAL TRADE CO., LTD. YUNYUN

3. 其他信息

山东允芷国际贸易有限公司报检单位登记号是3702458234，属于私营有限责任公司；青岛即墨市荔妍食品有限公司的报检单位登记号是3702566877，属于私营有限责任公司，联系人是晓妍，联系电话是0532-87726666。

★山东允芷国际贸易有限公司的外贸单证员芸芸需完成的实训任务如下：

任务一：制作出境货物检验检疫申请

中华人民共和国海关
出境货物检验检疫申请
电子底账数据号：

申请单位（加盖公章）				*编号：		
申请单位登记号：		联系人：	电话：	申请日期：	年 月 日	
发货人	（中文）					
	（外文）					
收货人	（中文）					
	（外文）					
货物名称 （中/外文）		H.S.编码	产地	数/重量	货物总值	包装种类及数量
运输工具 名称号码			贸易方式		货物存放地点	
合同号			信用证号		用途	
发货日期			输往国家（地区）		许可证/审批号	
启运地			到达口岸		生产单位注册号	
集装箱规格、数量及号码						
合同、信用证订立的检验检疫条款或特殊要求		标 记 及 号 码		随附单据（划"√"或补填）		
				□合同　　　　□装箱单 □信用证　　　□厂检单 □发票　　　　□包装性能结果单 □换证凭单　　□许可/审批文件		

项目四 报检单据填制

需要证单名称（划"√"或补填）		*检验检疫费	
□品质证书　　__正__副 □重量证书　　__正__副 □数量证书　　__正__副 □兽医卫生证书__正__副 □健康证书　　__正__副	□卫生证书　　　　　　__正__副 □动物卫生证书　　　　__正__副 □植物检疫证书　　　　__正__副 □熏蒸/消毒证书　　　__正__副 □出境货物换证凭单　　__正__副	总金额 （人民币元）	
		计费人	
		收费人	
报检人郑重声明： 1. 本人被授权报检。 2. 上列填写内容正确属实，货物无伪造或冒用他人的厂名、标志、认证标志，并承担货物质量责任。 签名：_____		领 取 证 单	
		日期	
		签名	

实训项目二　制作入境货物检验检疫申请

2020年9月10日，山东允芷国际贸易有限公司（SHANDONG YUNZHI INTERNATIONAL TRADE CO., LTD.）与德国莱恩进出口有限公司（GERMANY LENEN IMPORT AND EXPORT CO. LTD.）签订了进口泰迪熊毛绒玩具（TEDDY BEAR PLUSH TOYS）的外贸合同，合同号为YZ038，进口数量为5 000个，包装件数为500纸箱，成交价格为USD2.00/PC FOB HAMBURG。山东允芷国际贸易有限公司报检单位登记号是3702458234，属于私营有限责任公司。外贸单证员芸芸在http://www.hs-bianma.com/网站查询得知，泰迪熊毛绒玩具的HS编码是9503002100，监管条件为A，需进口报检，属于法定检验商品。并委托青岛恒顺通国际货运代理公司订妥马士基航运公司（简称MSK）2020年12月4日的船期，船名为WIDE ALPHA，航次是011N/015S，1个20英尺集装箱，CY/CY，启运口岸德国汉堡港，预计到货时间为2020年12月29日，卸货时间为2020年12月31日。在货物到港之前，外贸单证员芸芸着手制作进境货物检验检疫申请，并向青岛海关检验检疫部门办理报检手续。

山东允芷国际贸易有限公司报检单位登记号是3702458234，属于私营有限责任公司。联系人是芸芸，联系电话是0532-85923654。

中华人民共和国海关
入境货物检验检疫申请
电子底账数据号：

申请单位（加盖公章）			*编号：		
申请单位登记号：	联系人：	电话：	申请日期： 　年　月　日		
发货人	（中文）		企业性质（"√"）	（　）合资　（　）合作 （　）外资	
	（外文）				
发货人	（中文）				
	（外文）				

91

货物名称（中/外文）	H.S.编码	原产国（地区）	数/重量	货物总值	包装种类及数量

运输工具名称号码		贸易方式		合同号	
贸易方式		贸易国别（地区）		提单/运单号	
到货日期		启运国家（地区）		许可证/审批号	
卸货日期		启运口岸		入境口岸	
索赔有效期至		经停口岸		目的地	
集装箱规格、数量及号码					

随附单据（划"√"或补填）		标记及号码	外商投资财产（划"√"）	□是 □否	
□合同 □发票 □提/运单 □兽医卫生证书 □植物检疫证书 □动物检疫证书 □卫生证书 □原产地证 □许可/审批文件	□到货通知 □装箱单 □质保书 □理货清单 □磅码单 □验收报告 □无木质包装证书 □报检委托书 □合格证书		*检验检疫费		
^	^	^	总金额（人民币元）		
^	^	^	计费人		
^	^	^	收费人		

申请人郑重声明： 1. 本人被授权申请检验检疫。 2. 上列填写内容正确属实。 签名：_____	领取证单	
^	日期	
^	签名	

项目五　产地证制作

学习目标

【素质目标】
认识到产地证在进出口单证制作流程中的重要性
培养高度的爱国情怀和责任感
养成诚实守信、严谨制单的工作作风
养成善于沟通和团队合作的工作品质

【知识目标】
理解原产地证、一般原产地证和普惠制产地证的定义和作用
掌握一般原产地证和普惠制产地证的制作要点

【能力目标】
能够读懂信用证和外贸合同中的原产地证条款
能够根据信用证、商业发票和装箱单准确制作产地证

导入项目场景

【项目场景 1】

2019 年 7 月 4 日，河北箸婉国际贸易有限公司外贸单证员婉儿根据信用证的规定 "+CERTIFICATE OF ORIGIN CERTIFIED BY CHAMBER OF COMMERCE OR CCPIT."，以及商业发票和装箱单的要求制作一般原产地证，并向河北省贸促会申领一般原产地证。

1. 信用证

```
MT 700           ISSUE OF A DOCUMENTARY CREDIT
SENDER      STANDARD BANK OF SOUTH AFRICA LTD., TSHWANE, SOUTH AFRICA
RECEIVER    BANK OF CHINA, TANGSHAN, CHINA
SEQUENCE OF TOTAL        27：1/1
FORM OF DOC. CREDIT      40A：IRREVOCABLE
DOC. CREDIT NUMBER       20：SABK225498
DATE OF ISSUE            31C：190520
APPLICABLE RULES         40E：UCP LATEST VERSION
```

93

DATE AND PLACE OF EXPIRY. 31D： DATE 190830 PLACE IN CHINA

APPLICANT	50：	WARM SUNSHINE TRADING CO. , LTD.
		30 SANTA MARIA AVENUE, TSHWANE CITY, SOUTH AFRICA
BENEFICIARY	59：	HEBEI RUOWAN INTERNATIONAL TRADE CO. , LTD.
		18 XINYUAN STREET, TANGSHAN CITY, HEBEI PROVINCE CHINA
AMOUNT	32B：	CURRENCY USD AMOUNT 100,000.00
AVAILABLE WITH/BY	41D：	ANY BANK IN CHINA, BY NEGOTIATION
DRAFTS AT ...	42C：	AT SIGHT
DRAWEE	42A：	STANDARD BANK OF SOUTH AFRICA LTD. , TSHWANE.
PARTIAL SHIPMTS	43P：	NOT ALLOWED
TRANSSHIPMENT	43T：	ALLOWED
PORT OF LOADING/ AIRPORT OF DEPARTURE	44E：	TIANJIN, CHINA
PORT OF DISCHARGE	44F：	CAPETOWN, SOUTH AFRICA
LATEST DATE OF SHIPMENT	44C：	190720
DESCRIPTION OF GOODS AND/OR SERVICES	45A：	20,000BAGS COOKED CHESTNUT KERNEL, AS PER S/C NO. NW018 AT USD5.00/BAG CIF CAPETOWN, SOUTH AFRICA, PACKING：20 BAGS/CTN
DOCUMENTS REQUIRED	46A：	

+SIGNED COMMERCIAL INVOICE IN TRIPLICATE.
+PACKING LIST IN TRIPLICATE.
+FULL SET (3/3) OF CLEAN "ON BOARD" OCEAN BILLS OF LADING MADE OUT TO ORDER MARKED FREIGHT PREPAID AND NOTIFY APPLICANT.
+CERTIFICATE OF ORIGIN CERTIFIED BY CHAMBER OF COMMERCE OR CCPIT.
+INSURANCE POLICY/CERTIFICATE IN DUPLICATE ENDORSED IN BLANK FOR 110% INVOICE VALUE, COVERING ALL RISKS AND WAR RISK OF CIC OF PICC (1/1/1981).
+SANITARY CERTIFICATE AND PHYTOSANITARY ISSUED BY THE CUSTOMS OF THE PEOPLE'S REPUBLIC OF CHINA.
+SHIPMENT ADVICE SHOWING THE NAME OF THE CARRYING VESSEL, DATE OF SHIPMENT, MARKS, QUANTITY, NET WEIGHT AND GROSS WEIGHT OF THE SHIPMENT TO APPLICANT WITHIN 3 DAYS AFTER THE DATE OF BILL OF LADING.
+BENEFICIARY CERTIFICATE CERTIFYING THAT SHIIPPING ADVICE HAS BEEN SENT TO THE APPLICANT BY TELEX WITHIN 3 DAYS AFTER THE DATE OF BILL OF LADING.

ADDITIONAL CONDITION　　47A：
+DOCUMENTS DATED PRIOR TO THE DATE OF THIS CREDIT ARE NOT ACCEPTABLE.
++THE NUMBER OF THIS CREDIT MUST BE QUOTED ON ALL DOCUMENTS.
+TRANSSHIPMENT ALLOWED AT NINGBO ONLY.
+SHORT FORM/CHARTER PARTY/THIRD PARTY BILL OF LADING ARE NOT ACCEPTABLE.
+BOTH QUANTITY AND CREDIT AMOUNT 5% MORE OR LESS ARE ALLOWED.

CHARGE	71B：	ALL CHARGES AND COMMISSIONS OUT OF SOUTH AFRICA ARE FOR ACCOUNT OF BENEFICIARY EXCLUDING REIMBURSING FEE.
PERIOD FOR PRESENTATION	48：	WITHIN 21 DAYS AFTER THE DATE OF SHIPMENT, BUT WITHIN THE VALIDITY OF THIS CREDIT.

CONFIRMATION INSTRUCTION	49: WITHOUT
REIMBURSING BANK	53A: STANDARD BANK OF SOUTH AFRICA LTD., TSHWANE, SOUTH AFRICA

2. 商业发票

HEBEI RUOWAN INTERNATIONAL TRADE CO., LTD.
18 XINYUAN SREET, TANGSHAN CITY, HEBEI PROVINCE, CHINA
TEL: 0086-315-2788888   FAX: 0086-315-2788888

COMMERCIAL INVOICE

To Messer:	WARM SUNSHINE TRADING CO., LTD. 30 SANTA MARIA AVENUE, TSHWANE CITY, SOUTH AFRICA TEL: 27-21-25456888 FAX: 27-21-25456801	Invoice No.:	NW IV011
		Invoice Date:	JUN. 20, 2019
		S/C No.:	NW018
		L/C NO.:	SABK225498
Transport Details	FROM TIANJIN, CHINA TO CAPETOWN, SOUTH AFRICA BY SEA/VESSEL		
Marks and Numbers	Number and kind of package Description of goods	Quantity	Unit Price	Amount
WARM SUNSHINE NW018 CAPETOWN SOUTH AFRICA C/NO. 1-1020	COOKED CHESTNUT KERNEL 1KG/BAG As per the confirmed sample of Mar. 3, 2019. PACKED IN 20BAGS/CTN	20,400BAGS	CIF CAPETOWN, SOUTH AFRICA	
			USD5.00/BAG	USD102,000.00
	TOTAL:	20,400BAGS		USD102,000.00
SAY TOTAL:	SAY U.S. DOLLARS ONE HUNDRED AND TWO THOUSAND ONLY.			
	HEBEI RUOWAN INTERNATIONAL TRADE CO., LTD. WANER			

3. 装箱单

HEBEI RUOWAN INTERNATIONAL TRADE CO., LTD.
18 XINYUAN SREET, TANGSHAN CITY, HEBEI PROVINCE, CHINA
TEL: 0086-315-2788888   FAX: 0086-315-2788888

PACKING LIST

To:	WARM SUNSHINE TRADING CO., LTD. 30 SANTA MARIA AVENUE, TSHWANE CITY, SOUTH AFRICA TEL: 27-21-25456888 FAX: 27-21-25456801	Invoice No.:	NW IV011
		Invoice Date:	JUN. 20, 2019
		S/C No.:	NW018
		L/C NO.:	SABK225498
Transport Details	FROM TINAJIN, CHINA TO CAPETOWN, SOUTH AFRICA BY SEA/VESSEL		

Marks and Numbers	Number and kind of package Description of goods	Quantity	Package	G. W	N. W	Meas.
WARM SUNSHINE NW018 CAPETOWN C/NO. 1-1020	COOKED CHESTNUT KERNEL 1KG/BAG As per the confirmed sample of Mar. 3, 2019. PACKED IN 20BAGS/CTN	20,400BAGS	1,020CTNS	21,420KGS	20,400KGS	36.72CBM
TOTAL		20,400BAGS	1,020CTNS	21,420KGS	20,400KGS	36.72CBM
SAY TOTAL:	SAY ONE HOUSAND AND TWENTY CARTONS ONLY					
	HEBEI RUOWAN INTERNATIONAL TRADE CO., LTD. WANER					

【项目场景2】

2019年5月26日,河北箬婉国际贸易有限公司外贸单证员婉儿根据信用证的规定"++GENERALIZED SYSTEM OF PREFERENCE CERTIFICATE OF ORIGIN FORM A CERTIFIED BY CUSTOMS.",以及商业发票和装箱单的要求制作普惠制产地证,并向唐山海关申领普惠制产地证。

1. 信用证

```
MT 700              ISSUE OF A DOCUMENTARY CREDIT
SENDER              HSBC HOLDING, LONDON, UK
RECEIVER            BANK OF CHINA, TANGSHAN, CHINA
SEQUENCE OF TOTAL       27: 1/1
FORM OF DOC. CREDIT     40A: IRREVOCABLE
DOC. CREDIT NUMBER      20: SABK225499
DATE OF ISSUE           31C: 190521
APPLICABLE RULES        40E: UCP LATEST VERSION
DATE AND PLACE OF EXPIRY. 31D: DATE 190701 PLACE IN CHINA
APPLICANT               50: COLD RAIN TRADING CO., LTD.
                            66 GOWER STREET, LONDON, UK
BENEFICIARY             59: HEBEI RUOWAN INTERNATIONAL TRADE CO., LTD.
                            18 XINYUAN STREET, TANGSHAN CITY, HEBEI PROVINCE,
                            CHINA
AMOUNT                  32B: CURRENCY EUR AMOUNT 100,000.00
AVAILABLE WITH/BY       41D: ANY BANK IN CHINA, BY NEGOTIATION
DRAFTS AT ...           42C: 30 DAYS AFTER SIGHT
DRAWEE                  42A: HSBC HOLDING, LONDON, UK
PARTIAL SHIPMTS         43P: ALLOWED
TRANSSHIPMENT           43T: ALLOWED
```

PORT OF LOADING/	44E：TIANJIN, CHINA
AIRPORT OF DEPARTURE	
PORT OF DISCHARGE	44F：LIVERPOOL, UK
LATEST DATE OF SHIPMENT	44C：190621
DESCRIPTION OF GOODS AND/OR SERVICES	45A：20,000 BAGS COOKED CHESTNUT KERNEL, AS PER S/C NO. NW020 AT USD5.00/BAG CIF LIVERPOOL, UK, PACKING：20 BAGS/CTN
DOCUMENTS REQUIRED	46A：

+SIGNED COMMERCIAL INVOICE IN TRIPLICATE.
+PACKING LIST IN TRIPLICATE.
+FULL SET (3/3) OF CLEAN "ON BOARD" OCEAN BILLS OF LADING MADE OUT TO ORDER MARKED FREIGHT COLLECT AND NOTIFY APPLICANT.
+FULL SET (3/3) OF CLEAN "ON BOARD" OCEAN BILLS OF LADING MADE OUT TO ORDER MARKED FREIGHT COLLECT AND NOTIFY APPLICANT.
+GENERALIZED SYSTEM OF PREFERENCE CERTIFICATE OF ORIGIN FORM A CERTIFIED BY CUSTOMS.
+INSURANCE POLICY/CERTIFICATE IN DUPLICATE ENDORSED IN BLANK FOR 120% INVOICE VALUE, COVERING ALL RISKS OF CIC OF PICC (1/1/1981)
+SHIPMENT ADVICE SHOWING THE NAME OF THE CARRYING VESSEL, DATE OF SHIPMENT, MARKS, QUANTITY, NET WEIGHT AND GROSS WEIGHT OF THE SHIPMENT TO APPLICANT WITHIN 3 DAYS AFTER THE DATE OF BILL OF LADING.
+BENEFICIARY CERTIFICATE CERTIFYING THAT SHIPPING ADVICE HAS BEEN SENT TO THE APPLICANT BY TELEX WITHIN 3 DAYS AFTER THE DATE OF BILL OF LADING.

ADDITIONAL CONDITION	47A：

+DOCUMENTS DATED PRIOR TO THE DATE OF THIS CREDIT ARE NOT ACCEPTABLE.
+THE NUMBER OF THIS CREDIT MUST BE QUOTED ON ALL DOCUMENTS.

CHARGE	71B：ALL CHARGES AND COMMISSIONS ARE FOR ACCOUNT OF BENEFICIARY.
PERIOD FOR PRESENTATION	48：WITHIN 5 DAYS AFTER THE DATE OF SHIPMENT, BUT WITHIN THE VALIDITY OF THIS CREDIT.
CONFIRMATION INSTRUCTION	49：WITHOUT
REIMBURSING BANK	53A：HSBC HOLDING, LONDON, UK

2. 商业发票

HEBEI RUOWAN INTERNATIONAL TRADE CO., LTD.
18 XINYUAN STREET, TANGSHAN CITY, HEBEI PROVINCE, CHINA
TEL：0086-315-2788888   FAX：0086-315-2788888

COMMERCIAL INVOICE

To Messer:	COLD RAIN TRADING CO., LTD. 66 GOWER STREET, LONDON, UK TEL：+44(0)207679200 FAX：+44(0)207679201	Invoice No.：	NWIV012
		Invoice Date：	JUN. 02, 2019
		S/C No.：	NW019
		L/C No.：	SABK225499

Transport Details	FROM TIANJIN, CHINA TO LIVERPOOL UK BY SEA/VESSEL			
Marks and Numbers	Number and kind of package Description of goods	Quantity	Unit Price	Amount
COLD RAIN NW019 LIVERPOOL UK C/NO. 1-1020	COOKED CHESTNUT KERNEL 1KG/BAG As per the confirmed sample of Mar. 2, 2019. PACKED IN 20BAGS/CTN	20,400BAGS	CIF LIVERPOOL, UK USD5.00/BAG	USD102,000.00
	TOTAL	20,400BAGS		USD102,000.00
SAY TOTAL:	SAY U.S. DOLLARS ONE HUNDRED AND TWO THOUSAND ONLY.			
	HEBEI RUOWAN INTERNATIONAL TRADE CO., LTD. WANER			

3. 装箱单

HEBEI RUOWAN INTERNATIONAL TRADE CO., LTD.
18 XINYUAN STREET, TANGSHAN CITY, HEBEI PROVINCE, CHINA
TEL: 0086-315-2788888   FAX: 0086-315-2788888

PACKING LIST

To:	COLD RAIN TRADING CO., LTD. 66 GOWER STREET, LONDON, UK TEL+44(0)207679200 FAX: +44(0)207679201	Invoice No.:	NW IV012		
		Invoice Date:	JUN. 02,2019		
		S/C No.:	NW020		
		L/C No.:	SABK225499		
Transport Details	FROM TIANJIN, CHINA TO CAPETOWN, SOUTH AFRICA BY SEA/VESSEL				
Marks and Numbers	Number and kind of package Description of goods	Quantity	Package	G.W	N.W	Meas.
COLD RAIN NW019 LIVERPOOL C/NO. 1-1020	COOKED CHESTNUT KERNEL 1KG/BAG As per the confirmed sample of Mar. 02,2019. PACKED IN 20BAGS/CTN	20,400 BAGS	1,020 CTNS	21,420 KGS	20,400 KGS	36.72 CBM
	TOTAL:	20,400 BAGS	1,020 CTNS	21,420 KGS	20,400 KGS	36.72 CBM
SAY TOTAL:	SAY ONE THOUSAND AND TWENTY CARTONS ONLY					
	HEBEI RUOWAN INTERNATIONAL TRADE CO., LTD. WANER					

任 务 分 析

河北箬婉国际贸易有限公司的外贸单证员婉儿请示外贸主管后，依据信用证相关条款、商业发票和装箱单，着手完成以下任务：

【任务 1】 根据【项目场景 1】制作一般原产地证

ORIGINAL	
1. Exporter	Certificate No.
2. Consignee	CERTIFICATE OF ORIGIN OF THE PEOPLE'S REPUBLIC OF CHINA
3. Means of transport and route	5. For certifying authority use only
4. Country/region of destination	

6. Marks and numbers	7. Number and kind of packages; description of goods	8. H. S. Code	9. Quantity	10. Number and date of invoices

11. Declaration by the exporter 　　The undersigned hereby declares that the above details and statements are correct, that all the goods were produced in China and that they comply with the Rules of Origin of the People's Republic of China. Place and date, signature and stamp of authorized signatory	12. Certification 　　It is hereby certified that the declaration by the exporter is correct. Place and date, signature and stamp of certifying authority

【任务2】 根据【项目场景2】制作普惠制产地证（FORM A）

ORIGINAL	
1. Goods consigned from	Reference No.
2. Goods consigned to	**GENERALIZED SYSTEM OF PREFERENCES CERTIFICATE OF ORIGIN** （Combined declaration and certificate） **FORM A**
3. Means of transport and route	4. For certifying use

5. Item number	6. Marks and numbers of packages	7. Number and kind of packages; description of goods	8. Origin criterion (see Notes overleaf)	9. Gross weight or other quantity	10. Number and date of invoices

11. Certification It is hereby certified, on the basis of control carried out, that the declaration by the exporter is correct. Place and date, signature and stamp of certifying authority	12. Declaration by the exporter The undersigned hereby declares that the above details and statements are correct, that all the goods were produced in _____ （country）and that they comply with the Rules of Origin of the specified for those goods in the Generalize System of Preferences for goods exported to _____ . （importing country） Place and date, signature and stamp of authorized signatory

任务实施

在任务实施过程中，河北箸婉国际贸易有限公司的单证员婉儿，一边学习制作要点，一边制作一般原产地证和普惠制产地证。

【任务1】 根据场景1制作一般原产地证

1. 出口商名称、地址、国别（Exporter）

此栏出口商名称必须是经海关（原检验检疫局）登记注册，其名称、地址必须与注册档案一致。必须填明在中国境内的出口商详细地址、国名（CHINA）。

> 根据本任务信用证的59条款受益人（出口商）的描述，本栏填写内容为：
> HEBEI RUOWAN INTERNATIONAL TRADE CO., LTD.
> 18 XINYUAN STREET, TANGSHAN CITY, HEBEI PROVINCE, CHINA

2. 收货人的名称、地址和国别（Consignee）

一般应填写最终收货人名称，即提单通知人或信用证上特别声明的收货人，如最终收货人不明确或为中间商时可填"TO ORDER"字样。

> 根据本任务信用证的46A中关于海运提单的条款
> "+FULL SET (3/3) OF CLEAN 'ON BOARD' OCEAN BILLS OF LADING MADE OUT TO ORDER MARKED FREIGHT PREPAID AND NOTIFY APPLICANT."本栏填写内容为：
> WARM SUNSHINE TRADING CO., LTD.
> 30 SANTA MARIA AVENUE, TSHWANE CITY, SOUTH AFRICA

3. 运输方式和路线（Means of Transport and Route）

填明装货港名称、目的港名称及运输方式（海运、空运或陆运）。经转运的，应注明转运地。格式为"FROM...TO...BY...（VIA...）"。多式联运要分阶段说明。

> 本任务中的运输详情应根据信用证的44E和44F条款，本栏填写内容为：
> FROM TIANJIN, CHINA TO CAPETOWN, SOUTH AFRICA BY SEA

4. 目的地（Country/Region of Destination）

目的地指货物最终运抵港或国家、地区，一般应与最终收货人一致。不能填写中间商国家名称。

> 根据信用证的44F条款，货物最终运抵港和国家是"CAPETOWN, SOUTH AFRICA"，本栏填写内容为：
> SOUTH AFRICA

5. 签证机构专用栏（For Certifying Authority Use Only）

此栏留空。签证机构在签发后、发证书、补发证书或加注其他声明时使用。

> 本栏留空。

6. 唛头及包装号（Marks and Numbers）

此栏应照实填具出口发票上所列唛头的完整的图案、文字标记及包装号。如唛头多本栏填不下，可填在第7、8、9栏的空白处，如还不够，可以附页填写。如无唛头，应填N/M字样。

本栏直接填写商业发票上的唛头：

WARM SUNSHINE

NW018

CAPETOWN SOUTH AFRICA

C/NO. 1—1020

7. 商品名称、包装数量及种类（Number and Kind of Packages; Description of Goods）

此栏应填明商品总称和具体名称。在商品名称后须加上大写的英文数字并用括号加上阿拉伯数字及包装种类或度量单位。最后应加上截止线（＊＊＊），以防止伪造内容。

根据商业发票上的商品描述，本栏可填写：

ONE THOUSAND AND TWENTY (1,020) CARTONS OF COOKED CHESTNUT KERNEL

＊＊＊＊＊＊＊＊＊＊＊＊＊＊＊＊＊＊＊＊＊＊＊＊＊

L/C NO. SABK225498

8. 商品编码（H. S. Code）

此栏要求填写十位数的 H. S. 税目号，若同一证书含有多种商品，应将相应的税目号全部填写。

根据编码查询，本栏填写：**2008192000**

9. 数量或重量（Quantity）

此栏应填写商品的计量单位。以重量计算的要填注毛重或净重。若同一证书包含有多种商品，则量值的填打必须与 7、8 栏中商品名称、商品编码相对应，有的还必须填写总数。

根据装箱单，本栏填写：**20,400BAGS**

10. 发票号与日期（Number）

此栏不得留空，必须按照所申请出口货物的商业发票填写。月份一律用英文缩写。该栏日期应早于或同于 11 和 12 栏的申报和签发日期。

根据商业发票，本栏填写：

NW IV011

JUN. 20, 2019

11. 出口商声明（Declaration by the Exporter）

该栏由申领单位已在签证机构注册的人员签字并加盖企业中英文印章，手签人的签字与印章不得重合。同时填写申领地点和日期，该栏日期不得早于发票日期（第 10 栏）。

本栏填写：

HEBEI RUOWAN INTERNATIONAL TRADE CO., LTD.

河北箬婉国际贸易有限公司

婉儿

TANGSHAN, CHINA, JUN. 08, 2019

12. 签证机构注明（Certification）

所申请的证书，经签证机构审核人员审核无误后，由授权的签证人在此栏手签姓名并加盖签证机构印章，注明签署地点、日期。注意此栏签发日期不得早于发票日期（第10栏）和申报日期（第11栏），因为如早于发票日期和申报日期则不符合逻辑上的时间关系。

本栏留空。

河北箬婉国际贸易有限公司的单证员婉儿根据上述一般原产地证各项目的制作要点，完成一般原产地证的制作。内容如下：

ORIGINAL	
1. Exporter HEBEI RUOWAN INTERNATIONAL TRADE CO., LTD. 18 XINYUAN STREET, TANGSHAN CITY, HEBEI PROVINCE, CHINA	Certificate No. CERTIFICATE OF ORIGIN OF THE PEOPLE'S REPUBLIC OF CHINA
2. Consignee WARM SUNSHINE TRADING CO., LTD. 30 SANTA MARIA AVENUE, TSHWANE CITY, SOUTH AFRICA	
3. Means of transport and route FROM TIANJIN, CHINA TO CAPETOWN, SOUTH AFRICA BY SEA	5. For certifying authority use only
4. Country/region of destination SOUTH AFRICA	

6. Marks and numbers	7. Number and kind of packages; description of goods	8. H. S. Code	9. Quantity	10. Number and date of invoices
WARM SUNSHINE NW018 CAPETOWN C/NO. 1-1020	ONE THOUSAND AND TWENTY (1,020) CARTONS OF COOKED CHESTNUT KERNEL * * * * * * * * * L/C NO. SABK225498	2008192000	20,400BAGS	NW IV011 JUN. 20, 2019

11. Declaration by the exporter	12. Certification
The undersigned hereby declares that the above details and statements are correct, that all the goods were produced in China and that they comply with the Rules of Origin of the People's Republic of China.	It is hereby certified that the declaration by the exporter is correct.
HEBEI RUOWAN INTERNATIONAL TRADE CO., LTD. 河北箬婉国际贸易有限公司 婉儿 TANGSHAN, CHINA, JUN. 08, 2019 Place and date, signature and stamp of authorized signatory	Place and date, signature and stamp of certifying authority

【任务 2】根据场景 2 制作普惠制产地证

1. 出口商名称、地址和国家（Goods Consigned from）

此栏填写出口商的详细地址，包括街道名、门牌号码等。中国地名的英文译音应采用汉语拼音。如：中国唐山新华道 100 号　邮编：063000（NUMBER 100, XINHUA STREET, TANGSHAN, CHINA. POST CODE NO.063000）等。

> 根据信用证的 59 条款受益人（出口商）的描述，本栏填写内容为：
> HEBEI RUOWAN INTERNATIONAL TRADE CO., LTD.
> 18 XINYUAN STREET, TANGSHAN CITY, HEBEI PROVINCE, CHINA

2. 收货人名称、地址和国家（Goods Consigned to）

根据信用证要求填写给惠国的最终收货人名称（即信用证上规定的提单通知人或特别声明的收货人）。如果信用证未明确最终收货人，可以填写商业发票的抬头人，但不可填写中间商的名称。

> 因信用证未明确最终收货人，因此填写商业发票的抬头人。
> 本栏填写内容为：
> COLD RAIN TRADING CO., LTD.
> 66 GOWERSTREET, LONDON, UK
> TEL+44（0）207679200　FAX：+44（0）207679201

3. 运输方式和路线（Means of Transport and Route）

此栏一般填写装货、到货地点（如始运港、目的港）及运输方式（如海运、陆运、空运）等内容，对转运商品应加转运港，如 VIA HONG KONG。该栏还要填明预定自中国出口的地点和日期。如：ON/AFTER APRIL 15, 2020 FROM SHANGHAI TO NEW YORK VIA SINGAPORE BY SEA。

> 本任务中的运输详情应根据信用证的 44E 和 44F 条款，本栏填写内容为：
> FROM TIANJIN, CHINA TO LIVERPOOL, UK BY SEA

4. 供官方使用（For Official Use）

此栏在正常情况下留空。

> 本栏留空。

5. 商品顺序号（Item Number）

在填制本栏目时，如同批出口货物有不同品种，则按不同品种、发票号等分列"1""2""3"……单项商品，此栏填"1"。

> 根据信用证、商业发票、装箱单，出口货物是单项商品，因此本栏目应填写为：
> 1

6. 唛头及包装号（Marks and Numbers of Packages）

应注意与合同、发票、装箱单等单据保持一致（对应合同中的"Shipping Mark"栏）。

即使没有唛头，也应注明"N/M"，不得留空。如唛头内容过多，可填在第7、8、9栏的空白处，或另加附页，只需打上原证号，并由签证机关授权人员手签和加盖签证章。

本栏目应和商业发票上的唛头保持一致，因此应填制为：

COLD RAIN

NW019

LIVERPOOL

C/NO. 1-1020

---

7. 商品名称、包装数量及种类（Number and Kind of Packages; Description of Goods）

包装件数必须用英文和阿拉伯数字同时表示。商品名称必须具体填写，不能笼统填写。商品名称等项列完后，应在下一行加上表示结束的符号，以防止加填伪造内容。

根据商业发票上的商品描述，本栏可填制为：

ONE THOUSAND AND TWENTY（1,020）CARTONS OF COOKED CHESTNUT KERNEL

* * * * * * * * * * * * *

L/C NO. SABK225499

---

8. 原产地标准（Origin Criterion）

本栏用字最少，却是国外海关审证的核心项目。一般填制规定说明如下：

（1）"P"：完全是出口国自产，不含任何进口成分，使用"P"。

（2）"W"：含有进口成分，但符合原产地标准，填"W"。

（3）"F"：对加拿大出口时，含进口成分占产品出厂价40%以内者，都使用"F"。

（4）空白：出口到澳大利亚、新西兰的货物，此栏可留空不填。注意：含有进口原料成分的商品，发往挪威时，都使用"W"。

根据河北箬婉国际贸易有限公司向英国出口袋装熟制板栗仁的实际情况，本栏目应填为："P"

---

9. 毛重或其他数量（Gross Weight or Other Quantity）

此栏应按商品的正常计量单位填写。如"只""件""双""台""打"等。以重量计算的则填毛重，只有净重的，填净重亦可，但要标上 N.W.（NET WEIGHT）。

根据装箱单，本栏目应填写为：20,400BAGS

---

10. 发票号和发票日期（Number and Date of Invoice）

此栏不得留空。月份一律用英文表示（可用缩写）。此栏的日期必须按照正式商业发票填制。

根据商业发票，本栏目应填写为：

NW IV012

JUN. 02, 2019

---

11. 签证机构注明（Certification）

签证单位要填写商检局签证地点、日期。商检局签证人经审核后在此栏（正本）签名，盖签证印章。本栏日期不得早于发票日期（第10栏）和申报日期（第12栏），而且应早于货物出运日期（第3栏）。

本栏留空。

12. 出口商声明（Declaration by the Exporter）

在生产国横线上填写"中国"（CHINA）。进口国横线上填最终进口国，进口国必须与第3栏目的国别一致，如转运内陆目的地，应与内陆目的地的国别一致。出口商盖章、签名，写日期。本栏日期不得早于发票日期（第10栏）。

根据商业发票，本栏目应填写为：

CHINA

UK

HEBEI RUOWAN INTERNATIONAL TRADE CO., LTD

河北箬婉国际贸易有限公司

婉儿

TANGSHAN, CHINA JUL. 11, 2019

河北箬婉国际贸易有限公司的单证员婉儿根据上述普惠制产地证各项目的制作要点，完成普惠制产地证的制作。内容如下：

ORIGINAL	
1. Goods consigned from	Reference No.
HEBEI RUOWAN INTERNATIONAL TRADE CO., LTD 18 XINYUAN STREET, TANGSHAN CITY, HEBEI PROVINCE, CHINA	GENERALIZED SYSTEM OF PREFERENCES CERTIFICATE OF ORIGIN （Combined declaration and certificate） FORM A
2. Goods consigned to	
COLD RAIN TRADING CO., LTD. 66 GOWER STREET, LONDON, UK TEL+44（0）207679200 FAX：+44（0）207679201	
3. Means of transport and route	4. For certifying use
FROM TIANJIN, CHINA TO LIVERPOOL, UK BY SEA	

5. Item number	6. Marks and numbers of packages	7. Number and kind of packages; description of goods	8. Origin criterion （see Notes overleaf）	9. Gross weight or other quantity	10. Number and date of invoices

1	COLD RAIN NW019 LIVEPOOL C/NO. 1-1020	ONE THOUSAND AND TWENTY (1,020) CARTONS OF COOKED CHESTNUT KERNEL ****** L/C NO. SABK225499	"P"	20,400BAGS	NW IV012 JUN. 02, 2019

11. Certification It is hereby certified, on the basis of control carried out, that the declaration by the exporter is correct. Place and date, signature and stamp of certifying authority	12. Declaration by the exporter The undersigned hereby declares that the above details and statements are correct, that all the goods were produced in CHINA （country） and that they comply with the Rules of Origin of the specified for those goods in the Generalized System of Preferences for goods exported to UK （importing country） HEBEI RUOWAN INTERNATIONAL TRADE CO., LTD. 河北箬婉国际贸易有限公司 婉儿 TANGSHAN, CHINA JUN. 09, 2019 Place and date, signature and stamp of authorized signatory

知识链接

一、原产地证书的定义

原产地证书（Certificate OF Origin）是指出口国（地区）根据原产地规则和有关要求签发的，明确指出该证中所列货物原产于某一特定国家（地区）的书面文件，一般由公证机构、政府或出口商出具。

二、原产地证书的作用

在国际贸易中，世界各国根据各自的对外贸易政策，普遍实行进口贸易管制，对进口商品实施差别关税和数量限制，并由海关执行统计。进口国要求出口国出具货物的原产地证明，已成为国际惯例，因此产地证是进行国际贸易的一项重要证明文件，归纳起来，具有以下几方面的作用：

（1）原产地证书是各国海关据以征收关税和实施差别待遇的有效凭证。

如在进口国与出口国的政府之间定有关税协定，用条约形式规定了协定税率（Agreed Customs Rate），或两国之间条约上规定了最惠国条款（Most Favored Nation Clause），买方往往要求卖方提供有效的原产地证明书来证明进口货物的原产地确是缔约国才能获得相应的税率待遇。

（2）原产地证书是证明产品内在品质、结汇的依据。

在国际贸易中，一般原产地证还起到证明商品内在品质、提高商品竞争力的作用。如在国际市场上持有中国原产地证的丝绸比持有其他不产丝绸国家产地证的丝绸更能卖好价。此外，产地证有时还是贸易双方进行交接、结汇的必备单据。如买方在申请开信用证（L/C）时常要求提供产地证以确保其自身利益，银行也常以产地证作为信用证（L/C）是否解付的重要凭证。

（3）原产地证书是进行贸易统计的依据。

各国海关都承担对进出口货物进行贸易统计的职责，原产地证书则是海关对进出口货物进行统计的重要依据。

（4）原产地证书是货物进口国实行有差别的数量控制、进行贸易管理的工具。

世界各国根据其贸易政策，为保护本国工业生产和国际贸易竞争需要，往往对某些货物实行限制，制定一些进口货物数量控制措施，例如：进口配额，许可证制度，反倾销、反补贴制度。为实行这些控制制度，首先需确定进口的货物是来自哪个国家，然后确定这批货物是否受到进口数量限制，是否需持有进口许可证，是否要冲销配额及征收反倾销、反补贴税等，产地证书也就成为实施这些制度的重要工具。

三、原产地证书的类型

产地证书一般分为一般原产地证书、普惠制产地证书和其他产地证书。产地证虽然都用于证明货物产地，但使用范围和格式不一样。

1. 一般原产地证书

一般原产地证书，英文简称 C/O，全称是 Certificate OF Origin，是产地证的一种。一般原产地证书是用以证明有关出口货物和制造地的一种证明文件，是货物在国际贸易行为中的"原籍"证，在特定情况下进口国据此对进口货物给予不同的关税待遇。在国际贸易中，世界各国根据各自的对外贸易政策，普遍实行进口贸易管制，对进口商品实施差别关税和数量限制，并由海关执行统计。进口国要求出口国出具货物的原产地证明，这已成为国际惯例，因此一般原产地证书是进行国际贸易的一项重要证明文件。

一般原产地证书根据签发者的不同，又分为：

（1）出口商自己出具的原产地证明书。

（2）海关签发的原产地证明书。

（3）中国国际贸易促进委员会（即中国商会）出具的原产地证明书。

（4）生产厂商出具的原产地证明书。

由谁出具一般原产地证书要根据买卖合同或信用证的要求办理。

2. 普惠制原产地证书

普惠制原产地证书是根据普惠制给惠国的原产地规则和有关要求，由享惠国的授权机构签发的一种优惠原产地证书，是出口产品享受普惠制给惠国关税优惠的官方证明文件。证书格式遵循《普遍优惠制原产地证明书（申报与证明联合）格式A》（Form A），由享惠国按照联合国贸易和发展会议（UNCTAD）优惠问题特别委员会所规定的统一样式自行印制，并按照给惠国的有关规定填写和签发。在我国，海关是普惠制原产地证书的唯一签证机构。

普遍优惠制度（Generalized System of Preferences）简称普惠制（GSP），是发达国家（给惠国）对发展中国家及地区（受惠国）出口制成品和半制成品给予普遍的、非歧视的、非互惠的关税优惠制度，旨在帮助发展中国家扩大出口，加速其国民经济增长。对自受惠国进口的相关产品给予最惠国税率基础上的关税减让，甚至"零关税"的准入待遇。

自1978年普惠制实施以来，先后有40个国家给予我国普惠制关税优惠，其中大多是我国的重要贸易伙伴，如欧盟成员国、英国、俄罗斯、加拿大、日本等。我国也积极利用普惠制扩大向发达国家的出口，在外贸增长和产业发展等方面发挥了重要作用。

根据《中华人民共和国普遍优惠制原产地证明书签证管理办法》，海关总署决定，自2021年12月1日起，对输往欧盟成员国、英国、加拿大、土耳其、乌克兰和列支敦士登等已不再给予中国普惠制关税优惠待遇国家的货物，海关不再签发普惠制原产地证书。目前仅有挪威、新西兰、澳大利亚3国给予我国普惠制待遇。

3. 其他产地证书

（1）《亚太贸易协定》（原称《曼谷协定》）原产地证书（FORM B 证书）。

《亚太贸易协定》原产地证书根据《亚太贸易协定》的要求签发，是协定成员之间就特定产品享受互惠减免关税待遇的官方证明文件，签证依据为《亚太贸易协定》原产地规则及《〈亚太贸易协定〉原产地证书签发和核查程序》。《亚太贸易协定》成员国为：中国、孟加拉国、印度、老挝、韩国和斯里兰卡。

（2）中国—东盟自由贸易区原产地证书（FORM E 证书）。

中国—东盟自由贸易区原产地证书是根据《中华人民共和国与东南亚国家联盟全面经济合作框架协议》的要求签发的，是协定成员国之间就特定产品享受互惠减免关税待遇的官方证明文件，签证依据为《中国—东盟自由贸易区原产地规则》及其《签证操作程序》。东盟成员国为：文莱、柬埔寨、印度尼西亚、老挝、马来西亚、缅甸、菲律宾、新加坡、泰国、越南。

（3）中国—巴基斯坦自由贸易区（中巴优惠贸易安排）原产地证书（FORM P 证书）。

中国—巴基斯坦自由贸易区原产地证书是根据《中国—巴基斯坦自由贸易协定早期收获计划的协议》的要求签发的具有法律效力的在协定成员国之间就特定产品享受互惠减免关税待遇的官方证明文件，签证依据为《中国—巴基斯坦自由贸易区原产地规则》及其《签证操作程序》。

（4）中国—智利自由贸易区原产地证书（FORM F 证书）。

中国—智利自由贸易区原产地证书是根据《中国—智利自由贸易协定》的要求签发的具有法律效力的在协定成员国之间就特定产品享受互惠减免关税待遇的官方证明文件，签证依据为《中国—智利自由贸易区原产地规则》及其《签证操作程序》。

（5）中国—新西兰自由贸易区原产地证书（FORM N 证书）。

2008年4月7日，《中华人民共和国政府和新西兰政府自由贸易协定》在两国总理见证下正式签署。这是中国与发达国家签署的第一个自由贸易协定。自2008年10月1日起，各地出入境检验检疫机构开始签发中国—新西兰自由贸易区优惠原产地证明书。

（6）中国—新加坡自由贸易区优惠原产地证书（FORM X 证书）。

自2009年1月1日起，各地出入境检验检疫机构开始签发中国—新加坡自由贸易区优惠原产地证书。

（7）中国—瑞士自由贸易协定原产地证明书。

《中华人民共和国和瑞士联邦自由贸易协定》（以下简称《中瑞自由贸易协定》）于2014年7月1日起施行。自2014年7月1日起，依照《中瑞自由贸易协定》和质检总局有关规定，出口货物的发货人可以向各地出入境检验检疫机构申请签发《中瑞自由贸易协定》原产地证书，经出入境检验检疫机构核准的原产地声明人可以作出《中瑞自由贸易协定》原产地声明。

（8）中国—韩国自由贸易区优惠原产地证书。

中国—韩国自由贸易区原产地证书的英文名称是 CERTIFICATE OF ORIGIN FORM FOR CHINA-KOREA FTA，简称中国—韩国原产地证书或中韩产地证。自2015年12月20日起，依照《中韩自由贸易协定》和法律有关规定，申请人可以向各地出入境检验检疫机构、中国国际贸易促进委员会及其各地方分会申请签发《中韩自由贸易协定》原产地证书。按照协定安排，出口韩国的货物可同时申办《中韩自由贸易协定》原产地证书和《亚太贸易协定》原产地证书。

（9）中国—澳大利亚自由贸易区优惠原产地证书。

中国—澳大利亚自由贸易区优惠原产地证书，英文名称为 CERTIFICATE OF ORIGIN FORM FOR CHINA-AUSTRALIA FREE TRADE AGREEMENT。《中澳自由贸易协定》（Free Trade Agreement，FTA）是中国与澳大利亚之间谈判的一个自由贸易协定，简称《中澳自由贸易协定》，于2015年12月20日起施行。自2015年12月20日起，依照《中澳自由贸易协定》和国家法律有关规定，申请人可以向各地出入境检验检疫机构 CIQ、中国国际贸易促进委员 CCPIT 会及其各地方分会申请签发《中澳自由贸易协定》原产地证书。随附上述证书的出口货物依照《中澳自由贸易协定》规定在澳大利亚享受优惠关税待遇。

（10）专用原产地证书。

专用原产地证书是国际组织或国家根据整治和贸易措施的需要，针对某一特殊行业的特定产品规定的原产地证书。专用原产地证书上所列的产品均属某一特殊行业的某项特定产品，这些产品应符合特定的原产地规则。签证依据为中国政府与外国政府签订的双边协议规定。如《输欧盟农产品原产地证书》、原产地命名证书（《托考依葡萄酒原产地名称证书》《皇帝牌葡萄酒真实性证书》《奶酪制品证书》《烟草真实性证书》《金珀利进程正国际证书》《手工制品原产地证书》和《原产地标记证书》等）。

四、原产地证书申请程序

申请单位应持营业执照、主管部门批准的对外贸易经营权证明文件及证明货物符合出口货物原产地的有关材料，向所在地签证机构办理注册登记手续。经签证机构审核合格后，享有申办产地证资格。

企业经注册登记后，其授权及委派的手签人员和申领员应接受签证机构的业务培训，并

最迟于货物报关出运前三天由申领员向签证机构申请办理产地证,并严格按签证机构要求,真实、完整、正确地填写以下材料:

(1) 规定格式的《申请书》一份。

(2) 出口企业自行按标准填制的产地证一套。

(3) 出口货物商业发票一份。

(4) 签证机构认为必要的其他文件。

签证机构在受理企业的申请后,应认真审核申请单位提交的有关单证,无误后,及时盖章签发产地证,其中一正二副交申请企业,另一副本、申请书、商业发票等有关文件由签证机构存档。

能力测评

一、单选题

1. G. S. P. Form A 表示(　　)。

A. 《亚太贸易协定》原产地证明书　　　B. 普惠制原产地证

C. 输欧盟纺织品产地证　　　D. 普通原产地证

2. 普惠制产地证的 Origin criterion(原产地标准)一栏应根据货物原料进口成分的比例填制,"P"表示(　　)。

A. 含进口成分　　　B. 无进口成分

C. 进口成分要在40%以下　　　D. 进口成分要在20%以下

3. 《一般原产地证书》在填制时,为了防止加填伪造,规定在商品名称填完后,紧接下一行加上(　　)符号,以表示结束。

A. *********　　　B.

C. ……………　　　D. ++++++++++

4. CEPA 原产地证书是指(　　)。

A. 中国—东盟自由贸易区优惠原产地证书

B. 中国—巴基斯坦自由贸易区原产地证书

C. 中国—智利自由贸易区原产地证书

D. 大陆—港澳更紧密经贸关系原产地证书

5. 关于中华人民共和国出口货物原产地证明书,下列表述中错误的是(　　)。

A. 货物确系中华人民共和国原产的证明文件

B. 进口国海关对该进出口商品适用何种税率的依据

C. 出口报关的必备证件

D. 各地商检局和贸促会均可签发此证

6. "GSP 产地证"表示(　　)。

A. 一般原产地证书　　　B. 普惠制原产地证书

C. 欧盟体纺织品专用产地证　　　D. 对美国出口纺织品声明书

7. 普惠制产地证主要有三种形式,其中(　　)使用范围较广。

A. 普惠制产地证明书格式 A　　　B. 普惠制产地证明书格式 59A

C. 普惠制产地证书格式 APR　　　D. 普惠制产地证明书

8. 普惠制产地证中的"Origin criterion（原产地标准）"一栏，应根据货物原料进口成分的比例填制，"P"表示（　　）。

　　A. 含进口成分　　　　　　　　　B. 无进口成分

　　C. 进口成分要在 40%以下　　　　D. 进口成分要在 20%以下

9. 普惠制原产地证书的原产地标准一栏"P"字表示（　　）。

　　A. 含有进口成分　　　　　　　　B. 含有进口成分，但符合原产地标准

　　C. 完全原产，无进口成分　　　　D. 其他

10. 根据我国有关规定，出口企业最迟于货物出运前（　　）向签证机构申请办理原产地证书。

　　A. 1 天　　　　　B. 2 天　　　　　C. 3 天　　　　　D. 4 天

11. 按我国和东盟之间签署的双边优惠贸易安排提供的产地证是（　　）。

　　A. FORM A　　　B. FORM E　　　C. FORM C　　　D. FORM F

12. 普惠制产地证中的运输方式和路线一栏应按信用证规定填写，如中途转运，应注明转运地，若不知转运地，则用（　　）表示。

　　A. W/T　　　　　B. NO　　　　　C. N/M　　　　　D. N/N

二、多选题

1. 原产地证明书的作用包括（　　）。

　　A. 是证明出口货物产地的书面文件

　　B. 是进口国海关作为实施差别关税、进口限制、不同进口配额和不同税率的依据

　　C. 是进出口通关的重要依据

　　D. 是贸易统计的重要依据

2. 出口企业在向签证机构审核签发普惠制原产地证明书 Form A 时，应递交的文件有（　　）。

　　A. 普惠制原产地证明书申请书　　B. 普惠制原产地证明书 Form A

　　C. 商业发票　　　　　　　　　　D. 签证机构要求的其他文件

3. 原产地证明书是由出口国政府有关机构签发的一种证明货物原产地或制造地的证明文件，通常多用于不需要提供（　　）的国家或地区。

　　A. 海关发票　　　B. 领事发票　　　C. 证实发票　　　D. 联合发票

4. 普惠制原产地证书是指受惠国有关机构就本国出口商向给惠国出口受惠商品而签发的，用以证明原产地的文件，其主要有（　　）三种。

　　A. 普惠制原产地证明书格式 A　　　B. 普惠制原产地证明书格式 59A

　　C. 普惠制原产地证书格式 APR　　　D. 普惠制原产地证明书

三、判断题

1. 一般原产地证书就是 GSP 证书。　　　　　　　　　　　　　　　　　　（　　）

2. 在我国，一般原产地证明书可以在贸促会申领，也可以在海关申领。　（　　）

3. 普惠制的原则有非普遍原则、非互惠原则和非歧视原则。　　　　　　（　　）

4. 含有进口成分的产品，出口到加拿大，普惠制原产地证明书 FORM A 的原产地标准栏目填"W"。　　　　　　　　　　　　　　　　　　　　　　　　　　　（　　）

5. 商检机构可以接受对外贸易关系人的申请，依照有关法律、行政法规的规定签发普惠制原产地证、一般原产地证。   （ ）

6. 非歧视原则是指应对所有的发展中国家都给予优惠待遇，不应区别对待，不应有例外。   （ ）

7. 非互惠原则是指非对等的原则，发达国家应单方面给予发展中国家优惠关税待遇，而不要求发展中国家给予同等待遇。   （ ）

拓展实训

实训项目　制作普惠制产地证

2019 年 9 月 26 日，山东允芷国际贸易有限公司的外贸单证员芸芸根据信用证的规定"＋＋ GENERALIZED SYSTEM OF PREFERENCE CERTIFICATE OF ORIGIN FORM A CERTIFIED BY CUSTOMS."，以及商业发票和装箱单的要求制作普惠制产地证，并向山东青岛海关申领普惠制产地证。

1. 信用证

MT 700	ISSUE OF A DOCUMENTARY CREDIT
SENDER	COMMONWEALTH BANK OF AUSTRALIA
RECEIVER	BANK OF CHINA, QINGDAO, CHINA
SEQUENCE OF TOTAL	27：1/1
FORM OF DOC. CREDIT	40A：IRREVOCABLE
DOC. CREDIT NUMBER	20：MS112233
DATE OF ISSUE	31C：190815
APPLICABLE RULES	40E：UCP LATEST VERSION
DATE AND PLACE OF EXPIRY.	31D：DATE 191030 PLACE IN CHINA
APPLICANT	50：ONE METER SUNSHINE CO., LTD
	NO.95, GEORGE STREET, SYDNEY, AUSTRALIA.
BENEFICIARY	59：SHANDONG YUNZHI INTERNATIONAL TRADE CO., LTD,
	8 HEBEI STREET, QINGDAO CITY, SHANDONG, CHINA
AMOUNT	32B：CURRENCY USD AMOUNT 96,000.00
AVAILABLE WITH/BY	41D：ANY BANK IN CHINA, BY NEGOTIATION
DRAFTS AT ...	42C：AT SIGHT
DRAWEE	42A：BANK OF CHINA, QINGDAO BRANCH, BY NEGOTIATION
AND/OR SERVICES	NO. YZ012 AT USD4.00/TIN CIF NAGOYA, JAPAN, 24TINS/CTN.
PARTIAL SHIPMTS	43P：NOT ALLOWED
TRANSSHIPMENT	43T：NOT ALLOWED
PORT OF LOADING /AIRPORT OF DEPARTURE	44E：QINGDAO, CHINA
PORT OF DISCHARGE	44F：SYDNEY, AUSTRALIA.
LATEST DATE OF SHIPMENT	44C：190930
DESCRIPTION OF GOODS	45A：24,000 TINS CANNED YELLOW PEACH, AS PER S/C

DOCUMENTS REQUIRED   46A：
+SIGNED COMMERCIAL INVOICE IN TRIPLICATE. INVOICE MUST INDICATE THE FOLLOWING：OCEAN FREIGHT, INSURANCE COST AND FOB VALUE.
+PACKING LIST IN TRIPLICATE.
+FULL SET (3/3) OF CLEAN ON BOARD OCEAN BILLS OF LADING MADE OUT TO ORDER MARKED FREIGHT PREPAID AND NOTIFY APPLICANT.
+CERTIFICATE OF ORIGIN FORM A CERTIFIED BY CUSTOMS.
+INSURANCE POLICY/CERTIFICATE IN DUPLICATE ENDORSED IN BLANK FOR 120% INVOICE VALUE, COVERING ALL RISKS OF CIC OF PICC (1/1/1981)
+SHIPMENT ADVICE SHOWING THE NAME OF THE CARRYING VESSEL, DATE OF SHIPMENT, MARKS, QUANTITY, NET WEIGHT AND GROSS WEIGHT OF THE SHIPMENT TO APPLICANT WITHIN 3 DAYS AFTER THE DATE OF BILL OF LADING.
+BENEFICIARY CERTIFICATE CERTIFYING THAT SHIIPPING ADVICE HAS BEEN SENT TO THE APPLICANT BY TELEX WITHIN 3 DAYS AFTER THE DATE OF BILL OF LADING.
ADDITIONAL CONDITION   47A：
+DOCUMENTS DATED PRIOR TO THE DATE OF THIS CREDIT ARE NOT ACCEPTABLE.
+THE NUMBER OF THIS CREDIT MUST BE QUOTED ON ALL DOCUMENTS.
CHARGES   71B：ALL BANKING CHARGES OUTSIDE JAPAN INCLUDING REIMBURSING COMMISSIONS ARE FOR ACCOUNT OF BENEFICIARY.
PERIOD FOR PRESENTATION   48：WITHIN 15 DAYS AFTER THE DATE OF SHIPMENT, BUT WITHIN THE VALIDITY OF THIS CREDIT.
CONFIRMATION INSTRUCTION   49：WITHOUT
REIMBURSING BANK   53A：COMMONWEALTH BANK OF AUSTRALIA LEVEL 1, 48 MARTIN PLACE, SYDNEY, NEWSOUTH WALES2000.

2. 商业发票

<table>
<tr><td colspan="6" align="center">SHANDONG YUNZHI INTERNATIONAL TRADE CO., LTD.
8 HEBEI STREET, QINGDAO CITY, SHANDONG, CHINA

COMMERCIAL INVOICE</td></tr>
<tr><td rowspan="4">To：</td><td rowspan="4" colspan="2">ONE METER SUNSHINE CO., LTD.
NO.95, GEORGE STREET, SYDNEY, AUSTRALIA</td><td>Invoice No.：</td><td colspan="2">YZ2019012</td></tr>
<tr><td>Invoice Date：</td><td colspan="2">SEP. 15, 2019</td></tr>
<tr><td>S/C No.：</td><td colspan="2">YZ012</td></tr>
<tr><td>L/C No.：</td><td colspan="2">MS112233</td></tr>
<tr><td>Transport details</td><td colspan="5">From QINGDAO, CHINA To SYDNEY, AUSTRALIA BY VESSEL</td></tr>
<tr><td>Marks and Numbers</td><td colspan="2">Number and kind of package
Description of goods</td><td>Quantity</td><td>Unit Price</td><td>Amount</td></tr>
<tr><td>ONE METER
SUNSHINE
YZ012
SYDNEY
C/NO. 1-1000</td><td colspan="2">CANNED YELLOW PEACH
850G 24TINS/CTN</td><td>24,000TINS</td><td>CIF SYDNEY, AUSTRALIA

USD4.00/TIN</td><td>

USD96,000.00</td></tr>
</table>

TOTAL:	24,000TINS		USD96,000.00
SAY TOTAL:	SAY US DOLLARS NINTY-SIX THOUSAND ONLY		
	SHANDONG YUNZHI INTERNATIONAL TRADE CO., LTD. YUNYUN		

3. 装箱单

SHANDONG YUNZHI INTERNATIONAL TRADE CO., LTD 8 HEBEI STREET, QINGDAO CITY, SHANDONG, CHINA							
PACKING LIST							
To:	ONE METER SUNSHINE CO., LTD. NO.95, GEORGE STREET, SYDNEY, AUSTRALIA				Invoice No.:	YZ2019012		
^	^				Date:	SEP. 15, 2019		
^	^				S/C No.:	YZ012		
^	^				L/C No.:	MS112233		
Transport details	From QINGDAO, CHINA To SYDNEY, AUSTRALIA BY VESSEL						
Marks and Numbers	Number and kind of package Description of goods	Quantity	Package	G.W	N.W	Meas.	
ONE METER SUNSHINE YZ012 SYDNEY C/NO.1-1000	CANNED YELLOW PEACH 850G 24TINS/CTN	24,000TINS	1,000CTNS	22,000KGS	20,400KGS	16CBM	
TOTAL:		24,000TINS	1,000CTNS	22,000KGS	20,400KGS	16CBM	
SAY TOTAL:	SAY ONE THOUSAND CARTONS ONLY						
	SHANDONG YUNZHI INTERNATIONAL TRADE CO., LTD. YUNYUN						

★山东允芷国际贸易有限公司的外贸单证员芸芸需完成的实训任务如下：

任务：制作普惠制产地证

ORIGINAL	
1. Goods consigned from	Reference No.
2. Goods consigned to	**GENERALIZED SYSTEM OF PREFERENCES CERTIFICATE OF ORIGIN** （Combined declaration and certificate） **FORM A**
3. Means of transport and route	4. For certifying use

5. Item number	6. Marks and numbers of packages	7. Number and kind of packages; description of goods	8. Origin criterion (see Notes overleaf)	9. Gross weight or other quantity	10. Number and date of invoices

11. Certification 　　It is hereby certified, on the basis of control carried out, that the declaration by the exporter is correct. Place and date, signature and stamp of certifying authority	12. Declaration by the exporter 　　The undersigned hereby declares that the above details and statements are correct, that all the goods were produced in _____ (country) and that they comply with the Rules of Origin of the specified for those goods in the Generalized System of Preferences for goods exported to _____ . (importing country) Place and date, signature and stamp of authorized signatory

项目六　保险单据的制作和审核

> **学习目标**

【素质目标】
认识到保险单据在进出口流程中的重要性
增强进出口业务中的风险防范意识
养成诚实守信、严谨制单的工作作风
养成善于沟通和团队合作的工作品质

【知识目标】
理解保险单据的定义和作用
掌握投保单的制作要点和保险单的审核要点

【能力目标】
能够读懂信用证关于保险单据的条款
能够根据信用证、商业发票和装箱单准确制作投保单

导入项目场景

2019 年 7 月 5 日，河北箬婉国际贸易有限公司外贸单证员婉儿根据信用证的规定 "+ INSURANCE POLICY/CERTIFICATE IN DUPLICATE ENDORSED IN BLANK FOR 120% INVOICE VALUE, COVERING ALL RISKS OF CIC OF PICC（1/1/1981）." 和 "+ THE NUMBER OF THIS CREDIT MUST BE QUOTED ON ALL DOCUMENTS."，以及商业发票、装箱单和订舱信息制作投保单。投保单填制完成交给保险公司审核确认后，保险公司签发保险单，外贸单证员婉儿审核保险单。

1. 信用证

```
MT 700                    ISSUE OF A DOCUMENTARY CREDIT
SENDER      STANDARD BANK OF SOUTH AFRICA LTD., TSHWANE, SOUTH AFRICA
RECEIVER    BANK OF CHINA, TANGSHAN, CHINA
SEQUENCE OF TOTAL         27：1/1
FORM OF DOC. CREDIT       40A：IRREVOCABLE
DOC. CREDIT NUMBER        20：SABK225498
```

DATE OF ISSUE	31C:	190520
APPLICABLE RULES	40E:	UCP LATEST VERSION
DATE AND PLACE OF EXPIRY	31D:	DATE 190830 PLACE IN CHINA
APPLICANT	50:	WARM SUNSHINE TRADING CO., LTD.
		30 SANTA MARIA AVENUE, TSHWANE CITY, SOUTH AFRICA
BENEFICIARY	59:	HEBEI RUOWAN INTERNATIONAL TRADE CO., LTD.
		18 XINYUAN STREET, TANGSHAN CITY, HEBEI PROVINCE, CHINA
AMOUNT	32B:	CURRENCY USD AMOUNT 100,000.00
AVAILABLE WITH/BY	41D:	ANY BANK IN CHINA, BY NEGOTIATION
DRAFTS AT...	42C:	AT SIGHT
DRAWEE	42A:	STANDARD BANK OF SOUTH AFRICA LTD., TSHWANE.
PARTIAL SHIPMTS	43P:	NOT ALLOWED
TRANSSHIPMENT	43T:	ALLOWED
PORT OF LOADING/ AIRPORT OF DEPARTURE	44E:	TIANJIN, CHINA
PORT OF DISCHARGE	44F:	CAPETOWN, SOUTH AFRICA
LATEST DATE OF SHIPMENT	44C:	190720
DESCRIPTION OF GOODS AND/OR SERVICES	45A:	20,000BAGS COOKED CHESTNUT KERNEL, AS PER S/C NO. NW018 AT USD5.00/BAG CIF CAPETOWN, SOUTH AFRICA, PACKING: 20 BAGS/CTN
DOCUMENTS REQUIRED	46A:	

+SIGNED COMMERCIAL INVOICE IN TRIPLICATE.
+PACKING LIST IN TRIPLICATE.
+FULL SET (3/3) OF CLEAN "ON BOARD" OCEAN BILLS OF LADING MADE OUT TO ORDER MARKED FREIGHT PREPAID AND NOTIFY APPLICANT.
+CERTIFICATE OF ORIGIN CERTIFIED BY CHAMBER OF COMMERCE OR CCPIT.
+INSURANCE POLICY/CERTIFICATE IN DUPLICATE ENDORSED IN BLANK FOR 110% INVOICE VALUE, COVERING ALL RISKS AND WAR RISK OF CIC OF PICC (1/1/1981).
+SANITARY CERTIFICATE AND PHYTOSANITARY ISSUED BY THE CUSTOMS OF THE PEOPLE'S REPUBLIC OF CHINA.
+SHIPMENT ADVICE SHOWING THE NAME OF THE CARRYING VESSEL, DATE OF SHIPMENT, MARKS, QUANTITY, NET WEIGHT AND GROSS WEIGHT OF THE SHIPMENT TO APPLICANT WITHIN 3 DAYS AFTER THE DATE OF BILL OF LADING.
+BENEFICIARY CERTIFICATE CERTIFYING THAT SHIIPPING ADVICE HAS BEEN SENT TO THE APPLICANT BY TELEX WITHIN 3 DAYS AFTER THE DATE OF BILL OF LADING.

ADDITIONAL CONDITION   47A:
+DOCUMENTS DATED PRIOR TO THE DATE OF THIS CREDIT ARE NOT ACCEPTABLE.
++THE NUMBER OF THIS CREDIT MUST BE QUOTED ON ALL DOCUMENTS.
+TRANSSHIPMENT ALLOWED AT NINGBO ONLY.
+SHORT FORM/CHARTER PARTY/THIRD PARTY BILL OF LADING ARE NOT ACCEPTABLE.
+BOTH QUANTITY AND CREDIT AMOUNT 5% MORE OR LESS ARE ALLOWED.

CHARGE	71B:	ALL CHARGES AND COMMISSIONS OUT OF SOUTH AFRICA ARE FOR ACCOUNT OF BENEFICIARY EXCLUDING REIMBURSING FEE.
PERIOD FOR PRESENTATION	48:	WITHIN 21 DAYS AFTER THE DATE OF SHIPMENT, BUT WITHIN THE VALIDITY OF THIS CREDIT.
CONFIRMATION INSTRUCTION	49:	WITHOUT
REIMBURSING BANK	53A:	STANDARD BANK OF SOUTH AFRICA LTD., TSHWANE, SOUTH AFRICA

2. 商业发票

<table>
<tr><td colspan="6">HEBEI RUOWAN INTERNATIONAL TRADE CO., LTD.
18 XINYUAN STREET, TANGSHAN CITY, HEBEI PROVINCE, CHINA
TEL: 0086-315-2788888　　FAX: 0086-315-2788888</td></tr>
<tr><td colspan="6" align="center">COMMERCIAL INVOICE</td></tr>
<tr><td rowspan="4">To Messer:</td><td rowspan="4" colspan="2">WARM SUNSHINE TRADING CO., LTD.
30 SANTA MARIA AVENUE, TSHWANE CITY, SOUTH AFRICA
TEL: 27-21-25456888 FAX: 27-21-25456801</td><td>Invoice No.:</td><td colspan="2">NW IV011</td></tr>
<tr><td>Invoice Date:</td><td colspan="2">JUN. 01, 2019</td></tr>
<tr><td>S/C No.:</td><td colspan="2">NW018</td></tr>
<tr><td>L/C No.:</td><td colspan="2">SABK225498</td></tr>
<tr><td>Transport Details</td><td colspan="5">FROM TIANJIN, CHINA TO CAPETOWN, SOUTH AFRICA BY SEA/VESSEL</td></tr>
<tr><td>Marks and Numbers</td><td colspan="2">Number and kind of package
Description of goods</td><td>Quantity</td><td>Unit Price</td><td>Amount</td></tr>
<tr><td>WARM SUNSHINE
NW018
CAPETOWN
C/NO. 1-1020</td><td colspan="2">COOKED CHESTNUT KERNEL
1KG/BAG
As per the confirmed sample of Mar. 03, 2019. PACKED IN 20BAGS/CTN</td><td>20,400BAGS</td><td colspan="2">CIF CAPETOWN, SOUTH AFRICA</td></tr>
<tr><td></td><td colspan="2"></td><td></td><td>USD5.00/BAG</td><td>USD102,000.00</td></tr>
<tr><td></td><td colspan="2">TOTAL:</td><td>20,400BAGS</td><td></td><td>USD102,000.00</td></tr>
<tr><td>SAY TOTAL:</td><td colspan="5">SAY U.S. DOLLARS ONE HUNDRED AND TWO THOUSAND ONLY.</td></tr>
<tr><td colspan="6" align="right">HEBEI RUOWAN INTERNATIONAL TRADE CO., LTD.
WANER</td></tr>
</table>

3. 装箱单

<table>
<tr><td colspan="5">HEBEI RUOWAN INTERNATIONAL TRADE CO., LTD.
18 XINYUAN STREET, TANGSHAN CITY, HEBEI PROVINCE, CHINA
TEL: 0086-315-2788888　　FAX: 0086-315-2788888</td></tr>
<tr><td colspan="5" align="center">PACKING LIST</td></tr>
<tr><td rowspan="4">To:</td><td rowspan="4">WARM SUNSHINE TRADING CO., LTD.
30 SANTA MARIA AVENUE, TSHWANE CITY, SOUTH AFRICA
TEL: 27-21-25456888　FAX: 27-21-25456801</td><td>Invoice No.:</td><td colspan="2">NW IV011</td></tr>
<tr><td>Invoice Date:</td><td colspan="2">JUN. 01, 2019</td></tr>
<tr><td>S/C No.:</td><td colspan="2">NW018</td></tr>
<tr><td>L/C No.:</td><td colspan="2">SABK225498</td></tr>
</table>

Transport Details	FROM TINAJIN, CHINA TO CAPETOWN, SOUTH AFRICA BY SEA/VESSEL					
Marks and Numbers	Number and kind of package Description of goods	Quantity	Package	G. W	N. W	Meas.
WARM SUNSHINE NW018 CAPETOWN C/NO. 1-1020	COOKED CHESTNUT KERNEL 1KG/BAG As per the confirmed sample of Mar. 03, 2019. PACKED IN 20BAGS/CTN	20,400BAGS	1,020CTNS	21,420KGS	20,400KGS	36.72CBM
	TOTAL:	20,400BAGS	1,020CTNS	21,420KGS	20,400KGS	36.72CBM
SAY TOTAL:	SAY ONE THOUSAND AND TWENTY CARTONS ONLY					
	HEBEI RUOWAN INTERNATIONAL TRADE CO., LTD. WANER					

4. 订舱信息

预定中远海运集装箱运输有限公司的船舶，2019年7月10日船期，船名航次为XIN LANZHOU CII/140S，1个40英尺集装箱。

任务分析

河北箬婉国际贸易有限公司的外贸单证员婉儿请示外贸主管后，依据信用证相关条款、商业发票和装箱单，着手完成以下任务：

【任务1】制作投保单

货物运输保险投保单
APPLICATION FORM FOR CARGO TRANSPORTATION INSURANCE

投保单号：

被保险人：
INSURED：

发票号（INVOICE NO.）：
合同号（CONTRACT NO.）：
信用证号（L/C NO.）：
发票金额（INVOICE AMOUNT）＿＿＿＿＿＿ 投保加成（PLUS）＿＿＿＿＿＿%

兹有下列物品向中国人民财产保险股份有限公司投保（INSURANCE IS REQUIRED ON THE FOLLOWING COMMODITIES:)

标 记 MARKS & NOS	包装及数量 QUANTITY	保险货物项目 DESCRIPTION OF GOODS	保险金额 AMOUNT INSURED

```
启运日期：                                    装载工具
DATE OF COMMENCEMENT _____     PER CONVEYANCE _____
自                     经                    至
FORM _____   VIA _____×××_____   TO _____
提单号：                 赔款偿付地点：
B/L NO _____  CLAIM PAYABLE AT _____
投保险别：（conditions）
ALL RISKS AND WAR RISK OF CIC OF PICC（1/1/1981）.

_____
请如实告知下列情况：（如"是"在（ ）打"×"）IF ANY, PLEASE MARK "×":
1. 货物种类   袋装（ ）  散装（ ）  冷藏（ ）  液体（ ）  活动物（ ）
   GOODS   BAG/JUMBO   BULK      REEFER     LIQUID    LIVE ANIMAL
   机器/汽车（ ）  危险品等级（ ）
   MACHINE/AUTO   DANGEROUS CLASS
2. 集装箱种类  普通（ ）  开顶（ ）  框架（ ）  平板（ ）  冷藏（ ）
   CONTAINER  ORDINARY   OPEN      FRAME     FLAY      REFRIGERATOR
3. 转运工具   海轮（ ）  飞机（ ）  驳船（ ）  火车（ ）  汽车（ ）
   BY TRANSIT  SHIP      PLANE     BARGE     TRAIN     TRUCK
4. 船舶资料   船籍（ ）              船龄（ ）
   PARTICULAR OF SHIPREGISTRY _____  AGE _____
_____
备件：被保险人确认本保险合同条款和内容已经完全了解       投保人（签名盖章）
APPLICANT'S SIGNATURE
THE ASSURED CONFIRMS HEREWITH THE TERMS AND
CONDITIONS OF THESE INSURANCE CONTRACT _____
FULLY UNDERSTOOD
                                          电话（TEL）
投保日期（DATE）_____            地址（ADD）_____

_____
                   本公司自用（FOR OFFICE USE ONLY）
费率                保费                         备注：
RATE _____     PREMIUM _____
经办人 BY _____  核保人 _____   负责人 _____
```

【任务2】审核保险单

任务实施

在任务实施过程中，河北箬婉国际贸易有限公司的单证员婉儿，一边学习制作要点，一边制作投保单。投保单制作完成交给保险公司后，保险公司发来保险单，外贸单证员婉儿审核保险单。

【任务1】 制作投保单

1. 被保险人（Insured）

信用证无特殊要求，或要求"Endorsed in blank"一般应填信用证受益人名称，可不填详细地址，且出口公司应在保险单背面背书。

若来证指定以××公司为被保险人，则应在此栏填×× CO.。出口公司不要背书。

> 根据信用证的受益人（出口商）的描述，本栏目应填制为：
> HEBEI RUOWAN INTERNATIONAL TRADE CO., LTD.

2. 发票号、合同号和信用证号（Invoice No., Contract No. and L/C No.）

本栏目要根据商业发票以及合同、信用证信息进行填写。

> 根据商业发票，可以找到发票号、合同号和信用证号，本栏目应填制为：
> 发票号（INVOICE NO.）：NW IV011
> 合同号（CONTRACT NO.）：NW018
> 信用证号（L/C NO.）：SABK225498

3. 商业发票金额和投保加成（Invoice Amount, Plus）

本栏目根据商业发票和信用证的要求填写。

> 根据信用证对保险单的要求"FOR 110% INVOICE VALUE"，本栏目应填制为：
> 发票金额（INVOICE AMOUNT）USD102,000.00 投保加成（PLUS）10%

4. 唛头（Marks & Nos.）

投保单上的唛头应与发票、提单上一致。若来证无特殊规定，一般可简单填成"as per Invoice No. ×××."

> 根据商业发票的唛头，本栏目应填制为：
> WARM SUNSHINE
> NW018
> CAPETOWN
> C/NO. 1-1020

5. 包装及数量（Quantity）

本栏目填制规则如下：

（1）有包装的填写最大包装件数。
（2）裸装货物要注明本身件数。
（3）煤炭、石油等散装货注明净重。
（4）有包装但以重量计价的，应把包装重量与计价重量都注上。

> 根据装箱单，本栏目应填制为：
> 1,020CTNS

6. 货物名称（Description of Goods）

本栏允许用统称，但不同类别的多种货物应注明不同类别的各自总称。这里与提单此栏目的填写一致。

> 根据信用证、商业发票的货物名称：COOKED CHESTNUT KERNEL，本栏目应填制为：
> COOKED CHESTNUT KERNEL

7. 保险金额（Amount Insured）

本栏目金额可小写，例如 USD355,608.00。

总保险金额（Total Amount Insured），此处大写累计金额，例如 U.S. DOLLARS THREE HUNDRED AND FIFTY FIVE THOUSAND SIX HUNDRED AND EIGHT ONLY.

保险金额填写时应注意：

（1）保险货币应与信用证一致，大小写一致。

（2）保险金额的加成百分比应严格按信用证或合同规定掌握。如未规定，应按 CIF 或 CIP 发票价格的 110% 投保。

（3）保险金额不要小数，出现小数时无论多少一律向前进位。

> 根据保险金额计算公式：保险金额=CIF 货值×（1+加成率）。已知发票金额USD102,000.00，投保加成10%，因此保险金额是 102,000×（1+10%）= 112,200，因此本栏目应填制为：
> USD112,200.00

8. 启运日期（Date Of Commencement）

启运日期应按 B/L 中的签发日期填，还可以填 "AS PER B/L"。

> 本栏目应填制为：
> DATE OF COMMENCEMENT AS PER B/L

9. 装载运输工具（Per Conveyance SS）

（1）海运方式下填写船名，最好再加航次。例如 Ever Given V. 999。

（2）铁路运输加填运输方式为 "By railway"，最好再加车号。

（3）航空运输为 "By air"。

（4）邮包运输为 "By parcel post"。

> 根据货物实际装运信息，本栏目应填制为：
> DATE OF COMMENCEMENT AS PER B/L PER XIN LANZHOU CII/140S

10. 装运港和目的港（From... To...）

（1）若有转运港，例如 From Ningbo To Rotterdam　W/T Hong Kong；

（2）若提单装运港为宁波，目的港为美国长滩，来证规定投保至芝加哥，则保单起讫地点应填 "From Ningbo to Long Beach and Thence to Chicago"。

> 根据信用证 44E 和 44F 条款，本栏目应填制为：
> FORM TINAJIN, CHINA VIA×××TO CAPETOWN, SOUTH AFRICA

11. 承保险别（Conditions）

出口公司在制单时，先在副本上填写这一栏的内容，当全部保险单填好交给保险公司审核确认时，才由保险公司把承保险别的详细内容加注在正本保单上。

应严格按照信用证的险别投保。根据货物运输方式不同，选择海运或空运险别，主险只能选择一种。

海洋运输投保条款包括：PICC CLAUSE 人民保险公司保险条款，ICC CLAUSE 伦敦协会货物险条款，两种任选其一。其中，人民保险公司保险条款的基本险别为一切险、水渍险、平安险，一切险承保范围最大，水渍险次之，平安险最小。伦敦协会货物险条款包括协会货物（A）险条款、协会货物（B）险条款、协会货物（C）险条款，A 险条款承保范围最大，B 险条款次之，C 险条款最小。

航空运输投保条款包括：AIR TPT ALL RISKS 航空运输一切险；AIR TPT RISKS 航空运输险。

除此之外，还有两种特殊附加险：WAR RISKS 战争险；STRIKE RISKS 罢工险，可以根据情况加保。

> 根据信用证条款"+INSURANCE POLICY/CERTIFICATE IN DUPLICATE ENDORSED IN BLANK FOR 110% INVOICE VALUE, COVERING ALL RISKS AND WAR RISK OF CIC OF PICC (1/1/1981) ."，本栏目应填制为：
>
> ALL RISKS AND WAR RISK OF CIC OF PICC (1/1/1981) .

12. 赔款偿付地点（Claim Payable At）

严格按照信用证规定填制。如来证未规定，则应填写目的地或目的港。如信用证规定不止一个目的港或赔付地，则应全部填写。

> 本栏目应填制为：：
>
> CLAIM PAYABLE AT CAPETOWN, SOUTH AFRICA

13. 投保日期（Date）

投保日期应至少填写早于提单签发日、发运日或接受监管日。银行对载明签发日期迟于运载单据注明的装船或发运或接受监管日期的保险单据将不予接受。

> 本栏目应填制为：
>
> DATE：JUN. 10，2019

14. 其他

根据信用证中关于保险单的特殊要求条款，投保时应在投保单上注明。如"所有单据注明信用证号码、开证日期和开证行名称""保险单上显示保险公司在目的地的保险代理名称、地址和联系方式"等。

> 本栏目应填制为：
>
> ①L/C NO：SABK225498
> ②L/C DATE：OCT. 20，2019
> ③NAME OF ISSUING BANK：STANDARD BANK OF SOUTH AFRICA LTD.

15. 签字（Signature）

投保人进行盖章签字。保险单经保险公司签章后方有效，通常其签章已经印刷在保险单上。

项目六　保险单据的制作和审核

> 本栏目应填制为：
>
> HEBEI RUOWAN INTERNATIONAL TRADE CO., LTD.
>
> 婉儿

河北箬婉国际贸易有限公司的单证员婉儿根据上述投保单的制作要点，完成投保单的制作。内容如下：

货物运输保险投保单
APPLICATION FORM FOR CARGO TRANSPORTATION INSURANCE

投保单号：

被保险人：
INSURED：HEBEI RUOWAN INTERNATIONAL TRADE CO., LTD.
发票号（INVOICE NO.）：NW IV011
合同号（CONTRACT NO.）：NW018
信用证号（L/C NO.）：SABK225498
发票金额（INVOICE AMOUNT）　　USD102,000.00　　投保加成（PLUS）　　10%

兹有下列物品向中国人民财产保险股份有限公司投保（INSURANCE IS REQUIRED ON THE FOLLOWING COMMODITIES：）

标记 MARKS & NOS	包装及数量 QUANTITY	保险货物项目 DESCRIPTION OF GOODS	保险金额 AMOUNT INSURED
WARM SUNSHINE HY0011 CAPETOWN C/NO. 1-1020	1,020CTNS	COOKED CHESTNUT KERNEL	USD112,200.00

启运日期：　　　　　　　　　　　　　　　装载工具：
DATE OF COMMENCEMENT　　AS PER B/L　　PER CONVEYANCE　　XIN LANZHOU CII/140S
自　　　　　　　　　经　　　　　　　　　至
FROM　　TIANJIN, CHINA　　VIA　　×××　　TO　　CAPETOWN, SOUTH AFRICA
提单号：　　　　　　　　　　　　偿付地点：
B/L NO.　　AS PER B/L　　CLAIM PAYABLE AT　　CAPETOWN, SOUTH AFRICA
投保险别：（conditions）
ALL RISKS AND WAR RISK OF CIC OF PICC (1/1/1981).
①L/C NO. SABK225498

请如实告知下列情况：（如"是"在（ ）打"×"）IF ANY, PLEASE MARK "×"：
1. 货物种类　袋装（×）　散装（ ）　冷藏（ ）　液体（ ）　活动物（ ）　机器/汽车（ ）
　　GOODS　BAG/JUMBO　BULK　REEFER　LIQUID　LIVE ANIMAL　MACHINE/AUTO
　　危险品等级（ ）
　　DANGEROUS CLASS
2. 集装箱种类　普通（×）　开顶（ ）　框架（ ）　平板（ ）　冷藏（ ）
　　CONTAINER　ORDINARY　OPEN　FRAME　FLAY　REFRIGERATOR

125

3. 转运工具　海轮（×）　　飞机（　）　驳船（　）　火车（　）　汽车（　）
　　BY TRANSIT　SHIP　　　PLANE　　　BARGE　　　TRAIN　　　　TRUCK
4. 船舶资料　　　　　　船籍（　　　）　　　　船龄（　　　）
　　PARTICULAR OF SHIP REGISTRY _____ AGE _____

附件：被保险人确认本保险合同条款和内容已经完全了解投保人（签名盖章）APPLICANT'S SIGNATURE
THE ASSURED CONFIRMS HEREWITH THE TERMS AND
CONDITIONS OF THESE INSURANCE CONTRACT HEBEI RUOWAN INTERNATIONAL TRADE CO., LTD.
FULLY UNDERSTOOD　　　　　　　　　　　　　　　　婉儿
　　　　　　　　　　　　　　　　电话（TEL）：
投保日期（DATE）　　JUL. 06, 2019　　　地址（ADD）：

本公司自用（FOR OFFICE USE ONLY）
费率　　　　　　　　　　　保费　　　　　　　　　　　备注：
RATE_____AS ARRANGED_____PREMIUM__AS ARRANGED__
经办人 BY _____ 核保人_____ 负责人_____

【任务 2】审核保险单

中国人民财产保险股份有限公司货物运输保险单
PICC PROPERTY AND CASUALTY COMPANY LIMITED
CARGO TRANSPORTATION INSURANCE POLICY
保险单号：

被保险人：
INSURED：　HEBEI RUOWAN INTERNATIONAL TRADE CO., LTD.
发票号（INVOICE NO.）：NWIV011
合同号（CONTRACT NO.）：NW018
信用证号（L/C NO.）：SABK225498
发票金额（INVOICE AMOUNT）　USD102,000.00　投保加成（PLUS）　10%

中国人民财产保险股份有限公司（以下简称本公司）根据被保险人的要求，以被保险人向本公司缴付约定的保险费为对价，按照本保险单列明条款承保下述货物运输保险，特订立本保险单。
THIS POLICE OF INSURANCE WITNESSES THAT PICC PROPERTY AND CASUALTY COMPANY LIMITED (HEREINAFTER CALLED "THE COMPANY") AT THE REQUEST OF THE INSURED AND IN CONSIDERATION OF THE AGREED PREMIUM PAID TO THE COMPANY BY THE INSURED, UNDERTAKES TO INSURE THE UNDERMENTIONED GOODS IN TRANSPORTATION SUBJECT TO THE CONDITION OF THIS POLICY AS PER THE CLAUSES PRINTED BELOW

标记 MARKS & NOS	包装及数量 QUANTITY	保险货物项目 DESCRIPTION OF GOODS	保险金额 AMOUNT INSURED
WARM SUNSHINE HY0011 CAPETOWN C/NO. 1-1020	1,020CTNS	COOKED CHESTNUT KERNEL	USD112,200.00

总保险金额：
Total Amount Insured   US DOLLARS ONE HUNDRED AND TWELVE THOUSAND AND TWO HUNDRED ONLY

保费（Premium）：   AS ARRANGED   启运日期（Date of Commencement）：   AS PER B/L

装载运输工具（Per Conveyance）：   XIN LANZHOU CII/140S

自   经   至
FORM   TIANJIN, CHINA   VIA   ×××   TO   CAPETOWN, SOUTH AFRICA

投保险别（Conditions）：
ALL RISKS OF CIC OF PICC（1/1/1981）．
①L/C NO. SABK225498

所保货物，如发生保险单项下可能引起索赔的损失，应立即通知本公司或下述代理人查勘。如有索赔，应向本公司提交正本保险单（本保险单共有___2___份正本）及有关文件，如一份正本已用于索赔，其余正本自动失效。

IN THE EVENT OF LOSS OR DAMAGE WHICH MAY RESULT IN A CLAIM UNDER THIS POLICY, IMMEDIATE NOTICE MUST BE GIVEN TO THE COMPANY OR AGENT AS MENTIONED. CLAIMS, IF ANY, ONE OF THE ORIGINAL POLICY WHICH HAS BEEN ISSUED IN ___2___ ORIGINAL（S）TOGETHER WITH THE RELEVENT DOCUMENTS ALL BE SURRENDERED TO THE COMPANY. IF ONE THE ORIGINAL POLICY HAS BEEN ACCOMPLISHED, THE OTHERS TO BE VOID.

保险人：中国人民财产保险股份有限公司
PICC PROPERTY AND CASUALTY COMPANY LIMITED

赔款偿付地点：   授权人签字：
Claim Payable at   CAPETOWN   Authorized Signature   皇甫兰兰

出单日期（Issuing Date）：   JUL. 06, 2019

知识链接

一、投保

1. 投保的基本概念

投保是与保险人（一般是保险公司）订立保险合同，并按照保险合同支付保险费的过程。国际贸易过程当中的投保通常是指办理货物运输保险。

对于国际贸易合同，凡是按 CIF/CIP（到岸价）价格成交的出口合同，卖方在装船前，须及时到保险公司办理投保手续，填制投保单。商品的投保顺序一般都是逐笔办理的。投保人在投保时应将货物名称、保险金额、运输路线、运输工具、开航日期、投保险别等一一列明。

2. 投保的程序

在国际货物买卖过程中，由哪一方负责办理投保国际货物运输保险，应根据买卖双方商订的价格条件来确定。例如按 FOB/FCA 条件和 CFR/CPT 条件成交，保险即应由买方办理；如按 CIF/CIP 条件成交，保险就应由卖方办理。办理国际货物运输保险的一般程序是：

（1）确定保险金额。

保险金额既是交纳保险费的依据，又是货物发生损失后计算赔偿的依据。按照国际惯例，保险金额应按商业发票上的 CIF/CIP 的预期利润加一成计算。但是，各国市场情况不尽相同，对进出口贸易的管理办法也各有异。向中国人民保险公司办理进出口货物运输保险，有两种办法：一种是逐笔投保；另一种是按签订预约保险总合同办理。

（2）填写货物运输保险投保单。

投保单是投保人向保险人提出投保的书面申请，其主要内容包括被保险人的姓名，被保险货物的品名、标记、数量及包装，保险金额，运输工具名称，开航日期及起讫地点，投保险别，投保日期及签章等。

（3）支付保险费，取得保险单。

保险费按投保险别的保险费率计算。保险费率是根据不同的险别、不同的商品、不同的运输方式、不同的目的地，并参照国际上的费率水平而制定的。它分为"一般货物费率"和"指明货物加费费率"两种。前者是一般商品的费率，后者系指特别列明的货物（如某些易碎、易损商品）在一般费率的基础上另行加收的费率。

交付保险费后，投保人即可取得保险单（Insurance Policy）。保险单实际上已构成保险人与被保险人之间的保险契约，是保险人与被保险人的承保证明。在发生保险范围内的损失或灭失时，投保人可凭保险单要求赔偿。

（4）提出索赔手续。

当被保险的货物发生属于保险责任范围内的损失时，投保人可以向保险人提出赔偿要求。按《2010 年国际贸易术语解释通则》E 组、F 组、C 组包含的 8 种价格条件成交的合同，一般应由买方办理索赔。按《2010 年国际贸易术语解释通则》D 组包含的 5 种价格条件成交的合同，则视情况由买方或卖方办理索赔。

被保险货物运抵目的地后，收货人如发现整件短少或有明显残损，应立即向承运人或有关方面索取货损或货差证明，并联系保险公司指定的检验理赔代理人申请检验，提出检验报告，确定损失程度；同时向承运人或有关责任方提出索赔。属于保险责任的，可填写索赔清单，连同提单副本、装箱单、保险单正本、磅码单、修理配置费凭证、第三者责任方的签证或商务记录以及向第三者责任方索赔的来往函件等向保险公司索赔。索赔应当在保险有效期内提出并办理，否则保险公司可以不予办理。

3. 货物运输保险投保

凡按 CIF 条件成交的出口货物，由出口企业向当地保险公司逐笔办理投保手续。凡按 CFR 或 FOB 条件成交的进口货物，由进口企业向当地保险公司逐笔办理投保手续。在办理时应注意：应根据合同或信用证规定，在备妥货物并已确定装运日期和运输工具后，按约定的保险险别和保险金额，向保险公司投保。投保时应填制投保单并支付保险费（保险费＝保险金额×保险费率），保险公司凭以出具保险单或保险凭证。

投保的日期应不迟于货物装船的日期。投保金额若合同没有明示规定，一般为 CIF 价格加成 10%，如买方要求提高加成比率，一般情况下可以接受。但增加的保险费应由买方负担。

二、保险单

1. 保险单的定义、作用

保险单简称为保单，是保险人与被保险人订立保险合同的正式书面证明。保险单必须完整地记载保险合同双方当事人的权利义务及责任。保险单记载的内容是合同双方履行的依据，保险单是保险合同成立的证明。

根据我国《保险法》规定，保险合同成立与否并不取决于保险单的签发，只要投保人和保险人就合同的条款协商一致，保险合同就成立，即使尚未签发保险单，保险人也应负赔偿责任。保险合同中双方当事人在合同中约定以出立保险单为合同生效条件的除外。

在被保险货物遭受损失时，保险单是被保险人索赔的主要依据，也是保险公司理赔的主要依据。

2. 保险单的种类

（1）保险单（Insurance Policy）。

保险单俗称大保单，是保险人与被保险人之间订立保险合同的一种正式证明，具有法律效力，对双方当事人均具有约束力。除载明被保险人（投保人）的名称，被保险货物（标的物）的名称，数量或重量，唛头，运输工具，保险的起讫地点，承保险别，保险金额，出单日期等项目外，还在保险单的背面列有保险人的责任范围以及保险人与被保险人各自的权利、义务等方面的详细条款，是最完整的保险单据。保险单可由被保险人背书，随物权的转移而转让，是一份独立的保险单据。

（2）保险凭证（Insurance Certificate）。

保险凭证是一种简化的保险单，与海上保险单有同等的法律效力，故又称为小保单。现实中很少使用。只有正面，其背面是空白的，没有载明保险条款。如果信用证中要求出具保险单，则不能用保险凭证代替保险单，如果信用证中要求出具保险凭证，出具保险单代替保险凭证也是可以的。

（3）预约保险单（Open Policy/Open Coner）。

预约保险单又称为开口保险单，是保险人与被保险人就事先约定的保险范围订立的预约合同。这种保险单一般多为长期，通常是一个月定期结算一次。预约保险单上载明保险货物的范围、险别、保险费率、每批运输货物的最高保险金额以及保险费的结付、赔款处理等项目，凡属于此保险单范围内的进出口货物，一经起运，即自动按保险单所例条件承保。但被保险人在获悉每批保险货物起运时，应立即将货物装船详细情况包括货物名称、数量、保险金额、运输工具种类和名称、航程起讫地点、开船日期等情况通知保险公司和进口商，这种保险单据目前在我国一般适用于以 FOB 或 CIF 价格条件成交的进口货物以及出口展览品和小卖品。

（4）暂保单（Cover Note/Binder）。

暂保单又称"临时保险书"，是保险人在出立正式保险单之前签发的证明保险人已同意给予投保人以保险保障的一种临时凭证。暂保单的内容较为简单，只载明被保险人的姓名、承保危险的种类、保险标的等重要事项，仅表明投保人已经办理了保险手续，并等待保险人出立正式保险单。

暂保单具有和正式保险单同等的法律效力，但一般暂保单的有效期不长，通常不超过30 天。当正式保险单出立后，暂保单就自动失效。如果保险人最后考虑不出立保险单时，也可以终止暂保单的效力，但必须提前通知投保人。

三、中国保险条款 CIC

（一）海洋运输货物保险条款

1. 责任范围

本保险分为平安险、水渍险及一切险三种。被保险货物遭受损失时，本保险按照保险单上订明承保险别的条款规定，负赔偿责任。

（1）平安险。

本保险负责赔偿：

a. 货物在运输途中由于恶劣气候、雷电、海啸、地震、洪水等自然灾害造成整批货物的全部损失或推定全损。当被保险人要求赔付推定全损时，须将受损货物及其权利委付给保险公司。被保险货物用驳船运往或运离海轮的，每一驳船所装的货物可视作一个整批。推定全损是指被保险货物的实际全损已经不可避免，或者恢复、修复受损货物以及运送货物到原订目的地的费用超过该目的地的货物价值。

b. 由于运输工具遭受搁浅、触礁、沉没、互撞、与流冰或其他物体碰撞以及失火、爆炸等意外事故造成货物的全部或部分损失。

c. 在运输工具已经发生搁浅、触礁、沉没、焚毁意外事故的情况下，货物在此前后又在海上遭受恶劣气候、雷电、海啸等自然灾害所造成的部分损失。

d. 在装卸或转运时由于一件或数件整件货物落海造成的全部或部分损失。

e. 被保险人对遭受承保责任内危险的货物采取抢救、防止或减少货损的措施而支付的合理费用，但以不超过该批被救货物的保险金额为限。

f. 运输工具遭遇海难后，在避难港由于卸货所引起的损失以及在中途港、避难港由于卸货、存仓以及运送货物所产生的特别费用。

g. 共同海损的牺牲、分摊和救助费用。

h. 运输契约订有"船舶互撞责任"条款，根据该条款规定应由货方偿还船方的损失。

（2）水渍险。

除包括上列平安险的各项责任外，本保险还负责被保险货物由于恶劣气候、雷电、海啸、地震、洪水等自然灾害所造成的部分损失。

（3）一切险。

除包括上列平安险和水渍险的各项责任外，本保险还负责被保险货物在运输途中由于外来原因所致的全部或部分损失。具体包括下列 11 种条款：

a. 偷窃、提货不着险条款。

b. 淡水雨淋险条款。

c. 短量险条款。

d. 混杂、沾污险条款。

e. 渗漏险条款。

f. 碰损、破碎险条款。

g. 串味险条款。

h. 受潮受热险条款。

i. 钩损险条款。

j. 包装破裂险条款。

k. 锈损险条款。

2. 除外责任

本保险对下列损失不负赔偿责任：

（1）被保险人的故意行为或过失所造成的损失。

（2）属于发货人责任所引起的损失。

（3）在保险责任开始前，被保险货物已存在的品质不良或数量短差所造成的损失。

（4）被保险货物的自然损耗、本质缺陷、特性以及市价跌落、运输延迟所引起的损失或费用。

（5）海洋运输货物战争险条款和货物运输罢工险条款规定的责任范围和除外责任。

3. 责任起讫

（1）本保险负"仓至仓"责任，自被保险货物运离保险单所载明的起运地仓库或储存处所开始运输时生效，包括正常运输过程中的海上、陆上、内河和驳船运输在内，直至该项货物到达保险单所载明目的地收货人的最后仓库或储存处所或被保险人用作分配、分派或非正常运输的其他储存处所为止。如未抵达上述仓库或储存处所，则以被保险货物在最后卸载港全部卸离海轮后满六十天为止。如在上述六十天内被保险货物需转运到非保险单所载明的目的地时，则以该项货物开始转运时终止。

（2）由于被保险人无法控制的运输延迟、绕道、被迫卸货、重行装载、转载或承运人运用运输契约赋予的权限所作的任何航海上的变更或终止运输契约，致使被保险货物运到非保险单所载明目的地时，在被保险人及时将获知的情况通知保险人，并在必要时加缴保险费的情况下，本保险仍继续有效，保险责任按下列规定终止：

a. 被保险货物如在非保险单所载明的目的地出售，保险责任至交货时为止，但不论任何情况，均以被保险货物在卸载港全部卸离海轮后满六十天为止。

b. 被保险货物如在上述六十天期限内继续运往保险单所载原目的地或其他目的地时，保险责任仍按上述第（1）款的规定终止。

4. 被保险人的义务

被保险人应按照以下规定的应尽义务办理有关事项，如因未履行规定的义务而影响保险人利益时，本公司对有关损失，有权拒绝赔偿。

（1）当被保险货物运抵保险单所载明的目的港（地）以后，被保险人应及时提货，当发现被保险货物遭受任何损失，应即向保险单上所载明的检验、理赔代理人申请检验，如发现被保险货物整件短少或有明显残损痕迹应即向承运人、受托人或有关当局（海关、港务当局等）索取货损货差证明。如果货损货差是由于承运人、受托人或其他有关方面的责任所造成，应以书面方式向他们提出索赔，必要时还须取得延长时效的认证。

（2）对遭受承保责任内危险的货物，被保险人和本公司都可迅速采取合理的抢救措施，防止或减少货物的损失，被保险人采取此项措施，不应视为放弃委付的表示，本公司采取此项措施，也不得视为接受委付的表示。

（3）如遇航程变更或发现保险单所载明的货物、船名或航程有遗漏或错误时，被保险人应在获悉后立即通知保险人并在必要时加缴保险费，本保险才继续有效。

（4）在向保险人索赔时，必须提供下列单证：保险单正本、提单、发票、装箱单、磅码单、货损货差证明、检验报告及索赔清单。如涉及第三者责任，还须提供向责任方追偿的有关函电及其他必要单证或文件。

（5）在获悉有关运输契约中"船舶互撞责任"条款的实际责任后，应及时通知保险人。

5. 索赔期限

本保险索赔时效，从被保险货物在最后卸载港全部卸离海轮后起算，最多不超过二年。

（二）航空运输货物保险条款

1. 责任范围

本保险分为航空运输险和航空运输一切险两种。被保险货物遭受损失时，本保险按保险单上订明承保险别的条款负赔偿责任。

（1）航空运输险。

本保险负责赔偿：

a. 被保险货物在运输途中遭受雷电、火灾或爆炸或由于飞机遭受恶劣气候或其他危难事故而被抛弃，或由于飞机遭受碰撞、倾覆、坠落或失踪意外事故所造成的全部或部分损失。

b. 被保险人对遭受承保责任内危险的货物采取抢救，防止或减少货损的措施而支付的合理费用，但以不超过该批被救货物的保险金额为限。

（2）航空运输一切险。

除包括上列航空运输险的责任外，本保险还负责被保险货物由于外来原因所致的全部或部分损失。

2. 除外责任

本保险对下列损失，不负赔偿责任：

（1）被保险人的故意行为或过失所造成的损失。

（2）属于发货人责任所引起的损失。

（3）保险责任开始前，被保险货物已存在的品质不良或数量短差所造成的损失。

（4）被保险货物的自然损耗、本质缺陷、特性以及市价跌落、运输延迟所引起的损失或费用。

（5）航空运输货物战争险条款和货物运输罢工险条款规定的责任范围和除外责任。

3. 责任起讫

（1）本保险负"仓至仓"责任，自被保险货物运离保险单所载明的起运地仓库或储存处所开始运输时生效，包括正常运输过程中的运输工具在内，直到该项货物运达保险单所载明目的地收货人的最后仓库或储存处所或被保险人用作分配、分派或非正常运输的其他储存处所为止。如未运抵上述仓库或储存处所，则以被保险货物在最后卸载地卸离飞机后满三十天为止。如在上述三十天内被保险货物需转送到非保险单所载明的目的地时，则以该项货物开始转运时终止。

（2）由于被保险人无法控制的运输延迟、绕道、被迫卸货、重新装载、转载或承运人运用运输契约赋予的权限所作的任何航行上的变更或终止运输契约，致使被保险货物运到非保险单所载目的地时，在被保险人及时将获知的情况通知保险人，并在必要时加缴保险费的情况下，本保险仍继续有效，保险责任按下述规定终止：

a. 被保险货物如在非保险单所载目的地出售，保险责任至交货时为止，但不论任何情况，均以被保险货物在卸载地卸离飞机后满三十天为止。

b. 被保险货物在上述三十天期限内继续运往保险单所载原目的地或其他目的地时，保险责任仍按上述第（1）款的规定终止。

4. 被保人的义务

被保险人应按照以下规定的应尽义务办理有关事项，如因未履行规定的义务而影响本公司利益时，本公司对有关损失有权拒绝赔偿。

（1）当被保险货物运抵保险单所载目的地以后，被保险人应及时提货，当发现被保险货物遭受任何损失，应即向保险单上所载明的检验、理赔代理人申请检验，如发现被保险货物整件短少或有明显残损痕迹应即向承运人、受托人或有关当局索取货损货差证明，如果货损货差是由于承运人、受托人或其他有关方面的责任所造成的，应以书面方式向他们提出索赔，必要时还须取得延长时效的认证。

（2）对遭受承保责任内危险的货物，应迅速采取合理的抢救措施，防止或减少货物损失。

（3）在向保险人索赔时，必须提供下列单证：保险单正本、提单、发票、装箱单、磅码单、货损货差证明、检验报告及索赔清单，如涉及第三者责任还须提供向责任方追偿的有关函电及其他必要单证或文件。

5. 索赔期限

本保险索赔时效，从被保险货物在最后卸载地卸离飞机后起算，最多不超过两年。

（三）陆上运输货物保险条款

1. 责任范围

本保险分为陆运险和陆运一切险两种。被保险货物遭受损失时，本保险按保险单上订明承保险别的条款规定负赔偿责任。

（1）陆运险。

本保险负责赔偿：

a. 被保险货物在运输途中遭受暴风、雷电、洪水、地震等自然灾害或由于运输工具遭受碰撞、倾覆、出轨或在驳运过程中因驳运工具遭受搁浅、触礁、沉没、碰撞，或由于遭受隧道坍塌、崖崩或失火、爆炸意外事故所造成的全部或部分损失。

b. 被保险人对遭受承保责任内危险的货物采取抢救，防止或减少货损的措施而支付的合理费用，但以不超过该批被救货物的保险金额为限。

（2）陆运一切险。

除包括上列陆运险的责任外，本保险还负责被保险货物在运输途中由于外来原因所致的全部或部分损失。

2. 除外责任

本保险对下列损失不负赔偿责任：

（1）被保险人的故意行为或过失所造成的损失。

（2）属于发货人责任所引起的损失。

（3）在保险责任开始前，被保险货物已存在的品质不良或数量短差所造成的损失。

（4）被保险货物的自然损耗、本质缺陷、特性以及市价跌落、运输延迟所引起的损失或费用。

（5）陆上运输货物战争险条款和货物运输罢工险条款规定的责任范围和除外责任。

3. 责任起讫

本保险负"仓至仓"责任，自被保险货物运离保险单所载明的起运地仓库或储存处所开始运输时生效，包括正常运输过程中的陆上和与其有关的水上驳运在内，直至该项货物运达保险单所载目的地收货人的最后仓库或储存处所或被保险人用作分配、分派的其他储存处所为止，如未运抵上述仓库或储存处所，则以被保险货物运抵最后卸载的车站满六十天为止。

4. 被保险人的义务

被保险人应按照以下规定的应尽义务办理有关事项，如因未履行规定的义务而影响本公司利益时，本公司对有关损失有权拒绝赔偿。

（1）当被保险货物运抵保险单所载目的地以后，被保险人应及时提货，当发现被保险货物遭受任何损失，应即向保险单上所载明的检验、理赔代理人申请检验。如发现被保险货物整件短少或有明显残损痕迹，应即向承运人、受托人或有关当局索取货损货差证明，如果货损货差是由于承运人、受托人或其他有关方面的责任所造成的，应以书面方式向他们提出索赔，必要时还需取得延长时效的认证。

（2）对遭受承保责任内危险的货物，应迅速采取合理的抢救措施，防止或减少货物损失。

（3）在向保险人索赔时，必须提供下列单证：保险单正本、提单、发票、装箱单、磅码单、货损货差证明、检验报告及索赔清单。如涉及第三者责任还须提供向责任方追偿的有关函电及其他必要单证或文件。

5. 索赔期限

本保险索赔时效，从被保险货物在最后目的地车站全部卸离车辆后起算，最多不超过两年。

能力测评

一、单选题

1. 某公司出口货物一批，按 CIF 价值的 110% 投保了水渍险，在此基础上还可加保（　　）。
   A. 平安险和战争险　　　　　　B. 破碎险和战争险
   C. 一切险和战争险　　　　　　D. 平安险和渗漏险

2. 根据 UCP600 的规定，投保金额最低为 CIF 价或 CIP 价的（　　）。
   A. 50%　　　　B. 80%　　　　C. 110%　　　　D. 130%

3. 在下列（　　）贸易术语下，需要进口商办理保险。
   A. FOB　　　　B. CIF　　　　C. CFR　　　　D. CIP

4. 以 CIF 价格术语成交的合同，货物运输保险由卖方办理，所以货物在装运前所产生的损坏应由（　　）承担。
   A. 卖方和买方　　B. 卖方　　C. 买方　　D. 保险公司

5. 保单显示"投保一切险"，表示其中不包括（　　）承保的范围。
   A. 平安险　　　B. 水渍险　　　C. 一般附加险　　　D. 特殊附加险

二、多选题

1. 根据我国海运货物保险条款（CIC 条款）的规定，海洋运输货物保险中的基本险可分为（   ）。

  A. 平安险   B. 战争险   C. 一切险   D. 水渍险

2. 在填制投保单中的保险金额时应注意（   ）。

  A. 保险货币应与信用证一致，大小写应该一致

  B. 保险金额的加成百分比应严格按照信用证或合同规定填制

  C. 保险金额不要小写，出现小数时无论多少一律向上拉进

  D. 保险金额就是保险费

3. 保险单的种类有（   ）。

  A. 保险单   B. 保险凭证   C. 预约保险单   D. 保险批单

三、判断题

1. 按 CIF 术语成交，若无说明，卖方一般情况下只要投保平安险。   （   ）

2. 一切险是平安险、水渍险和一般附加险的合并，但并不包括战争险和罢工、暴动、民变险。 （   ）

拓展实训

实训项目一 制作投保单

上接项目五拓展实训中的实训项目一，2019 年 9 月 26 日，山东允芷国际贸易有限公司的外贸单证员芸芸根据信用证的规定"+INSURANCE POLICY/CERTIFICATE IN DUPLICATE ENDORSED IN BLANK FOR 110% INVOICE VALUE, COVERING ALL RISKS OF CIC OF PICC（1/1/1981）"和"+ THE NUMBER OF THIS CREDIT MUST BE QUOTED ON ALL DOCUMENTS."，以及商业发票和装箱单制作投保单，随后，向青岛市中国人民财产保险公司办理货物运输保险。

1. 商业发票

<table>
<tr><td colspan="5" align="center">SHANDONG YUNZHI INTERNATIONAL TRADE CO., LTD.
8 HEBEI STREET, QINGDAO CITY, SHANDONG, CHINA</td></tr>
<tr><td colspan="5" align="center">**COMMERCIAL INVOICE**</td></tr>
<tr><td rowspan="4">To：</td><td colspan="2" rowspan="4">ONE METER SUNSHINE CO., LTD.
NO.95, GEORGE STREET, SYDNEY, AUSTRALIA.</td><td>Invoice No.：</td><td>YZ2019012</td></tr>
<tr><td>Invoice Date：</td><td>SEP. 15, 2019</td></tr>
<tr><td>S/C No.：</td><td>YZ012</td></tr>
<tr><td>L/C No.：</td><td>MS112233</td></tr>
<tr><td>Transport details</td><td colspan="4" align="center">From QINGDAO, CHINA To SYDNEY, AUSTRALIA BY VESSEL</td></tr>
<tr><td>Marks and Numbers</td><td colspan="2" align="center">Number and kind of package
Description of goods</td><td align="center">Quantity</td><td align="center">Unit Price</td><td align="center">Amount</td></tr>
</table>

ONE METER SUNSHINE YZ012 SYDNEY C/NO. 1-1000	CANNED YELLOW PEACH 850G 24TINS/CTN	24,000TINS	CIFSYDNEY, AUSTRALIA	
			USD4.00/TIN	USD96,000.00
	TOTAL：	24,000TINS		USD96,000.00
SAY TOTAL：	SAY US DOLLARS NINTY-SIX THOUSAND ONLY			
SHANDONG YUNZHI INTERNATIONAL TRADE CO., LTD. YUNYUN				

2. 装箱单

SHANDONG YUNZHI INTERNATIONAL TRADE CO., LTD. 8 HEBEI STREET, QINGDAO CITY, SHANDONG, CHINA						
PACKING LIST						
To：	ONE METER SUNSHINE CO., LTD. NO.95, GEORGE STREET, SYDNEY, AUSTRALIA.		Invoice No.：	YZ2019012		
			Date：	SEP.15, 2019		
			S/C No.：	YZ012		
			L/C No.：	MS112233		
Transport details	From QINGDAO, CHINA To SYDNEY, AUSTRALIA BY VESSEL					
Marks and Numbers	Number and kind of package Description of goods	Quantity	Package	G.W	N.W	Meas.
ONE METER SUNSHINE YZ012 SYDNEY C/NO. 1-1000	CANNED YELLOW PEACH 850G 24TINS/CTN	24,000TINS	1,000CTNS	22,000KGS	20,400KGS	16CBM
	TOTAL：	24,000TINS	1,000CTNS	22,000KGS	20,400KGS	16CBM
SAY TOTAL：	SAY ONE THOUSAND CARTONS ONLY					
SHANDONG YUNZHI INTERNATIONAL TRADE CO., LTD YUNYUN						

3. 补充信息

山东允芷国际贸易有限公司已订中远集装箱运输公司（简称 COSCO）2019 年 9 月 30 日的船期，船名为 Princess，航次为 S 505，1 个 40 英尺集装箱，CY/CY。

★山东允芷国际贸易有限公司的外贸单证员芸芸根据上述商业发票、装箱单和补充信息制作投保单：

项目六 保险单据的制作和审核

中国人民财产保险股份有限公司
PICC PROPERTY AND CASUALTY COMPANY LIMITED
货物运输投保单
APPLICATION FORM FOR CARGO TRANSPORTATION INSURANCE

投保单号：

被保险人：
INSURED：_____

发票号（INVOICE NO.）：
合同号（CONTRACT NO.）：
信用证号（L/C NO.）：
发票金额（INVOICE AMOUNT）_____ 投保加成（PLUS）_____%

_____

兹有下列物品向中国人民财产保险股份有限公司青岛分公司投保（INSURANCE IS REQUIRED ON THE FOLLOWING COMMODITIES：）

标记 MARKS & NOS	包装及数量 QUANTITY	保险货物项目 DESCRIPTION OF GOODS	保险金额 AMOUNT INSURED

启运日期：   装载工具
DATE OF COMMENCEMENT_____ PER CONVEYANCE_____
自   经   至
FROM_____ VIA _____×××_____ TO_____
提单号：   赔款偿付地点：
B/L NO. _____ CLAIM PAYABLE AT _____
投保险别：(conditions)

_____

请如实告知下列情况：（如"是"在（ ）打"×" IF ANY, PLEASE MARK "×"：
1. 货物种类   袋装（ ）   散装（ ）   冷藏（ ）   液体（ ）   活动物（ ）
   GOODS   BAG/JUMBO   BULK   REEFER   LIQUID   LIVE ANIMAL
   机器/汽车（ ）   危险品等级（ ）
   MACHINE/AUTO   DANGEROUS CLASS
2. 集装箱种类   普通（ ）   开顶（ ）   框架（ ）   平板（ ）   冷藏（ ）
   CONTAINER   ORDINARY   OPEN   FRAME   FLAY   REFRIGERATOR
3. 转运工具   海轮（ ）   飞机（ ）   驳船（ ）   火车（ ）   汽车（ ）
   BY TRANSIT   SHIP   PLANE   BARGE   TRAIN   TRUCK
4. 船舶资料   船籍（ ）   船龄（ ）
   PARTICULAR OF SHIP   REGISTRY_____ AGE_____

_____

137

备件：被保险人确认本保险合同条款和内容已经完全了解 APPLICANT'S SIGNATURE THE ASSURED CONFIRMS HEREWITH THE TERMS AND CONDITIONS OF THESE INSURANCE CONTRACT_____ FULLY UNDERSTOOD	投保人（签名盖章）

电话（TEL）
投保日期（DATE）_____   地址（ADD）_____

_____

本公司自用（FOR OFFICE USE ONLY）

费率   保费
备注：
RATE _____   PREMIUM _____
经办人 BY _____   核保人_____   负责人_____
公司地址：青岛市市南区香港中路66号   电话：0532-85719205   邮编：266000

项目七　报关单据制作

学习目标

【素质目标】
认识到报关单据在进出口流程中的重要性
养成高度的爱国情怀、守法意识和责任意识
培养诚实守信、一丝不苟、吃苦耐劳的工作作风
养成善于沟通和团队合作的工作品质

【知识目标】
熟悉报关的含义和内容
理解进出口报关的一般流程
掌握进出口报关单的制作要点

【能力目标】
能够读懂信用证和外贸合同中与报关相关的条款
能够根据商业发票、装箱单准确制作出入境货物报关单

导入项目场景

【项目场景1】

2019年7月6日，河北箬婉国际贸易有限公司收到天津中和韵致国际货运公司配舱成功的信息，同时，天津中和韵致国际货运公司委派车队将货物装箱运至天津新港码头的海关监管区域。

单证员婉儿根据商业发票、装箱单等相关信息制作出口货物报关单，并委托天津塞外报关行有限公司办理报关手续。

1. 商业发票

	HEBEI RUOWAN INTERNATIONAL TRADE CO., LTD. 18 XINYUAN STREET, TANGSHAN CITY, HEBEI PROVINCE, CHINA TEL：0086-315-2788888　　FAX：0086-315-2788888			
	COMMERCIAL INVOICE			
To Messer：	WARM SUNSHINE TRADING CO., LTD. 30 SANTA MARIA AVENUE, TSHWANE CITY, SOUTH AFRICA TEL：27-21-25456888 FAX：27-21-25456801	Invoice No.：	NW IV011	
		Invoice Date：	JUN. 20, 2019	
		S/C No.：	NW018	
		L/C No.：	SABK225498	
Transport Details	FROM TIANJIN, CHINA TO CAPETOWN, SOUTH AFRICA BY SEA/VESSEL			
Marks and Numbers	Number and kind of package Description of goods	Quantity	Unit Price	Amount
WARM SUNSHINE NW018 CAPETOWN SOUTH AFRICA C/NO. 1-1020	COOKED CHESTNUT KERNEL 1KG/BAG As per the confirmed sample of Mar. 03, 2019. PACKED IN 20BAGS/CTN	20,400BAGS	CIF CAPETOWN, SOUTH AFRICA	
			USD5.00/BAG	USD102,000.00
	TOTAL：	20,400BAGS		USD102,000.00
SAY TOTAL：	SAY U.S. DOLLARS ONE HUNDRED AND TWO THOUSAND ONLY.			
	HEBEI RUOWAN INTERNATIONAL TRADE CO., LTD. WANER			

2. 装箱单

	HEBEI RUOWAN INTERNATIONAL TRADE CO., LTD. 18 XINYUAN STREET, TANGSHAN CITY, HEBEI PROVINCE, CHINA TEL：0086-315-2788888　　FAX：0086-315-2788888					
	PACKING LIST					
To：	WARM SUNSHINE TRADING CO., LTD. 30 SANTA MARIA AVENUE, TSHWANE CITY, SOUTH AFRICA TEL：27-21-25456888 FAX：27-21-25456801	Invoice No.：	NW IV011			
		Invoice Date：	JUN. 20, 2019			
		S/C No.：	NW018			
		L/C No.：	SABK225498			
Transport Details	FROM TIANJIN, CHINA TO CAPETOWN, SOUTH AFRICA BY SEA/VESSEL					
Marks and Numbers	Number and kind of package Description of goods	Quantity	Package	G.W	N.W	Meas.

WARM SUNSHINE NW018 CAPETOWN C/NO. 1-1020	COOKED CHESTNUT KERNEL 1KG/BAG As per the confirmed sample of Mar. 03，2019. PACKED IN 20BAGS/CTN	20,400BAGS	1,020CTNS	21,420KGS	20,400KGS	36.72CBM
	TOTAL	20,400BAGS	1,020CTNS	21,420KGS	20,400KGS	36.72CBM
SAY TOTAL：	SAY ONE THOUSAND AND TWENTY CARTONS ONLY						
	HEBEI RUOWAN INTERNATIONAL TRADE CO.，LTD. WANER					

3. 相关信息

河北箬婉国际贸易有限公司的报关单位注册登记号是 1300686868，属于私营有限责任公司；统一社会信用代码是 91451362MA5HXUKN3F；海运费为 3,200 美元，保险费为 1,122 美元；熟制板栗仁的法定计量单位是千克。

【项目场景 2】

2020 年 2 月 15 日，河北箬婉国际贸易有限公司与韩国美妍株式会社（KOREA BEAUTY SHES CO.，LTD.）签订了进口亮白珍珠面膜的外贸合同，合同号是 MY018；进口亮白珍珠面膜的英文名称是 Bright white pearl mask。进口数量为 60,000 盒，每盒内 6 片面膜，每 15 盒装入纸箱，共计 4,000 箱，每箱毛重 2.5 千克，净重 2 千克；成交价格为每盒 USD2.00 FOB BUSAN, KOREA；启运口岸为韩国釜山港；经在 http：//www.hs-bianma.com/网站查询得知，该亮白珍珠面膜的 HS 编码是 330499009，监管条件为 AB，属于法定检验商品；该批商品从天津港入境，预计到货时间为 2020 年 5 月 20 日，卸货时间为 2020 年 5 月 22 日。在货物到港之前，箬婉公司单证员婉儿在办理货物的报检手续之后，着手制作进口货物报关单，并委托天津塞外报关行有限公司办理报关手续。

河北箬婉国际贸易有限公司的报关单位注册登记号是 1300686868，属于私营有限责任公司，统一社会信用代码是 91451362MA5HXUKN3F；天津塞外报关行有限公司，属于私营有限责任公司，统一社会信用代码是 91120324MA07NA3M76；海运费为 240 美元，保险费为 200 美元；亮白珍珠面膜的法定计量单位为千克/件。

任务分析

河北箬婉国际贸易有限公司的外贸单证员婉儿请示外贸主管后，着手完成以下任务：

[任务1] 制作出口货物报关单

预录入编号：　　　　　　　　　　　　　　　　　　　　　　　海关编号：

中华人民共和国海关出口货物报关单

境内发货人		出境关别		出口日期		申报日期		备案号	
境外收货人		运输方式		运输工具名称及航次号		提运单号			
生产销售单位		监管方式		征免性质		许可证号			
合同协议号		贸易国（地区）		运抵国（地区）		指运港		离境口岸	
包装种类		件数		毛重（千克）		净重（千克）		成交方式		运费		保费		杂费
随附单证及备注	
标记唛码及备注	
项号	商品编号	商品名称及规格型号	数量及单位	原产国（地区）	单价/总价/币制	最终目的国（地区）	境内货源地	征免
兹申明对以上内容承担如实申报、依法纳税之法律责任	申报单位（签章）		海关批注及签章	
报关人员　　报关人员证号　　　电话				
申报单位				

142

[任务2] 制作进口货物报关单

中华人民共和国海关进口货物报关单

预录入编号：　　　　　　　　　　　　　　　　　海关编号：

境内收货人	进境关别	进口日期	申报日期	备案号
境外发货人	运输方式	运输工具名称及航次号	提运单号	货物存放地点
消费使用单位	监管方式	征免性质	许可证号	启运港
合同协议号	贸易国（地区）	启运国（地区）	经停港	入境口岸
包装种类	件数	毛重（千克）	净重（千克）	成交方式	运费	保费	杂费

随附单证及编号		标记唛码及备注	

项号	商品编号	商品名称及规格型号	数量及单位	单价/总价/币制	原产国（地区）	最终目的国（地区）	境内目的地	征免

兹申明对以上内容承担如实申报、依法纳税之法律责任

报关人员 报关人员证号　　　电话	申报单位（签章）	海关批注及签章
申报单位		

任务实施

在任务实施过程中，河北箬婉国际贸易有限公司的单证员婉儿一边学习制作要点一边制作进出口货物报关单。

【任务1】制作出口货物报关单

1. 预录入编号

预录入编号指预录入报关单的编号，一份报关单对应一个预录入编号，由系统自动生成。

报关单预录入编号为18位，其中第1~4位为接受申报海关的代码（海关规定的《关区代码表》中相应海关代码），第5~8位为录入时的公历年份，第9位为进出口标志（"1"为进口，"0"为出口；集中申报清单"I"为进口，"E"为出口），后9位为顺序编号。

2. 海关编号

海关编号指海关接受申报时给予报关单的编号，一份报关单对应一个海关编号，由系统自动生成。

报关单海关编号为18位，其中第1~4位为接受申报海关的代码（海关规定的《关区代码表》中相应海关代码），第5~8位为海关接受申报的公历年份，第9位为进出口标志（"1"为进口，"0"为出口；集中申报清单"I"为进口，"E"为出口），后9位为顺序编号。

3. 境内发货人

本栏目一般填报出口商公司中文名称及统一社会信用代码，指在海关备案的对外签订并执行进出口贸易合同的中国境内法人、其他组织名称及编码。编码填报18位法人和其他组织统一社会信用代码，没有统一社会信用代码的，填报其在海关的备案编码。

特殊情况下填报要求如下：

①进出口货物合同的签订者和执行者非同一企业的，填报执行合同的企业。

②外商投资企业委托进出口企业进口投资设备、物品的，填报外商投资企业，并在标记唛码及备注栏注明"委托某进出口企业进口"，同时注明被委托企业的18位法人和其他组织统一社会信用代码。

③有代理报关资格的报关企业代理其他进出口企业办理进出口报关手续时，填报委托的进出口企业。

④海关特殊监管区域收发货人填报该货物的实际经营单位或海关特殊监管区域内经营企业。

> 本任务中，根据商业发票和装箱单，境内发货人应填制为：
> 91451362MA5HXUKN3F 河北箬婉国际贸易有限公司

4. 出境关别

根据货物实际进出境的口岸海关，填报海关规定的《关区代码表》中相应口岸海关的名称及代码。

特殊情况填报要求如下：

进口转关运输货物填报货物进境地海关名称及代码，出口转关运输货物填报货物出境地海关名称及代码。按转关运输方式监管的跨关区深加工结转货物，出口报关单填报转出地海关名称及代码，进口报关单填报转入地海关名称及代码。

在不同海关特殊监管区域或保税监管场所之间调拨、转让的货物，填报对方海关特殊监管区域或保税监管场所所在的海关名称及代码。

其他无实际进出境的货物，填报接受申报的海关名称及代码。

> 本任务中，境内关别应制作为：天津新港海关 0202

5. 出口日期

此栏目的出口日期指运载出口货物的运输工具办结出境手续的日期，在申报时免予填报。无实际进出境的货物，填报海关接受申报的日期。出口日期为 8 位数字，顺序为年（4 位）、月（2 位）、日（2 位），如 20180808。

> 本任务中，此栏目免于填报。

6. 申报日期

申报日期指海关接受进出口货物收发货人、受委托的报关企业申报数据的日期。以电子数据报关单方式申报的，申报日期为海关计算机系统接受申报数据时记录的日期。以纸质报关单方式申报的，申报日期为海关接受纸质报关单并对报关单进行登记处理的日期。

> 本任务中，此栏目免于填报。

7. 备案号

此栏目填报进出口货物收发货人、消费使用单位、生产销售单位在海关办理加工贸易合同备案或征、减、免税审核确认等手续时，海关核发的《加工贸易手册》、海关特殊监管区域和保税监管场所保税账册、《征免税证明》或其他备案审批文件的编号，一份报关单只允许填报一个备案号。具体填报要求如下：

①加工贸易项下货物，除少量低值辅料按规定不使用《加工贸易手册》及以后续补税监管方式办理内销征税的外，填报《加工贸易手册》编号。

使用异地直接报关分册和异地深加工结转出口分册在异地口岸报关的，填报分册号；本地直接报关分册和本地深加工结转分册限制在本地报关，填报总册号。

加工贸易成品凭《征免税证明》转为减免税进口货物的，进口报关单填报《征免税证明》编号，出口报关单填报《加工贸易手册》编号。

对加工贸易设备、使用账册管理的海关特殊监管区域内减免税设备之间的结转，转入和转出企业分别填制进、出口报关单，在报关单"备案号"栏目填报《加工贸易手册》编号。

②涉及征、减、免税审核确认的报关单，填报《征免税证明》编号。

③减免税货物退运出口，填报《中华人民共和国海关进口减免税货物准予退运证明》的编号；减免税货物补税进口，填报《减免税货物补税通知书》的编号；减免税货物进口或结转进口（转入），填报《征免税证明》的编号；相应的结转出口（转出），填报《中华人民共和国海关进口减免税货物结转联系函》的编号。

> 本任务中，由于是一般贸易，此栏目免于填报。

8. 境外收货人

此栏目填报境外收货人的名称及编码。境外收货人通常指签订并执行出口贸易合同中的买方或合同指定的收货人，境外发货人通常指签订并执行进口贸易合同中的卖方。名称一般填报英文名称，检验检疫要求填报其他外文名称的，在英文名称后填报，以半角括号分隔；对于AEO互认国家（地区）企业的，编码填报AEO编码，填报样式按照海关总署发布的相关公告要求填报（如新加坡AEO企业填报样式为：SG123456789012，韩国AEO企业填报样式为KR1234567，具体见相关公告要求）；非互认国家（地区）AEO企业等其他情形，编码免于填报。特殊情况下，无境外收发货人的，名称及编码填报"NO"。

> 本任务中，由于是河北箬婉国际贸易有限公司与南非暖阳公司签订的外贸合同，同时暖阳公司又是实际收货人，因此，该栏目应制作成：
> WARM SUNSHINE TRADING CO., LTD.

9. 运输方式

此栏目应填运输方式的代码及名称。运输方式包括实际运输方式和海关规定的特殊运输方式，前者指货物实际进出境的运输方式，按进出境所使用的运输工具分类；后者指货物无实际进出境的运输方式，按货物在境内的流向分类。

根据货物实际进出境的运输方式或货物在境内流向的类别，按照海关规定的《运输方式代码表》选择填报相应的运输方式，如水路运输（代码2）、铁路运输（代码3）、公路运输（代码4）、航空运输（代码5）、邮件运输（代码6）。

（1）特殊情况填报要求如下：

①非邮件方式进出境的快递货物，按实际运输方式填报。

②进口转关运输货物，按载运货物抵达进境地的运输工具填报；出口转关运输货物，按载运货物驶离出境地的运输工具填报。

③不复运出（入）境而留在境内（外）销售的进出境展览品、留赠转卖物品等，填报"其他运输"（代码9）。

④进出境旅客随身携带的货物，填报"旅客携带"（代码L）。

⑤以固定设施（包括输油、输水管道和输电网等）运输货物的，填报"固定设施运输"（代码G）。

（2）无实际进出境货物在境内流转时填报要求如下：

①境内非保税区运入保税区货物和保税区退区货物，填报"非保税区"（代码0）。

②保税区运往境内非保税区货物，填报"保税区"（代码7）。

③境内存入出口监管仓库和出口监管仓库退仓货物，填报"监管仓库"（代码1）。

④保税仓库转内销货物或转加工贸易货物，填报"保税仓库"（代码8）。

⑤从境内保税物流中心外运入中心或从中心运往境内中心外的货物，填报"物流中心"（代码W）。

⑥从境内保税物流园区外运入园区或从园区内运往境内园区外的货物，填报"物流园区"（代码X）。

⑦保税港区、综合保税区与境内（区外）（非海关特殊监管区域、保税监管场所）之间进出的货物，填报"保税港区/综合保税区"（代码Y）。

⑧出口加工区、珠澳跨境工业区（珠海园区）、中哈霍尔果斯边境合作区（中方配套区）与境内（区外）（非海关特殊监管区域、保税监管场所）之间进出的货物，填报"出口加工区"（代码 Z）。

⑨境内运入深港西部通道港方口岸区的货物，填报"边境特殊海关作业区"（代码 H）。

⑩海关特殊监管区域内的流转、调拨货物，海关特殊监管区域、保税监管场所之间的流转货物，海关特殊监管区域与境内区外之间进出的货物，海关特殊监管区域外的加工贸易余料结转、深加工结转、内销货物，以及其他境内流转货物，填报"其他运输"（代码 9）。

> 本任务中，河北箬婉国际贸易有限公司采用的运输方式是海运，因此该栏目应制作成：
>
> 2　水路运输

10. 运输工具名称及航次号

此栏目应填报载运货物进出境的运输工具名称或编号及航次号。填报内容应与运输部门向海关申报的舱单（载货清单）所列相应内容一致。

（1）运输工具名称具体填报要求如下：

①水路运输：填报船舶编号（来往港澳小型船舶为监管簿编号）或者船舶英文名称。

②公路运输：启用公路舱单前，填报该跨境运输车辆的国内行驶车牌号，深圳提前报关模式的报关单填报国内行驶车牌号+"/"+"提前报关"。启用公路舱单后，免予填报。

③铁路运输：填报车厢编号或交接单号。

④航空运输：填报航班号。

⑤邮件运输：填报邮政包裹单号。

⑥其他运输：填报具体运输方式名称，例如：管道、驮畜等。

（2）航次号具体填报要求如下：

①水路运输：填报船舶的航次号。

②公路运输：启用公路舱单前，填报运输车辆的 8 位进出境日期〔顺序为年（4 位）、月（2 位）、日（2 位），下同〕。启用公路舱单后，填报货物运输批次号。

③铁路运输：填报列车的进出境日期。

④航空运输：免予填报。

⑤邮件运输：填报运输工具的进出境日期。

⑥其他运输方式：免予填报。

> 本任务中，从河北箬婉国际贸易有限公司向天津中和韵致国际货运代理公司的订舱信息来看，该栏目应制作为：
>
> XIN LANZHOU CIL/140S

11. 提运单号

填报进出口货物提单或运单的编号。一份报关单只允许填报一个提单或运单号，一票货物对应多个提单或运单时，应分单填报。

具体填报要求如下：

①水路运输：填报进出口提单号。如有分提单的，填报进出口提单号+"＊"+分提单号。

②公路运输：启用公路舱单前，免予填报；启用公路舱单后，填报进出口总运单号。
③铁路运输：填报运单号。
④航空运输：填报总运单号+"-"+分运单号，无分运单的填报总运单号。
⑤邮件运输：填报邮运包裹单号。

无实际进出境的，本栏目免于填报。

> 本任务中，从海运提单中可以看出，提单号为 COS45736。

12. 生产销售单位

此栏目生产销售单位填报出口货物在境内的生产或销售单位的名称，包括：

①自行出口货物的单位。

②委托进出口企业出口货物的单位。

减免税货物报关单的消费使用单位/生产销售单位应与《中华人民共和国海关进出口货物征免税证明》（以下简称《征免税证明》）的"减免税申请人"一致；保税监管场所与境外之间的进出境货物，消费使用单位/生产销售单位填报保税监管场所的名称（保税物流中心（B型）填报中心内企业名称）。

海关特殊监管区域的消费使用单位/生产销售单位填报区域内经营企业（"加工单位"或"仓库"）。

编码填报要求：

①填报18位法人和其他组织统一社会信用代码。

②无18位统一社会信用代码的，填报"NO"。

进口货物在境内的最终消费或使用以及出口货物在境内的生产或销售的对象为自然人的，填报身份证号、护照号、台胞证号等有效证件号码及姓名。

> 本任务中，熟制板栗仁的生产销售单位是河北箬婉国际贸易有限公司。因此，该栏目应填制成：
> 91451362MA5HXUKN3F 河北箬婉国际贸易有限公司

13. 监管方式

此栏目应填写监管方式的简称及代码。一份报关单只允许填报一种监管方式。

监管方式是以国际贸易中进出口货物的交易方式为基础，结合海关对进出口货物的征税、统计及监管条件综合设定的海关对进出口货物的管理方式。其代码由4位数字构成，前两位是按照海关监管要求和计算机管理需要划分的分类代码，后两位是参照国际标准编制的贸易方式代码。

根据实际对外贸易情况按海关规定的《监管方式代码表》选择填报相应的监管方式简称及代码。如下表所示：

监管方式代码	监管方式简称	监管方式全称
0110	一般贸易	一般贸易
0130	易货贸易	易货贸易
0139	旅游购物商品	用于旅游者五万美元以下的出口小批量订货

续表

监管方式代码	监管方式简称	监管方式全称
0200	料件放弃	主动放弃交由海关处理的来料或进料加工料件
0214	来料加工	来料加工装配贸易进口料件及加工出口货物
0245	来料料件内销	来料加工料件转内销
0255	来料深加工	来料深加工结转货物
0258	来料余料结转	来料加工余料结转
0265	来料料件复出	来料加工复运出境的原进口料件
0300	来料料件退换	来料加工料件退换
0314	加工专用油	国营贸易企业代理来料加工企业进口柴油
0320	不作价设备	加工贸易外商提供的不作价进口设备
0345	来料成品减免	来料加工成品凭证免税证明转减免税
0400	成品放弃	主动放弃交由海关处理的来料或进料加工成品
0420	加工贸易设备	加工贸易项下外商提供的进口设备
0444	保区进料成品	按成品征税的保税区进料加工成品转内销货物
0445	保区来料成品	按成品征税的保税区来料加工成品转内销货物
0446	加工设备内销	加工贸易免税进口设备转内销
0456	加工设备结转	加工贸易免税进口设备结转
0466	加工设备退运	加工贸易免税进口设备退运出境
0500	减免设备结转	用于监管年限内减免税设备的结转
0513	补偿贸易	补偿贸易
0544	保区进料料件	按料件征税的保税区进料加工成品转内销货物
0545	保区来料料件	按料件征税的保税区来料加工成品转内销货物
0615	进料对口	进料加工（对口合同）
0642	进料以产顶进	进料加工成品以产顶进
0644	进料料件内销	进料加工料件转内销
0654	进料深加工	进料深加工结转货物
0657	进料余料结转	进料加工余料结转
0664	进料料件复出	进料加工复运出境的原进口料件
0700	进料料件退换	进料加工料件退换
0715	进料非对口	进料加工（非对口合同）

续表

监管方式代码	监管方式简称	监管方式全称
0744	进料成品减免	进料加工成品凭征免税证明转减免税
0815	代值辅料	代值辅料
0844	进料边角料内销	进料加工项下边角料转内销
0845	来料边角料内销	来料加工项下边角料转内销
0864	进料边角料复出	进料加工项下边角料复出口
0865	来料边角料复出	来料加工项下边角料复出口
1139	国轮油物料	中国籍运输工具境内添加的保税油料、物料
1200	保税间货物	海关保税场所及保税区域之间往来的货物
1215	保税工厂	保税工厂
1333	保税仓库货物	保税仓库进出境货物
1234	保税区仓储转口	保税区进出境仓储转口货物
1300	修理物品	进出境修理物品
1427	出料加工	出料加工
1500	租赁不满一年	租赁不满一年的租赁贸易货物
1523	租赁贸易	租期在一年的租赁贸易货物
1616	寄售代销	寄售、代销贸易
1741	免税品	免税外汇商品
1831	外汇商品	免税外汇商品
2025	合资合作设备	合资合作企业作为投资进口的设备物品
2225	外资设备物品	外资企业作为投资进口的设备物品
2439	常驻机构公用	外国常驻机构进口办公用品
2600	暂时进出口货物	暂时进出口货物
2700	展览品	进出境展览品
2939	陈列样品	驻华商业机构不复运出口的进口陈列品
3010	货样广告品A	有经营权单位进出口的货样广告品
3039	货样广告品B	无经营权单位进出口的货样广告品
3100	无代价抵偿	无代价抵偿进出口货物
3339	其他进出口免费	其他进出口免费提供货物
3410	承包工程进口	对外承包工程进口物资

续表

监管方式代码	监管方式简称	监管方式全称
3422	对外承包出口	对外承包工程出口物资
3511	援助物资	国家和国际组织无偿援助物资
3611	无偿军援	无偿军援
3612	捐赠物资	进出口捐赠物资
4019	边境小额	边境小额贸易（边民互市贸易除外）
4039	对台小额	对台小额贸易
4200	驻外机构运回	我驻外机构运回旧公用物品
4239	驻外机构购进	我驻外机构境外购买运回国的公务用品
4400	来料成品退换	来料加工成品退换
4500	直接退运	直接退运
4539	进口溢误卸	进口溢卸、误卸货物
4561	退运货物	因质量不符、延误交货等原因退运进出境货物
4600	进料成品退换	进料成品退换
5000	料件进出区	用于区内外非实际进出境货物
5010	出口加工区研发货物	出口加工区与境外之间进出的研发货物
5015	区内加工货物	加工区内企业从境外进口料件及加工出口成品
5033	区内仓储货物	加工区内仓储企业从境外进口货物
5100	成品进出区	用于区内外非实际进出境货物
5200	区内边角调出	用于区内外非实际进出境货物
5300	设备进出区	用于区内外非实际进出境货物
5335	境外设备进区	加工区内企业从境外进口的设备物资
5361	区内设备退运	加工区内设备退运境外
6033	物流中心进出境货物	保税物流中心与境外之间进出仓储货物
9900	其他	其他

本任务中，河北箬婉国际贸易有限公司和南非公司签订的出口熟制板栗仁的贸易为一般贸易，因此，该栏目应填制成：

一般贸易 0110

14. 征免性质

根据实际情况按海关规定的《征免性质代码表》选择填报相应的征免性质简称及代码。

一份报关单只允许填报一种征免性质。如下表所示：

代码	简称	全称
101	一般征税	一般征税进出口货物
299	其他法定	其他法定减免税进出口货物
401	科教用品	大专院校及科研机构进口科教用品
501	加工设备	加工贸易外商提供的不作价进口设备
502	来料加工	来料加工装配和补偿贸易进口料件及出口成品
503	进料加工	进料加工贸易进口料件及出口成品
601	中外合资	中外合资经营企业进出口货物
602	中外合作	中外合作经营企业进出口货物
603	外资企业	外商独资企业进出口企业
789	鼓励项目	国家鼓励发展的内外资项目进口设备
799	自有资金	外商投资额度外利用自有资金进口设备、备件、配件

> 本任务中，河北箬婉国际贸易有限公司和南非公司签订的出口熟制板栗仁的贸易为一般贸易，因此，该栏目应填制成：
>
> 　　　　　　　　　101 一般征税

15. 许可证号

此栏目填报出口许可证、两用物项和技术出口许可证、两用物项和技术出口许可证（定向）、纺织品临时出口许可证、出口许可证（加工贸易）、出口许可证（边境小额贸易）的编号。

一份报关单只允许填报一个许可证号。

> 本任务中，河北箬婉国际贸易有限公司和南非公司签订的出口熟制板栗仁的贸易不涉及许可证的办理。因此，此栏目免于填报。

16. 合同协议号

填报进出口货物合同（包括协议或订单）编号。未发生商业性交易的免予填报。

> 本任务中，合同协议号应制作为：NW018

17. 贸易国（地区）

此栏目应填报发生商业性交易的贸易国（地区），进口填报购自国（地区），出口填报售予国（地区）。未发生商业性交易的填报货物所有权拥有者所属的国家（地区）。

按海关规定的《国别（地区）代码表》选择填报相应的贸易国（地区）中文名称及代码。

> 本任务中，河北箬婉国际贸易有限公司和南非暖阳公司签订贸易合同，因此，该栏目应制作为：南非

18. 运抵国（地区）

此栏目填报出口货物离开我国关境直接运抵或者在运输中转国（地区）未发生任何商业性交易的情况下最后运抵的国家（地区）。

不经过第三国（地区）转运的直接运输的进出口货物，以进口货物的装货港所在国（地区）为启运国（地区），以出口货物的指运港所在国（地区）为运抵国（地区）。

经过第三国（地区）转运的进出口货物，如在中转国（地区）发生商业性交易，则以中转国（地区）作为启运/运抵国（地区）。

按海关规定的《国别（地区）代码表》选择填报相应的启运国（地区）或运抵国（地区）中文名称及代码。

无实际进出境的货物，填报"中国"及代码。

> 本任务中，运抵国（地区）应制作为：南非

19. 指运港

此栏目填报出口货物运往境外的最终目的港；最终目的港不可预知的，按尽可能预知的目的港填报。

根据实际情况，按海关规定的《港口代码表》选择填报相应的港口名称及代码。经停港/指运港在《港口代码表》中无港口名称及代码的，可选择填报相应的国家名称及代码。

无实际进出境的货物，填报"中国境内"及代码。

> 本任务中，卸货港为南非的开普敦港，因此该栏目应制作为：开普敦

20. 离境口岸

此栏目应填报装运出境货物的跨境运输工具离境的第一个境内口岸的中文名称及代码；采取多式联运跨境运输的，填报多式联运货物最初离境的境内口岸中文名称及代码；过境货物填报货物离境的第一个境内口岸的中文名称及代码；从海关特殊监管区域或保税监管场所出境的，填报海关特殊监管区域或保税监管场所的中文名称及代码。其他无实际出境的货物，填报货物所在地的城市名称及代码。

离境口岸类型包括港口、码头、机场、机场货运通道、边境口岸、火车站、车辆装卸点、车检场、陆路港、坐落在口岸的海关特殊监管区域等。按海关规定的《国内口岸编码表》选择填报相应的境内口岸名称及代码。

> 本任务中，装货港为天津港，因此该栏目应制作为：120001 天津

21. 包装种类

此栏目填报进出口货物的所有包装材料，包括运输包装和其他包装，按海关规定的《包装种类代码表》选择填报相应的包装种类名称。运输包装指提运单所列货物件数单位对应的包装，其他包装包括货物的各类包装，以及植物性铺垫材料等。

> 本任务中，河北箬婉国际贸易有限公司出口的熟制板栗仁的总件数为 1 020 纸箱，因此，该栏目应制作为：纸箱

22. 件数

此栏目填报进出口货物运输包装的件数（按运输包装计）。特殊情况填报要求如下：

①舱单件数为集装箱的，填报集装箱个数。

②舱单件数为托盘的，填报托盘数。

不得填报为零，裸装货物填报为"1"。

> 本任务中，河北箬婉国际贸易有限公司出口的熟制板栗仁的总件数为 1 020 纸箱，因此，该栏目应制作为：1 020

23. 毛重（千克）

此栏目填报进出口货物及其包装材料的重量之和，计量单位为千克，不足一千克的填报为"1"。

> 本任务中，河北箬婉国际贸易有限公司出口的熟制板栗仁总重量是 21 420 千克，因此，该栏目应制作为：21 420

24. 净重（千克）

此栏目填报进出口货物的毛重减去外包装材料后的重量，即货物本身的实际重量，计量单位为千克，不足一千克的填报为"1"。

> 本任务中，河北箬婉国际贸易有限公司出口的熟制板栗仁总重量是 20 400 千克，因此，该栏目应制作为：20 400

25. 成交方式

根据进出口货物实际成交价格条款，按海关规定的《成交方式代码表》选择填报相应的成交方式代码。无实际进出境的货物，进口填报 CIF，出口填报 FOB。如果是 CIF 或 CIP，填写"CIF"；如果是 CFR 或 CPT，填写"C&F"；如果是 FOB 或 FCA，填写"FOB"。

> 本任务中，河北箬婉国际贸易有限公司与南非暖阳公司商定的成交方式为 CIF，因此，该栏目应制作为：CIF

26. 运费

此栏目填报进口货物运抵我国境内输入地点起卸前的运输费用，出口货物运至我国境内输出地点装载后的运输费用。

运费可按运费单价、总价或运费率三种方式之一填报，注明运费标记（运费标记"1"表示运费率，"2"表示每吨货物的运费单价，"3"表示运费总价），并按海关规定的《货币代码表》选择填报相应的币种代码，如美元（502）、人民币（142）、英镑（303）、欧元（300）、澳大利亚元（601）、港币（110）、日元（116）等。

> 本任务中，河北箬婉国际贸易有限公司收到了天津中和韵致国际货运代理公司运费结算表，该栏目应制作为：502/3200/3

27. 保费

填报进口货物运抵我国境内输入地点起卸前的保险费用，出口货物运至我国境内输出地点装载后的保险费用。

保费可按保险费总价或保险费率两种方式之一填报，注明保险费标记（保险费标记"1"表示保险费率，"3"表示保险费总价），并按海关规定的《货币代码表》选择填报相应的币种代码。

> 本任务中，保险单上的保险费是 1 122 美元，该栏目应制作为：502/1 122/3

28. 杂费

此栏目填报成交价格以外的、按照《中华人民共和国进出口关税条例》相关规定应计入完税价格或应从完税价格中扣除的费用。可按杂费总价或杂费率两种方式之一填报，注明杂费标记（杂费标记"1"表示杂费率，"3"表示杂费总价），并按海关规定的《货币代码表》选择填报相应的币种代码。应计入完税价格的杂费填报为正值或正率，应从完税价格中扣除的杂费填报为负值或负率。

> 本任务中，由于没有杂费项目，因此本栏目免予填报。

29. 随附单据及编号

根据海关规定的《监管证件代码表》和《随附单据代码表》选择填报除本规范第十六条规定的许可证件以外的其他进出口许可证件或监管证件、随附单证代码及编号。

本栏目分为随附单证代码和随附单证编号两栏，其中代码栏按海关规定的《监管证件代码表》和《随附单据代码表》选择填报相应证件代码；随附单证编号栏填报证件编号。

（1）加工贸易内销征税报关单，随附单证代码栏填报"C"，随附单证编号栏填报海关审核通过的内销征税联系单号。

（2）一般贸易进出口货物，只能使用原产地证书申请享受协定税率或者特惠税率（以下统称优惠税率）的（无原产地声明模式），"随附单证代码"栏填报原产地证书代码"Y"，在"随附单证编号"栏填报"<优惠贸易协定代码>"和"原产地证书编号"。可以使用原产地证书或者原产地声明申请享受优惠税率的（有原产地声明模式），"随附单证代码"栏填写"Y"，"随附单证编号"栏填报"<优惠贸易协定代码>""C"（凭原产地证书申报）或"D"（凭原产地声明申报），以及"原产地证书编号（或者原产地声明序列号）"。一份报关单对应一份原产地证书或原产地声明。各优惠贸易协定代码如下：

"01"为"亚太贸易协定"；
"02"为"中国—东盟自贸协定"；
"03"为"内地与香港紧密经贸关系安排"（香港 CEPA）；
"04"为"内地与澳门紧密经贸关系安排"（澳门 CEPA）；
"06"为"台湾农产品零关税措施"；
"07"为"中国—巴基斯坦自贸协定"；

"08"为"中国—智利自贸协定";

"10"为"中国—新西兰自贸协定";

"11"为"中国—新加坡自贸协定";

"12"为"中国—秘鲁自贸协定";

"13"为"最不发达国家特别优惠关税待遇";

"14"为"海峡两岸经济合作框架协议（ECFA）";

"15"为"中国—哥斯达黎加自贸协定";

"16"为"中国—冰岛自贸协定";

"17"为"中国—瑞士自贸协定";

"18"为"中国—澳大利亚自贸协定";

"19"为"中国—韩国自贸协定";

"20"为"中国—格鲁吉亚自贸协定"。

海关特殊监管区域和保税监管场所内销货物申请适用优惠税率的，有关货物进出海关特殊监管区域和保税监管场所以及内销时，已通过原产地电子信息交换系统实现电子联网的优惠贸易协定项下货物报关单，按照上述一般贸易要求填报；未实现电子联网的优惠贸易协定项下货物报关单，"随附单证代码"栏填报"Y"，"随附单证编号"栏填报"<优惠贸易协定代码>"和"原产地证据文件备案号"。"原产地证据文件备案号"为进出口货物的收发货人或者其代理人录入原产地证据文件电子信息后，系统自动生成的号码。

向香港或者澳门特别行政区出口用于生产香港 CEPA 或者澳门 CEPA 项下货物的原材料时，按照上述一般贸易填报要求填制报关单，香港或澳门生产厂商在香港工贸署或者澳门经济局登记备案的有关备案号填报在"关联备案"栏。

"单证对应关系表"中填报报关单上的申报商品项与原产地证书（原产地声明）上的商品项之间的对应关系。报关单上的商品序号与原产地证书（原产地声明）上的项目编号应一一对应，不要求顺序对应。同一批次进口货物可以在同一报关单中申报，不享受优惠税率的货物序号不填报在"单证对应关系表"中。

（3）各优惠贸易协定项下，免提交原产地证据文件的小金额进口货物"随附单证代码"栏填报"Y"，"随附单证编号"栏填报"<协定编号>XJE00000"，"单证对应关系表"享惠报关单项号按实际填报，对应单证项号与享惠报关单项号相同。

本任务中，由于该笔贸易为一般贸易，无特殊随附单证要求，只需填制为

随附单证　1：电子底账数据号 1367002210056331112

　　　　　　2. 代理报关委托协议（纸质）

---

30. 标记唛码及备注

填报要求如下：

（1）标记唛码中除图形以外的文字、数字，无标记唛码的填报 N/M。

（2）受外商投资企业委托代理其进口投资设备、物品的进出口企业名称。

（3）与本报关单有关联关系的，同时在业务管理规范方面又要求填报的备案号，填报在电子数据报关单中"关联备案"栏。

保税间流转货物、加工贸易结转货物及凭《征免税证明》转内销货物，其对应的备案

号填报在"关联备案"栏。

减免税货物结转进口（转入），"关联备案"栏填报本次减免税货物结转所申请的《中华人民共和国海关进口减免税货物结转联系函》的编号。

减免税货物结转出口（转出），"关联备案"栏填报与其相对应的进口（转入）报关单"备案号"栏中《征免税证明》的编号。

（4）办理进口货物直接退运手续的，填报"<ZT"+"海关审核联系单号或者《海关责令进口货物直接退运通知书》编号"+">"。

（5）保税监管场所进出货物，在"保税/监管场所"栏填报本保税监管场所编码（保税物流中心（B型）填报本中心的国内地区代码），其中涉及货物在保税监管场所间流转的，在本栏填报对方保税监管场所代码。

（6）涉及加工贸易货物销毁处置的，填报海关加工贸易货物销毁处置申报表编号。

（7）集装箱体信息填报集装箱号（在集装箱箱体上标示的全球唯一编号）、集装箱规格、集装箱商品项号关系（单个集装箱对应的商品项号，半角逗号分隔）、集装箱货重（集装箱箱体自重+装载货物重量，千克）等。

> 本任务中，本栏目应填制为：
> WARM SUNSHINE/NW018/CAPETOWN/C/NO. 1-1020
> 集装箱标箱数及号码：1, COSU7348955

31. 项号

此栏目分两行填报。第一行填报报关单中的商品顺序编号；第二行填报"备案序号"，专用于加工贸易及保税、减免税等已备案、审批的货物，填报该项货物在《加工贸易手册》或《征免税证明》等备案、审批单证中的顺序编号。

> 本任务中，河北箬婉国际贸易有限公司只出口熟制板栗仁一种货物，且为一般贸易，无加工贸易手册。因此，该栏目应制作为： **1**

32. 商品编号（H. S. 编码）

此栏目填报由10位数字组成的商品编号。前8位为《中华人民共和国进出口税则》和《中华人民共和国海关统计商品目录》确定的编码；9、10位为监管附加编号。

> 本任务中，熟制板栗仁的H. S. 编码应填制为 **2008199100**

33. 商品名称、规格

此栏目分两行填报。第一行填报进出口货物规范的中文商品名称，第二行填报规格型号。具体填报要求如下：

（1）商品名称及规格型号应据实填报，并与进出口货物收发货人或受委托的报关企业所提交的合同、发票等相关单证相符。

（2）商品名称应当规范，规格型号应当足够详细，以能满足海关归类、审价及许可证件管理要求为准，可参照《中华人民共和国海关进出口商品规范申报目录》中对商品名称、规格型号的要求进行填报。

（3）已备案的加工贸易及保税货物，填报的内容必须与备案登记中同项号下货物的商品名称一致。

> 本任务中，此栏目应填制为：熟制板栗仁
> 　　　　　　　　　　　　　每千克每袋

34. 数量及单位

此栏目分三行填报。

（1）第一行按进出口货物的法定第一计量单位填报数量及单位，法定计量单位以《中华人民共和国海关统计商品目录》中的计量单位为准。

（2）凡列明有法定第二计量单位的，在第二行按照法定第二计量单位填报数量及单位。无法定第二计量单位的，第二行为空。

（3）成交计量单位及数量填报在第三行。

> 本任务中，河北箬婉国际贸易有限公司的外贸单证员婉儿经查询熟制板栗仁的第一法定计量单位为千克，无第二法定计量单位，成交单位为袋。因此，此栏目应填制为：
> 　　　　　　　　20 400 千克
> 　　　　　　　　20 400 袋

35. 单价/总价/币制

单价应填报同一项号下进出口货物实际成交的商品单位价格。无实际成交价格的，填报单位货值；总价填报同一项号下进出口货物实际成交的商品总价格。无实际成交价格的，填报货值；币制按海关规定的《货币代码表》选择相应的货币名称及代码填报，如《货币代码表》中无实际成交币种，需将实际成交货币按申报日外汇折算率折算成《货币代码表》列明的货币填报。

> 本任务中，本栏目应填制为：5
> 　　　　　　　　　　　　102 000
> 　　　　　　　　　　　　美元

36. 原产国（地区）

此栏目应按海关规定的《国别（地区）代码表》选择填报相应的国家（地区）名称及代码。

原产国（地区）依据《中华人民共和国进出口货物原产地条例》《中华人民共和国海关关于执行〈非优惠原产地规则中实质性改变标准〉的规定》以及海关总署关于各项优惠贸易协定原产地管理规章规定的原产地确定标准填报。同一批进出口货物的原产地不同的，分别填报原产国（地区）。进出口货物原产国（地区）无法确定的，填报"国别不详"。

> 本任务中，熟制板栗仁的原产国为中国，因此本栏目应填制为：中国（CHN）

37. 最终目的国（地区）

此栏目填报已知的出口货物的最终实际消费、使用或进一步加工制造国家（地区）。不经过第三国（地区）转运的直接运输货物，以运抵国（地区）为最终目的国（地区）；经过第三国（地区）转运的货物，以最后运往国（地区）为最终目的国（地区）。同一批进

出口货物的最终目的国（地区）不同的，分别填报最终目的国（地区）。进出口货物不能确定最终目的国（地区）时，以尽可能预知的最后运往国（地区）为最终目的国（地区）。

按海关规定的《国别（地区）代码表》选择填报相应的国家（地区）名称及代码。

> 本任务中，熟制板栗仁的最终目的国为南非，因此本栏目应填制为：南非（SA）

38. 境内货源地

此栏目填报出口货物在国内的产地或原始发货地。按海关规定的《国内地区代码表》选择填报相应的国内地区名称及代码，并根据《中华人民共和国行政区划代码表》选择填报境内目的地对应的县级行政区名称及代码。无下属区县级行政区的，可选择填报地市级行政区。出口货物产地难以确定的，填报最早发运该出口货物的单位所在地。

特殊监管区域、保税物流中心（B型）与境外之间的进出境货物，境内目的地/境内货源地填报本海关特殊监管区域、保税物流中心（B型）所对应的国内地区名称及代码。

> 本任务中，熟制板栗仁的境内货源地为唐山，因此本栏目应填制为：唐山（13029）

39. 征免

此栏目按照海关核发的《征免税证明》或有关政策规定，对报关单所列每项商品选择海关规定的《征减免税方式代码表》中相应的征减免税方式填报。

加工贸易货物报关单根据《加工贸易手册》中备案的征免规定填报；《加工贸易手册》中备案的征免规定为"保金"或"保函"的，填报"全免"。

> 本任务中，本栏目应填制为：照章征税

40. 申报单位

自理报关的，填报进出口企业的名称及编码；委托代理报关的，填报报关企业名称及编码。编码填报18位法人和其他组织统一社会信用代码。

> 本任务中，河北箬婉国际贸易有限公司委托天津塞外报关行有限公司（统一社会信用代码91120324MA07NA3M76）进行报关，因此，本栏目应填制为：
> 天津塞外报关行有限公司 91120324MA07NA3M76
> **91120224MA05NA3M76**

综上来看，河北箬婉国际贸易有限公司的单证员婉儿根据上述出口货物报关单各项目的制作要点，着手制作出口货物报关单，内容如下：

中华人民共和国海关出口货物报关单

预录入编号：　　　　　　　　　　　　　　　　　　　海关编号：

境内发货人 91451362MA5HXUKN3F 河北箬婉国际贸易有限公司	出境关别 天津新港海关0202		出口日期		申报日期		备案号
境外收货人 WARM SUNSHINE TRADING CO., LTD.	运输方式2 水路运输		运输工具名称及航次号 XIN LANZHOU CII/140S		提运单号 COS45736		
生产销售单位 91451362MA5HXUKN3F 河北箬婉国际贸易有限公司	监管方式0110 一般贸易		征免性质101 一般征税		许可证号		
合同协议号 NW018	贸易国（地区） 南非		运抵国（地区） 南非		指运港 开普敦（南非）		离境口岸 120001 天津
包装种类 纸箱	件数 1 020	毛重（千克） 21 420	净重（千克） 20 400	成交方式1 CIF	运费 502/3200/3	保费 502/1122/3	杂费
随附单证及编号 随附单证1：电子底账数据号 13670022100563311				2. 代理报关委托协议（纸质）			
标记唛码及备注 WARM SUNSHINE/NW018/CAPETOWN/C/NO. 1-1020 集装箱数及号码：1，COSU7348955							

项号	商品编号	商品名称及规格型号	数量及单位	单价/总价/币制	原产国（地区）	最终目的国（地区）	境内货源地	征免
1	2008199100	熟制板栗仁 每千克每袋	20 400千克 20 400袋	5.00 102 000.00 美元	中国（CHN）	南非（SA）	唐山（13029）	照章征税

报关人员	报关人员证号 02106155	电话 02106155 申报单位（91120324MA07NA3M76）	兹申明对以上内容承担如实申报，依法纳税之法律责任 申报单位（签章）天津塞外报关服务有限公司	海关批注及签章

项目七　报关单据制作

【任务 2】制作进口货物报关单

河北箬婉国际贸易有限公司的单证员婉儿在制作进口货物报关单的过程中，发现大部分项目的制作要点与出口货物报关单类似，因此婉儿一边学习不同项目的制作要点，一边制作进口货物报关单。

1. 境内收货人

此栏填报在海关备案的对外签订并执行进出口贸易合同的中国境内法人、其他组织名称及编码。编码填报 18 位法人和其他组织统一社会信用代码，没有统一社会信用代码的，填报其在海关的备案编码。

特殊情况下填报要求如下：

（1）进出口货物合同的签订者和执行者非同一企业的，填报执行合同的企业。

（2）外商投资企业委托进出口企业进口投资设备、物品的，填报外商投资企业，并在标记唛码及备注栏注明"委托某进出口企业进口"，同时注明被委托企业的 18 位法人和其他组织统一社会信用代码。

（3）有代理报关资格的报关企业代理其他进出口企业办理进出口报关手续时，填报委托的进出口企业。

（4）海关特殊监管区域收发货人填报该货物的实际经营单位或海关特殊监管区域内经营企业。

> 本任务中，境内收货人应制作为：
> 　　　　　　河北箬婉国际贸易有限公司 91451362MA5HXUKN3F

2. 境外发货人

此栏通常填报签订并执行进口贸易合同中卖方的英文名称。检验检疫要求填报其他外文名称的，在英文名称后填报，以半角括号分隔；对于 AEO 互认国家（地区）企业的，编码填报 AEO 编码，填报样式按照海关总署发布的相关公告要求填报（如新加坡 AEO 企业填报样式为：SG123456789012，韩国 AEO 企业填报样式为 KR1234567，具体见相关公告要求）；非互认国家（地区）AEO 企业等其他情形，编码免于填报。

特殊情况下无境外发货人的，名称及编码填报"NO"。

> 本任务中，境外发货人应制作成：KOREA BEAUTY SHES CO., LTD.

3. 货物存放地点

此栏填报货物进境后存放的场所或地点，包括海关监管作业场所、分拨仓库、定点加工厂、隔离检疫场、企业自有仓库等。

本任务中，货物存放地点栏目免于填报。

4. 消费使用单位

此栏填报已知的进口货物在境内的最终消费、使用单位的名称，包括：

（1）自行进口货物的单位。

（2）委托进出口企业进口货物的单位。

减免税货物报关单的消费使用单位/生产销售单位应与《中华人民共和国海关进出口货物征免税证明》（以下简称《征免税证明》）的"减免税申请人"一致；保税监管场所与

161

境外之间的进出境货物，消费使用单位/生产销售单位填报保税监管场所的名称（保税物流中心（B型）填报中心内企业名称）。海关特殊监管区域的消费使用单位/生产销售单位填报区域内经营企业（"加工单位"或"仓库"）。

此栏编码填报要求：

（1）填报18位法人和其他组织统一社会信用代码。

（2）无18位统一社会信用代码的，填报"NO"。

进口货物在境内的最终消费或使用以及出口货物在境内的生产或销售的对象为自然人的，填报身份证号、护照号、台胞证号等有效证件号码及姓名。

> 本任务中，消费使用单位应制作为：
> 河北箸婉国际贸易有限公司 91451362MA5HXUKN3F

5. 启运港

此栏填报进口货物在运抵我国关境前的第一个境外装运港。

根据实际情况，按海关规定的《港口代码表》填报相应的港口名称及代码，未在《港口代码表》列明的，填报相应的国家名称及代码。货物从海关特殊监管区域或保税监管场所运至境内区外的，填报《港口代码表》中相应海关特殊监管区域或保税监管场所的名称及代码，未在《港口代码表》中列明的，填报"未列出的特殊监管区"及代码。

其他无实际进境的货物，填报"中国境内"及代码。

> 本任务中，启运港应制作为：釜山（韩国）

6. 启运国（地区）

此栏应填报进口货物启始发出直接运抵我国或者在运输中转国（地）未发生任何商业性交易的情况下运抵我国的国家（地区）。不经过第三国（地区）转运的直接运输进出口货物，以进口货物的装货港所在国（地区）为启运国（地区），以出口货物的指运港所在国（地区）为运抵国（地区）。经过第三国（地区）转运的进出口货物，如在中转国（地区）发生商业性交易，则以中转国（地区）作为启运/运抵国（地区）。

按海关规定的《国别（地区）代码表》选择填报相应的启运国（地区）或运抵国（地区）中文名称及代码。

无实际进出境的货物，填报"中国"及代码。

> 本任务中，启运国应制作为：韩国

7. 经停港

此栏填报进口货物在运抵我国关境前的最后一个境外装运港。

根据实际情况，按海关规定的《港口代码表》选择填报相应的港口名称及代码。经停港/指运港在《港口代码表》中无港口名称及代码的，可选择填报相应的国家名称及代码。

无实际进出境的货物，填报"中国境内"及代码。

> 本任务中，经停港应制作为：釜山港

河北箸婉国际贸易有限公司的单证员婉儿梳理上述制作要点之后，制作的进口货物报关单如下。

中华人民共和国海关进口货物报关单

预录入编号：　　　　　　　　　　　　　　　　　　　　　　　　　　　　　　　海关编号：

境内收货人 91451362MA5HXUKN3F 河北箸婉国际贸易有限公司	进境关别 天津新港海关0202	进口日期 20200520	申报日期	备案号
境外发货人 KOREA BEAUTY SHES CO., LTD.	运输方式2 水路运输	运输工具名称及航次号 HONGHE/160S	提运单号 COS683259	货物存放地点
消费销售单位 91451362MA5HXUKN3F 河北箸婉国际贸易有限公司	监管方式0110 一般贸易	征免性质101 一般征税	许可证号	启运港 釜山（韩国）
合同协议号 MY018	贸易国（地区） 韩国	启运国（地区） 韩国	经停港 釜山（韩国）	入境口岸120001 天津
包装种类 纸箱	件数 4 000	毛重（千克） 10 000	净重（千克） 8 000	成交方式1 FOB	运费 502/240/3	保费 502/200/3	杂费

随附单证及编号
随附单证1：代理报关委托协议（纸质）

标记唛码及备注　　　　　　　　N/M
集装箱箱号及箱数及备注：1，COSU6573463/0325624

项号	商品编号	商品名称及规格型号	数量及单位	单价/总价/币制	原产国（地区）	最终目的国（地区）	境内目的地	征免
1	3304990099	亮白珍珠面膜 190mm×950mm/每片	10 000千克 60 000盒	2.00 120 000.00 美元	韩国（KOR）	中国（CHN）	唐山（13029）	照章征税

报关人员　报关人员证号02106155　　电话　　兹申明对以上内容承担如实申报、依法纳税之法律责任
申报单位　天津塞外报关服务有限公司　91120324MA07NA3M76　申报单位（签章）　　海关批注及签章

163

知识链接

一、报关的含义及范围

1. 报关的含义

从广义上讲，报关是指进出境运输工具负责人、进出境货物收发货人、进出境物品的所有人或者他们的代理人向海关办理运输工具、货物、物品进出境手续及相关手续的全过程。其中，进出境运输工具负责人、进出口货物收发货人、进出境物品的所有人或者他们的代理人是报关行为的承担者，是报关的主体，也就是报关人，也称报关单位。这里所指的报关人既包括法人和其他组织，比如进出口企业、报关企业，也包括自然人，比如物品的所有人。

《中华人民共和国海关法》（以下简称《海关法》）第八条规定："进出境运输工具、货物、物品必须通过设立海关的地点进境或出境。"因此，由设关地进出境并办理规定的海关手续是运输工具、货物、物品进出境的基本规则，也是进出境运输工具负责人、进出口货物收发货人、进出境物品的所有人的一项基本义务。

2. 报关的范围

所有进出境运输工具、货物、物品都需要办理报关手续。报关的具体范围如下：

（1）进出境运输工具。

其指用以载运人员、货物、物品进出境，在国际运营的各种境内或境外船舶、车辆、航空器和驮畜。

（2）进出境货物。

其主要包括一般进口货物，保税货物，暂时（准）进出口货物，特定减免税货物，过境、转运和通运货物及其他进出境货物。另外，一些特殊货物，如通过电缆、管道输送进出境的水、电等和无形的货物，如附着在货品载体上的软件等也属报关的对象。

（3）进出境物品。

其指进出境的行李物、邮递物品和其他物品。以进出境人员携带、托运等方式进出境的物品为行李物品，以邮递方式进出境的物品为邮递物品，其他物品主要包括享有特权的外国机构或人员的公务用品或自用物品以及通过国际速递进出境的部分快件等。

二、报关的期限

进出境的货物必须在规定的时间内报关，具体期限如下：

（1）进口货物的收货人应当自运输工具申报进境之日起十四日内向海关申报，最后一天为法定节假日或休息日的，顺延至节假日或休息日后的第一个工作日。进口货物的收发货人或其代理人超过十四天规定期限未向海关申报的，由海关征收滞报金。滞报金应当按日计征，以自运输工具申报进境之日起第十五日为起征日，以海关接受申报之日为截止日，起征日和截止日均计入滞报期间，另有规定的除外。逾期每日征收进口货物到岸价格的万分之五的滞报金。进口货物的收货人自运输工具申报进境之日起超过三个月未向海关申报的，其进口货物由海关提取，依法变卖处理。

（2）出口货物的发货人除海关特准的外应当在货物运抵海关监管区后、装货的二十四小时以前，向海关申报。

（3）经电缆、管道或者其他特殊方式输送进出境的货物，经营单位应当定期向指定的海关申报和办理海关手续。

三、报关单位

报关单位是指在海关注册登记或经海关批准，向海关办理进出口货物报关纳税等海关事务的境内法人或其他组织。

报关单位包括进出口货物收发货人和报关企业。进出口货物收发货人指在我国境内从事对外贸易经营活动的企业、组织和个人。报关企业指经进出口货物收发货人的委托，帮助其代理报关的企业，一般包括报关行、报关服务公司和国际货运代理公司。

我国《海关法》规定："进出口货物收发货人、报关企业办理报关手续，必须依法经海关注册登记。报关人员必须依法取得报关资格。未依法经海关注册登记的企业和未依法取得报关从业资格的人员，不得从事报关业务"，以法律的形式明确了对向海关办理进出口货物报关纳税手续的企业实行注册登记管理制度。因此，完成海关报关注册登记手续，取得报关资格是报关单位的主要特征之一，也就是说，只有当有关的法人或组织取得了海关赋予的报关权后，才能成为报关单位，方能从事有关的报关活动。另外，作为报关单位还必须是"境内法人或组织"，能独立承担相应的经济和法律责任，这是报关单位的另一个特征。

四、报关流程

一般进出口货物的报关，分为出口报关和进口报关，其流程如下：

（一）出口报关流程

出口报关流程包括申报、查验货物、缴纳税费、放行装运这四个步骤，具体内容如下：

1. 申报

申报，即通常所说的"报关"。它是指进出境运输工具的负责人、进出口货物和物品的收发货人或者他们的代理人，在进出口货物通过海关监管的口岸时，在海关规定的期限内，以书面或者电子数据交换（EDI）方式向海关报告其进出口货物的情况，并随附有关货运和商业单据，申请海关审查放行，并对所报告内容的真实性、准确性承担法律责任的行为。

出口货物在出境时，其发货人应在装货的 24 小时以前，向海关申报。具体地说，一般在出口货物运到码头、车站、机场、邮局等仓库、场地后，在海关规定的 24 小时以前，向海关申报。申报内容包括进出口货物的经营单位、收发货单位、申报单位、运输方式、贸易方式、贸易国别以及货物的实际状况（主要包括名称、规格型号、数量、重量、价格等内容）。

报关人应送审的文件包括：

（1）由报关员自行填写或由自动化报关预录入人员录入后打印的报关单一式多份，其所需份数根据各部门需要而定，出口退税时加填一份黄色出口退税专用报关单。

（2）出口许可证（Export Permit；E/P）：出口货物属于国家限制出口或配额出口的，应提供出口许可证件或其他证明文件。

（3）商业发票（Commercial Invoice）。

（4）装箱单（Packing List）：货物打包装箱时，应将每件净重、毛重、数量等货物包装情形作成包装单，供海关查验核对。散货或单一包装货物可免附。

（5）其他相关文件。

2. 查验货物

货物查验即验关，它是指海关在接受报关单位的报关员的申报后，依法为确定进出境货物、运输工具和物品的性质、原产地、货物状况、数量和价值是否与报关单上已填报的内容相符，对货物实施检查的行政执法行为。通过对货物的查验可防止以次充好，非法进出口及走私、违规、逃漏关税，保证关税依率计征，维护对外贸易正常开展。

进出口的货物，除因特殊原因经海关总署特准免验的以外，均应接受海关的查验，查验进出口货物，应当在海关规定的时间和场所进行，一般为海关监管区的进出口岸码头、车站、机场、邮局或海关的其他监管场所。对进出口大宗散货、危险品、鲜活品，经申请可在作业现场予以查验。在特殊情况下，经申请，海关审核同意，也可派员按规定的时间到规定场所以外的工厂、仓库或施工工地查验货物，并按规定收取规费。

海关查验货物时，海关与货物收发货人之间的权利和义务划分大致如下：

（1）海关查验货物时，进出口货物的收发货人或其代理人应在场，并按照海关的要求负责搬移货物、开拆和重封货物的包装等。

（2）海关认为必要时，可以径行开验、复验或者提取货样。货物保管人员应该到现场作为见证人。

（3）海关查验进出口货物造成损坏时，进出口货物收发货人或其代理人有权要求海关予以赔偿。

3. 缴纳税费

出口关税是海关根据国家的有关政策、法规对出口货物征收的税款，主要目的是控制一些商品的盲目出口。目前除少数商品外，大部分货物出口是免征关税的。

我国关税采用从价税，是以出口货物的离岸价格作为完税价格计税，以应征税额占货物完税价格的百分比作为税率。其计算公式为：

出口关税税额＝离岸价格 FOB/FCA/（1+出口关税税率）×出口关税税率

其中：出口货物完税价格＝离岸价格 FOB/FCA/（1+出口关税税率）

出口货物完税价格是海关审定的货物离岸价格扣除出口关税后的价格，当出口商品是以 CIF/CIP 或 CFR/CPT 术语成交时，海关在计算税额时，先将运费或保险费扣除换算为 FOB/FCA 价格后，再计算出口税额。

纳税义务人应当在海关填具税款缴纳证后的规定时间内向指定银行缴纳税款，逾期缴纳的，除依法追缴外，由海关按规定收取滞纳金。

4. 放行装运

放行是海关接受出口货物的申报，经过审核报关单据、查验货物、依法征收税费后，对出口货物做出结束海关现场监管决定的行为。

对于一般出口货物，在发货人或其代理人如实向海关申报，并如数缴纳应缴税款和有关规费后，海关在货物的出口货运单据或特制的放行条上签盖"海关放行章"，出口货物的发货人凭以装船启运出境。

海关放行后，出口商即可办理货物装运。

（二）进口报关流程

进口报关流程一般可分为申报进境、审单查验、缴纳税费及放行四个步骤，具体内容如下：

1. 申报进境

进口货物到港后，进口企业或其代理人就可按照国家海关法令规定，向海关申报验放。

（1）申报时限。

《中华人民共和国海关法》规定，进口货物的报关时限为自运输工具申报进境之日起14天内，过期申报的，海关会根据过期时长按进口货物的 CIF 或 CIP 价格征收一定比例的滞报金；超过3个月还未申报的，海关可以将其变卖，所得款项在扣除运输、装卸、储存等费用及税款后，如尚有余款，自货物变卖1年内，还予已申请的收货人，超期无人申请的则上缴国库。

（2）报关单的填写。

进口企业或其代理人在法定期限内办理进口报关时，需要如实填写"进口货物报关单"。

（3）交验单证。

申报的有关单证是指与所报货物相对应的，凭以支持报关单填报的单据和证件。除报关单外，报关单证可分为基本单证、特殊单证、预备单证三大类。

①基本单证主要包括因进口交易而产生的货物成交、包装、运输、结算和保险等进口商业单据（如发票、装箱单、提单等）。

②特殊单证是国家规定实行特殊管制的证件，主要包括进口货物许可证及其他各类特殊管理证件。

③预备单证是在办理进口货物手续时，海关需要查阅或收取的证件，主要包括合同、原产地证等。

2. 审单查验

（1）报关单的审核。

海关对报关单证的审核是进口报关的核心环节。在实际业务中，海关先对报关单证做初步审查，再从形式上和内容上进行全面、详细的审核。

（2）进口货物的查验。

除海关批准免验的进口货物外，都必须接受海关的查验，而且必须在海关规定的时间和场所进行。海关确定查验后，由现场接单关员打印《查验通知单》。海关查验时，进口货物的收货人或其代理人必须在场，并按照要求配合海关进行查验工作。查验结束后，由陪同人员在《查验记录单》上签名、确认。

3. 缴纳税费

我国实行普通与优惠两栏的复式税则制。税则商品分类目录采用国际通行的商品分类目录，在税则适用的原则上采用国际通行的原产地原则。

（1）进口关税的类别。

①最惠国关税。

其适用于原产于世界贸易组织成员国（地区）或与我国签定有相互给予最惠国待遇条款的双边贸易协定的国家（地区）的进口货物。

②协定关税。

其适用于我国参加的含有关税优惠条款的区域性贸易协定的有关缔约国（地区）的进口货物。

③特惠关税。

其适用于与我国签订有特殊优惠关税协定的国家（地区）的进口货物。

④普通关税。

普通关税适用于上述国家（地区）以外的国家（地区）的进口货物。

（2）海关代征税。

海关代征税是指由国内其他税法所规定，由海关代其他机关在进出境环节征收的税。代征税代征的是国内税。目前，根据不同的征税对象，海关代征税有增值税、消费税、船舶吨税。

①增值税。

增值税是以商品流通或提供劳务中的增值额为课税对象的一种税。征税对象为在我国境内销售货物或者提供加工、修理修配劳务以及进口货物的单位和个人。根据目前《增值税条例》的规定，纳税人销售或进口货物，提供加工、修理修配劳务，税率为17%；纳税人销售或进口粮食等19种货物，税率为13%。

②消费税。

消费税是以消费品或消费行为的流转额为课税对象的一种税。消费税的纳税人为在我国境内生产、委托加工和进口国家规定应征消费税的商品的单位和个人。

③船舶吨税。

船舶吨税是对进出我国港口的外国船舶征收的税种。征税对象为进出我国港口的外国籍船舶的经营人；期租中国籍船舶进出我国港口的外国经营人；中外合资经营以及我国租用外国籍船舶在国际、国内沿海航行进出我国港口的经营人。

（3）其他税费。

海关除征收关税和代征税外，还征收监管手续费、反倾销税、反补贴税等其他税费。

（4）进口货物关税。

海关根据《进出口税则》，对进口货物和从境外采购进口的原产于中国境内的货物征收进口关税。

4. 放行

海关在前期审单和验货后，没有发现不正常的情况，在放行前，再派专人对该票进口货物的全部单证及查验货物记录等进行全面的复合审查，确认报关单位手续齐全、单证齐全、货物合法，并已按章纳税，便在货运单据上签章放行，或者由海关签发提货单予以放行，以示海关同意货物进境。但海关对享受特定减免税待遇进口的货物，在放行后，仍要进行后续监管。海关放行后，进口商即可提货。

能力测评

一、单选题

1. 出口商得到托运确认后,应填制( )连同发票等相关单据向海关申报出口货物。
   A. 汇票
   B. 入境货物报检单
   C. 出口货物报关单
   D. 装货单

2. 出口货物向海关申报的时间应是( )。
   A. 备货 24 小时前   B. 装货 24 小时前   C. 装货 24 小时后   D. 货到目的港 24 小时后

3. 进口商在货物到达目的港后,应于运输工具进境之日起的( )内向海关申报。
   A. 3 天   B. 5 天   C. 7 天   D. 14 天

4. 出口报关单上对于"200 美元"的运费单价填报正确的为( )。
   A. 110/200/1   B. 303/200/3   C. 502/200/3   D. 502/200/2

5. 若出口散装货物,出口报关单上的件数栏和包装种类栏应填( )。
   A. 留空,1   B. 散装,1   C. 1,留空   D. 1,散装

6. 出口人得到托运确认后,应填制( )连同发票等相关单据向海关申报出口货物。
   A. 汇票   B. 入境货物报检单   C. 出口货物报关单   D. 装货单

7. 海关规定的进口货物的进口日期是指( )。
   A. 申报货物办结海关进口手续的日期
   B. 向海关申报货物进口的日期
   C. 运载货物的运输工具申报进境的日期
   D. 所申报货物进入海关监管场地或仓库的日期

8. 联合国救灾协调办事处在美国市场采购原产于加拿大的冰雪救灾物资无偿援助中国,该批物资在洛杉矶装船,在日本东京中转后运抵我国,这种情况下,报关单"启运国(地区)"栏应填写( )。
   A. 日本   B. 加拿大   C. 美国   D. 联合国

9. 登记手册的标记码为"B",代表( )。
   A. 备料   B. 来料   C. 进料   D. 设备进出口

10. 按照《海关法》规定,不需要办理报关手续的是( )。
    A. 进出境的运输工具
    B. 进出境的货物
    C. 进出境的物品
    D. 进出境的人员

11. 以下关于出口报关单上的出口口岸填写正确的为( )。
    A. 填写海关名称及四位代码数字
    B. 填写口岸名称及四位代码数字
    C. 填写海关名称及六位代码数字
    D. 填写口岸名称及六位代码数字

12. 某进出口公司向某国出口 500 吨散装小麦,该批小麦分装在一条船的三个船舱内,海关报关单上的"件数"和"包装种类"两个项目的正确填报应是( )。
    A. 件数为 500 吨,包装种类为"吨"
    B. 件数为 1,包装种类为"船"
    C. 件数为 3,包装种类为"船舱"
    D. 件数为 1,包装种类为"散装"

13. 我国某进出口公司从香港地区购进一批 SONY 牌电视机,该电视机为日本品牌,其中显像管为韩国生产,集成电路板由新加坡生产,其他零件均为马来西亚生产,最后由韩国组装成整机。该公司向海关申报进口该批电视机时,原产地应填报为(   )。

  A. 日本　　　　　　B. 韩国　　　　　　C. 新加坡　　　　　　D. 马来西亚

14. 在中国台湾纺成的纱线,运到日本织成棉织物,并进行冲洗、烫、漂白、染色、印花。上述棉织物又被运往越南制成睡衣,后又经香港更换包装转销我国。我国海关应以下列哪个国家(地区)为该货物的原来产地。(   )。

  A. 日本,因为成衣在日本进行了第一次实质性加工

  B. 中国台湾,因为纱线是在中国台湾完成制造的

  C. 越南,因为制成成衣在税则归类方面已经有了改变

  D. 中国香港,因为该货物是从中国香港进口的

15. 进出境货物的品名、数量、规格、价格、原产国别、贸易方式、消费国别、贸易国别或者其他应当申报的项目申报不实的,海关根据有关规定,处以罚款的数额是(   )。

  A. 1 000 元以下　　　　　　　　　　B. 10 000 元以下

  C. 50 000 元以下　　　　　　　　　　D. 货物等值以下或者应缴纳税款两倍以下

16. 海关规定对在海关注册登记的企业给予十位数代码编号,称为"经营单位代码"。请在下列选项中指出十位数代码的正确组成规定(   )。

  A. 地区代码,企业性质代码和顺序代码

  B. 企业详细地址代码,特殊地区代码,企业性质代码和顺序代码

  C. 企业所在省、直辖市代码,及省辖市、县、计划单列市、特殊地区代码,企业性质代码和顺序代码

  D. 企业所在省、直辖市代码及省辖市、县、计划单列市、沿海开放城市代码,企业性质代码,特殊地区代码和顺序代码

17. 根据《海关法》规定,滞报金的日征收金额为进口货物的完税价格的(   )。

  A. 0.5%　　　　B. 0.05%　　　　C. 5%　　　　D. 50%

18. 英国生产的产品,中国购自新加坡,经香港地区转运至中国,填写报关单时起运地为(   )。

  A. 英国　　　　　　B. 新加坡　　　　　　C. 香港　　　　　　D. 不用填写

19. 一般情况下,进口货物应当在(   )海关申报。

  A. 进境地　　　　B. 启运地海关　　　　C. 目的地海关　　　　D. 附近海关

二、多选题

1. 报关单中"运输工具名称"栏目填报要求有(   )。

  A. 水路运输填报船名及航次,或载货清单编号

  B. 汽车运输填报该跨境运输车辆的国内行车牌号码

  C. 铁路运输填报车次或车厢号以及进出境日期

  D. 航空运输填报分运单号,无分运单的,本栏目为空

2. 报关单中的"包装种类"栏目包含(   )等。

  A. 木箱　　　　　　B. 纸箱　　　　　　C. 铁桶　　　　　　D. 托盘

3. 报关单中的运费栏目可按（　　）方式填报。

  A. 运费单价　　　　B. 运费总价　　　　C. 运费率　　　　D. 货物总价

4. 某公司从日本进口联合收割机 10 台及部分附件，分装 30 箱，发票注明每台单价为 CIF Shanghai USD22,400，总价为 USD224,000，附件不另计价。进口货物报关单以下栏目正确填报的是（　　）。

  A. 成交方式：海运　　　　　　　　B. 件数：30

  C. 商品名称：联合收割机及附件　　D. 单价：22,400

5. 某进出口公司与澳大利亚签订一批原产于加拿大的土豆合同，货从旧金山装船，途经日本后换船运达广州市新风港，以下填写正确的是（　　）。

  A. 原产国：加拿大　　　　　　　　B. 启运国：美国

  C. 装货港：旧金山　　　　　　　　D. 境内目的地：中国

6. 以下表述正确的是（　　）。

  A. 一批进出口货物应填制一份进出口报关单

  B. 一份原产地证书只能对应一份报关单

  C. 一份报关单最多可以填报 20 项商品

  D. 一张纸质报关单上最多打印 5 项商品

7. 下列（　　）单证属于报关基本单证。

  A. 商业发票　　　　B. 贸易合同　　　　C. 装箱单

  D. 保险单　　　　　E. 海运提单

8. 我国某进出口公司（甲方）与新加坡某公司（乙方）签订一出口合同，合同中订明，甲方向乙方出售 5 000 件衬衫，于 1998 年 4 月 10 日在上海装船，途径香港地区运往新加坡。在签订合同时甲方得知乙方还要将该批货物从新加坡运往智利。根据上述情况填写报关单时，以下哪几项填写不正确。（　　）

  A. 运抵国（地区）为"香港"，最终目的国（地区）为"新加坡"

  B. 运抵国（地区）为"新加坡"，最终目的国（地区）为"智利"

  C. 运抵国（地区）为"香港"，最终目的国（地区）为"智利"

  D. 运抵国（地区）为"智利"，最终目的国（地区）为"智利"

9. 在填制报关单时，海关根据进出口商品的不同情况，对商品数量的填报作出了一些规定，选择下列规定哪些是符合海关规定的。（　　）

  A. 规范的数量和单位，应以海关统计商品目录上规定的数量和单位填写

  B. 与海关规范的数量和单位不一致的实际成交的数量和单位也填在报关单上

  C. 不能把整机和零件的数量加在一起填报数量

  D. 不能把类似"一卷""一箱""一捆"等较笼统的熟悉的单位填在报关单上

10. 某公司从日本进口联合收割机 10 台及部分附件，分装 30 箱，发票注明每台单价为 CIF Shanghai US＄22,400，总价为 US＄22,400，附件不另计价格。进口货物报关单以下栏目正确填报的为（　　）。

  A. 成交方式：海运　　　　　　　　B. 件数：30

  C. 商品名称：联合收割机及附件　　D. 单价：22,400

11. 某合资企业从韩国进口一批作为投资的机器设备。该公司委托 A 进出口公司对外签

定进口合同，并代为办理进口手续。A 进出口公司与外商订货后，随即委托 B 公司具体办理货物运输事宜，同时委托上海 C 报关公司负责办理进口报关手续。请选择下列出现在报关单有关栏目内的单位哪些是填写错误的。（　　）

  A. 经营单位：A 进出口公司   B. 收货单位：某合资企业
  C. 申报单位：B 公司   D. 收货单位：A 进出口公司

三、判断题

1. 对于需要法定商检的商品，必须在报关前完成商检手续。（　　）
2. 出口货物报关单上的运费与保费一栏，必须填写，不得留空。（　　）
3. 某企业经海关批准从保税仓库内提取一批货物内销到国内市场，由于该批货物原进入保税仓库时为空运进口，故在报关单运输方式栏应填报"航空运输"。（　　）
4. 某制衣有限公司向某海关办理进料加工合同的登记备案手续，在领取到的加工贸易手册上有三个项目商品，第一项为尼龙面料，第二项为衬里棉布，第三项为拉链。1998 年 4 月 10 日该公司先进口了一部分衬里棉布和一部分拉链，这样，填写报关单商品项号和名称时应按进口商品的排列序号填写，即第一项为衬里棉布，第二项为拉链。（　　）
5. 中国仪器进出口公司从日本松下公司购得分属三个合同的六种不同规格精密仪器，同船一并运达。由于这些货物品种单一且数量不大，申报时可以用一份进口货物报关单准确、真实、齐全、清楚地填报。（　　）
6. 某公司进口一批总重量为 1 万公斤的饲料，该饲料的外包装为纸袋，可单据上并没有标明扣除纸袋的净重。在这种情况下可以将毛重作为净重来申报。（　　）
7. 某租赁有限公司从事国内租赁业务。该公司委托广州某对外贸易公司从日本进口 50 台水泥搅拌车，用于租借给国内的建筑公司。由广州某对外贸易公司对外订货，向海关办理进口报关手续时，该批用于租赁货物的贸易方式应填报为"一般贸易"。（　　）
8. 报关单上"商品名称、规格型号"栏目，正确的填写内容应有中文商品名称、规格型号、商品的英文名称和品牌，缺一不可。（　　）
9. 某化工进出口公司下属某厂以进料加工贸易方式进口原料一批，经海运抵港后，进口报关单的"备案号"栏应填报为该货物的加工贸易手册的编号。（　　）
10. 联合国世界卫生组织向我国提供援助一台德国产的医疗仪器。德国受联合国的委托将该批货物送往我国。这种情况下，在进口报关单上应填报启运国为联合国，原产国为德国。（　　）
11. 某汽车进出口公司进口 50 辆德国生产小轿车，每辆车上附带一套法国生产的维修工具，进口报关时，维修工具的原产国应按小轿车填报为德国。（　　）

拓展实训

实训项目一 制作出口货物报关单

  上接项目四拓展实训中的实训项目一，2019 年 9 月 28 日，山东允芷国际贸易有限公司收到青岛恒顺通国际货运代理公司的配舱成功的信息，同时，青岛恒顺通国际货运公司委派车队将货物装箱并运至天津新港码头的海关监管区域。单证员芸芸根据商业发票、装箱单等相关信息制作出口货物报关单，并委托青岛报关行有限公司办理报关手续。

1. 商业发票

SHANDONG YUNZHI INTERNATIONAL TRADE CO., LTD. 8 HEBEI STREET, QINGDAO CITY, SHANDONG, CHINA					
COMMERCIAL INVOICE					
To：		ONE METER SUNSHINE CO., LTD. NO.95, GEORGE STREET, SYDNEY, AUSTRALIA.		Invoice No.：	YZ2019012
			Invoice Date：	SEP. 15, 2019	
			S/C No.：	YZ012	
			L/C No.：	MS112233	
Transport details		From QINGDAO, CHINA To SYDNEY, AUSTRALIA BY VESSEL			
Marks and Numbers		Number and kind of package Description of goods	Quantity	Unit Price	Amount
ONE METER SUNSHINE YZ012 SYDNEY C/NO. 1-1000		CANNED YELLOW PEACH 850G 24TINS/CTN	24,000TINS	CIFSYDNEY, AUSTRALIA	
				USD4.00/TIN	USD96,000.00
		TOTAL：	24,000TINS		USD96,000.00
SAY TOTAL：		SAY US DOLLARS NINTY-SIX THOUSAND ONLY			
|| SHANDONG YUNZHI INTERNATIONAL TRADE CO., LTD. YUNYUN				

2. 装箱单

SHANDONG YUNZHI INTERNATIONAL TRADE CO., LTD. 8 HEBEI STREET, QINGDAO CITY, SHANDONG, CHINA							
PACKING LIST							
To：		ONE METER SUNSHINE CO., LTD. NO.95, GEORGE STREET, SYDNEY, AUSTRALIA.		Invoice No.：	YZ2019012		
			Date：	SEP. 15, 2019			
			S/C No.：	YZ012			
			L/C No.：	MS112233			
Transport details		From QINGDAO, CHINA To SYDNEY, AUSTRALIA BY VESSEL					
Marks and Numbers		Number and kind of package Description of goods	Quantity	Package	G.W	N.W	Meas.
ONE METER SUNSHINE YZ012 SYDNEY C/NO. 1-1000		CANNED YELLOW PEACH 850G 24TINS/CTN	24,000TINS	1,000CTNS	22,000KGS	20,400KGS	16CBM

	TOTAL：		24,000TINS	1,000CTNS	22,000KGS	20,400KGS	16CBM
SAY TOTAL：		SAY ONE THOUSAND CARTONS ONLY				
		SHANDONG YUNZHI INTERNATIONAL TRADE CO.，LTD.				
		YUNYUN				

3. 补充信息（1）

①山东允芷国际贸易有限公司报关登记号是 3702458234，属于私营有限责任公司，社会信用统一代码为 91370203MA94X3NYXB；海运费为 1 080 美元，保险费为 1 056 美元；黄桃罐头的法定计量单位是千克。

②中远集装箱运输公司（简称 COSCO）2019 年 9 月 30 日的船期，船名为 Princess，航次为 S505，1 个 40 英尺集装箱，CY/CY。

③青岛捷雅报关服务有限公司的海关备案登记号是 3702458234，社会信用统一代码为 91370203MA94X3NYXB，报关员茉茉，联系电话 0532-89523416。

★山东允芷国际贸易有限公司的外贸单证员芸芸需制作出口货物报关单：

实训项目二　制作进口货物报关单

上接项目四拓展实训项目二，2020 年 9 月 10 日，山东允芷国际贸易有限公司（SHANDONG YUNZHI INTERNATIONAL TRADE CO.，LTD.）与德国莱恩进出口有限公司（GERMANY LENEN IMPORT AND EXPORT CO. LTD.）签订了进口泰迪熊毛绒玩具（TEDDY BEAR PLUSH TOYS）的外贸合同，合同号为 YZ038，进口数量为 50 000 个，包装件数为 500 纸箱，成交价格为 USD2.00/PC FOB HAMBURG。外贸单证员芸芸在 http：//www.hs-bianma.com/网站查询得知，泰迪熊毛绒玩具的 HS 编码是 9503002100。12 月 28 日，在预计货物到港之前，外贸单证员芸芸着手制作进口货物报关单，并委托青岛捷雅报关服务有限公司向青岛海关办理报关手续。

3. 补充信息（2）

①山东允芷国际贸易有限公司报关登记号是 3702458234，属于私营有限责任公司，社会信用统一代码为 91370203MA94X3NYXB；海运费为 2 140 美元，保险费为 1 100 美元；黄桃罐头的法定计量单位是千克。

②订妥马士基航运公司（简称 MSK）2020 年 12 月 4 日的船期，船名为 WIDE ALPHA，航次是 011N/015S，1 个 20 英尺集装箱，CY/CY；启运口岸德国汉堡港，到达口岸为青岛港，预计到货时间为 2020 年 12 月 29 日，卸货时间为 2020 年 12 月 31 日；提单号为 MSKU4670023。

③青岛捷雅报关服务有限公司的海关备案登记号是 3702458234，社会信用统一代码为 91370203MA94X3NYXB，报关员茉茉，联系电话 0532-89523416。

中华人民共和国海关出口货物报关单

预录入编号：　　　　　　　　　　　　　　　　　　　　　　　　　　海关编号：

境内发货人	出境关别	出口日期	申报日期	备案号
境外收货人	运输方式	运输工具名称及航次号	提运单号	许可证号
生产销售单位	监管方式	征免性质	许可证号	
合同协议号	贸易国（地区）	运抵国（地区）	指运港	离境口岸
包装种类	件数	毛重（千克）	净重（千克）	成交方式	运费	保费	杂费
随附单证及编号							
标记唛码及备注							
项号	商品编号	商品名称及规格型号	数量及单位	单价/总价/币制	原产国（地区）	最终目的国（地区）	境内货源地	征免
报关人员　报关人员证号　电话		兹申明对以上内容承担如实申报、依法纳税之法律责任		海关批注及签章				
申报单位		申报单位（签章）						

中华人民共和国海关进口货物报关单

预录入编号：　　　　　　　　　　　　　　　　　　　　　　　　　　　海关编号：

境内收货人	进境关别	进口日期	申报日期	备案号
境外发货人	运输方式	运输工具名称及航次号	提运单号	货物存放地点
消费使用单位	监管方式	征免性质	许可证号	启运港
合同协议号	贸易国（地区）	启运国（地区）	经停港	入境口岸
包装种类	件数	毛重（千克）	净重（千克）	成交方式	运费	保费	杂费
随附单证及编号							
标记唛码及备注							
项号	商品编号	商品名称及规格型号	数量及单位	单价/总价/币制	原产国（地区）	最终目的国（地区）	境内目的地	征免
报关人员　报关人员证号　电话		兹申明对以上内容承担如实申报、依法纳税之法律责任						
申报单位		申报单位（签章）		海关批注及签章				

176

项目八　附属单据制作

📝 学习目标

【素质目标】
认识到装运通知和受益人证明在进出口流程中的重要性
培养诚实守信、一丝不苟的工作作风
养成善于沟通和团队合作的工作品质

【知识目标】
理解装运通知和受益人证明等附属单据的定义和作用
熟悉信用证和 UCP600 中关于商业发票的相关条款
掌握装运通知和受益人证明等附属单据的制作要点

【能力目标】
能够读懂信用证中有关装运通知和受益人证明相关的单据条款
能够根据信用证、商业发票、装箱单、海运提单等相关条款准确制作装运通知和受益人证明等附属单据

📋 导入项目场景

2019 年 7 月 11 日，在货物装船发运之后，河北箬婉国际贸易公司收到天津中和韵致国际货运代理公司寄来的海运提单正本。之后，外贸单证员婉儿根据商业发票、装箱单以及海运提单等单据，着手填制装运通知和受益人证明并及时电传给南非的 WARM SUNSHINE 公司，以便对方及时办理进口相关手续。

1. 商业发票

HEBEI RUOWAN INTERNATIONAL TRADE CO., LTD. 18 XINYUAN STREET, TANGSHAN CITY, HEBEI PROVINCE, CHINA TEL：0086-315-2788888　　FAX：0086-315-2788888				
COMMERCIAL INVOICE				
To Messer:	WARM SUNSHINE TRADING CO., LTD. 30 SANTA MARIA AVENUE, TSHWANE CITY, SOUTH AFRICA TEL：27-21-25456888 FAX：27-21-25456801		Invoice No.：	NW IV011
:::	:::		Invoice Date：	JUN. 20, 2019
:::	:::		S/C No.：	NW018
:::	:::		L/C NO.：	SABK225498

177

Transport Details	FROM TIANJIN, CHINA TO CAPETOWN, SOUTH AFRICA BY SEA/VESSEL			
Marks and Numbers	Number and kind of package Description of goods	Quantity	Unit Price	Amount
WARM SUNSHINE NW018 CAPETOWN SOUTH AFRICA C/NO. 1-1020	COOKED CHESTNUT KERNEL 1KG/BAG As per the confirmed sample of Mar. 03, 2019. PACKED IN 20BAGS/CTN	20,400BAGS	CIF CAPETOWN, SOUTH AFRICA	
			USD5.00/BAG	USD102,000.00
	TOTAL:	20,400BAGS		USD102,000.00
SAY TOTAL:	SAY U.S. DOLLARS ONE HUNDRED AND TWO THOUSAND ONLY.			
	HEBEI RUOWAN INTERNATIONAL TRADE CO., LTD. WANER			

2. 装箱单

HEBEI RUOWAN INTERNATIONAL TRADE CO., LTD. 18 XINYUAN STREET, TANGSHAN CITY, HEBEI PROVINCE, CHINA TEL: 0086-315-2788888　　FAX: 0086-315-2788888					
PACKING LIST					
To:	WARM SUNSHINE TRADING CO., LTD. 30 SANTA MARIA AVENUE, TSHWANE CITY, SOUTH AFRICA TEL: 27-21-25456888 FAX: 27-21-25456801	Invoice No.:	NW IV011		
		Invoice Date:	JUN. 20, 2019		
		S/C No.:	NW018		
		L/C No.:	SABK225498		
Transport Details	FROM TIANJIN, CHINA TO CAPETOWN, SOUTH AFRICA BY SEA/VESSEL				
Marks and Numbers	Number and kind of package Description of goods	Quantity	Package	G.W	N.W	Meas.
WARM SUNSHINE NW018 CAPETOWN C/NO. 1-1020	COOKED CHESTNUT KERNEL 1KG/BAG As per the confirmed sample of Mar. 03, 2019. PACKED IN 20BAGS/CTN	20,400BAGS	1,020CTNS	21,420KGS	20,400KGS	36.72CBM
	TOTAL	20,400BAGS	1,020CTNS	21,420KGS	20,400KGS	36.72CBM
SAY TOTAL:	SAY ONE THOUSAND AND TWENTY CARTONS ONLY				
	HEBEI RUOWAN INTERNATIONAL TRADE CO., LTD. WANER				

3. 海运提单

		B/L NO. COS45736	*ORIGINAL*
Shipper HEBEI RUOWAN INTERNATIONAL TRADE CO., LTD. 18 XINYUAN STREET, TANGSHAN CITY, HEBEI PROVINCE, CHINA		中远集装箱运输有限公司 COSCO CONTAINER LINES TLX：33057 COSCO CN FAX：+86（022）65458984 Port-to-port combined transport BILL OF LADING	
Consignee TO ORDER			
Notify Party WARM SUNSHINE TRADING CO., LTD. 30 SANTA MARIA AVENUE, TSHWANE CITY, SOUTH AFRICA			
Pre-carriage by	Port of loading TIANJIN, CHINA		
Ocean Vessel/Voy. No XIN LANZHOU CII/140S	Port of transshipment		
Port of discharge CAPETOWN, SOUTH AFRICA	Final destination		
Marks and Nos. Container/Seal No.	Number and kind of packages Description of goods	Gross weight（kgs.）	Measurement（m^3）
WARM SUNSHINE NW018 CAPETOWN C/NO. 1-1020 MADE IN CHINA COSU7348955/055623	COOKED CHESTNUT KERNEL SAY ONE THOUSAND AND TWO（1,002）CARTONS ONLY TOTAL 1×40' CONTAINER CY TO CY L/C NO. SABK225498	21,420KGS	36.72 CBM
Total number of containers and/or packages（in words） SAY ONE THOUSAND AND TWO CARTONS ONLY.			
REGARDING TRANSSHIPMENT INFORMATION PLEASE CONTACT		Freight and charge PREPAID	
Ex. rate	Prepaid at	Freight payable at	Place and date of issue
	Total Prepaid	Number of original Bs/L THREE（3）	Signed for or on behalf of the Master

4. 补充信息

信用证中对装运通知和受益人的要求是："+SHIPMENT ADVICE SHOWING THE NAME OF THE CARRYING VESSEL, DATE OF SHIPMENT, MARKS, QUANTITY, NET WEIGHT AND GROSS WEIGHT OF THE SHIPMENT TO APPLICANT WITHIN 3 DAYS AFTER THE DATE OF BILL OF LADING.

+BENEFICIARY CERTIFICATE CERTIFYING THAT SHIPPING ADVICE HAS BEEN SENT TO THE APPLICANT BY TELEX WITHIN 3 DAYS AFTER THE DATE OF BILL OF LADING."

任务分析

河北箬婉国际贸易有限公司的外贸单证员婉儿请示外贸主管后，依据上述相关材料，着手制作装运通知和受益人证明。

【任务1】制作装运通知

	SHIPPING ADVICE		
To：		ISSUE DATE：	
		S/C. No.：	
		L/C No.：	

Dear Sir or Madam：
　We are pleased to advice you that the following mentioned goods has been shipped out, full details were shown as follows：

Invoice Number：	
Bill of Loading Number：	
Ocean Vessel：	
Port of Loading：	
Date of Shipment：	
Port of Destination：	
Estimated Date of Arrival：	
Containers/Seals Number：	
Description of Goods：	
Shipping Marks：	
Quantity：	

项目八　附属单据制作

Gross Weight：	
Net Weight：	
Total Value：	
NUMBER OF PACKAGES	
NAME OF CARRIER	

Thank you for your patronage. We look forward to the pleasure of receiving your valuable repeat orders.
　　Sincerely yours，

【任务2】制作受益人证明

BENEFICIARY'S CERTIFICATE

To：		Invoice No.：	
		Date：	

WE HEREBY CERTIFY THAT

任务实施

在任务实施过程中，河北箬婉国际贸易有限公司的单证员婉儿一边学习制作要点，一边制作装运通知和受益人证明。

【任务1】制作装运通知

1. 单据名称

单据的名称主要体现为：Shipping/Shipment Advice，Advice of Shipment 等，也有人将其称为 Shipping Statement/Declaration，如信用证有具体要求，从其规定。

> 本任务中信用证中有关装运通知的描述是"+SHIPMENT ADVICE SHOWING THE NAME OF THE CARRYING VESSEL, DATE OF SHIPMENT, MARKS, QUANTITY, NET WEIGHT AND GROSS WEIGHT OF THE SHIPMENT TO APPLICANT WITHIN 3 DAYS AFTER THE DATE OF BILL OF LADING."。因此该装运通知的名称是：**SHIPMENT ADVICE**。

181

2. 通知对象

本栏目应填写接收该通知的人，要按信用证的要求填制，具体有以下三种填法：

①承担货物运输险的保险公司的名称和地址。

②信用证中申请人的名称和地址。

③信用证条款指定的保险公司或申请人代理人的名称和地址。

> 本任务中信用证中有关装运通知的描述是"+SHIPMENT ADVICE SHOWING THE NAME OF THE CARRYING VESSEL, DATE OF SHIPMENT, MARKS, QUANTITY, NET WEIGHT AND GROSS WEIGHT OF THE SHIPMENT TO APPLICANT WITHIN 3 DAYS AFTER THE DATE OF BILL OF LADING."。从中可以看出，该装运通知应及时送达开证申请人，因此该通知对象应填制为：
>
> **WARM SUNSHINE TRADING CO., LTD.**
>
> **30 SANTA MARIA AVENUE, TSHWANE CITY, SOUTH AFRICA**

3. 制作和发出日期

此栏目日期不能超过信用证约定的时间，常见的有以小时为准（Within 24/48 hours）和以天（Within 2 days after shipment date）为准两种情形，信用证没有规定时应在装船后立即发出，如信用证规定"Immediately after shipment"（装船后立即通知），应掌握在提单后三天之内。

> 本任务中信用证要求提单后三天内制作和发出装运通知，因此该栏目应制作成：
>
> **JUL. 11, 2019**

4. 通知内容

此栏目主要包括所发运货物的合同号或信用证号、品名、数量、金额、运输工具名称、开航日期、启运地和目的地、提运单号码、运输标志等，并且与其他相关单据保持一致，如信用证提出具体项目要求，应严格按规定出单。此外通知中还可能出现包装说明、ETD（船舶预离港时间）、ETA（船舶预抵港时间）、ETC（预计开始装船时间）等内容。

> 本任务中信用证中有关装运通知的描述是"+SHIPMENT ADVICE SHOWING THE NAME OF THE CARRYING VESSEL, DATE OF SHIPMENT, MARKS, QUANTITY, NET WEIGHT AND GROSS WEIGHT OF THE SHIPMENT TO APPLICANT WITHIN 3 DAYS AFTER THE DATE OF BILL OF LADING."。从中可以看出，该装运通知要包括船名、装运期、唛头、数量、净重、毛重等主要信息。因此该通知内容应填制为：
>
> Invoice Number：**NW IV011**
>
> Bill of Loading Number：**COS45736**
>
> Ocean Vessel：**XIN LANZHOU CII/140S**
>
> Port of Loading：**TIANJIN, CHINA**
>
> Date of shipment：**JUL. 10, 2019**
>
> Port of Destination：**CAPETOWN, SOUTH AFRICA**
>
> Estimated Date of Arrival：**AUG. 11, 2019**
>
> Containers/Seals Number：**COSU7348955/055623**
>
> Description of Goods：**COOKED CHESTNUT KERNEL**

项目八　附属单据制作

```
Shipping Marks： WARM SUNSHINE
                 NW018
                 CAPETOWN
                 C/NO. 1-1020
Quantity：20,400BAGS
Gross Weight：21,420KGS
Net Weight：20,400KGS
Total Value：USD102,000.00
```

5. 签署

一般可以不签署，如信用证要求"certified copy of shipping advice"，通常加盖受益人条形章。

```
本任务中的签署可制作为：
        HEBEI NUOWAN INTERNATIONAL TRADE CO.，LTD.
                        WANER
```

河北箬婉国际贸易有限公司的单证员婉儿根据上述各项目的制作要点，完成装运通知的制作。内容如下：

	HEBEI RUOWAN INTERNATIONAL TRADE CO.，LTD. 18 XINYUAN STREET，TANGSHAN CITY，HEBEI PROVINCE，CHINA TEL：0086-315-2788888　　FAX：0086-315-2788888		
	SHIPPING ADVICE		
To：	WARM SUNSHINE TRADING CO.，LTD. 30 SANTA MARIA AVENUE，TSHWANE CITY, SOUTH AFRICA	ISSUE DATE：	JUL. 11, 2019
^	^	S/C. No.：	NW018
^	^	L/C No.：	SABK225498
Dear Sir or Madam： We are pleased to advice you that the following mentioned goods has been shipped out, full details were shown as follows：			
Invoice Number：	NW IV011		
Bill of Loading Number：	COS45736		
Ocean Vessel：	XIN LANZHOU CII/140S		
Port of Loading：	TIANJIN, CHINA		
Date of Shipment：	JUL. 10, 2019		
Port of Destination：	CAPETOWN, SOUTH AFRICA		
Estimated Date of Arrival：	AUG. 11, 2019		
Containers/Seals Number：	COSU7348955/055623		
Description of Goods：	COOKED CHESTNUT KERNEL		

183

Shipping Marks：	WARM SUNSHINE NW018 CAPETOWN C/NO. 1－1020
Quantity：	20,400BAGS
Gross Weight：	21,420KGS
Net Weight：	20,400KGS
Total Value：	USD102,000.00
	Thank you for your patronage. We look forward to the pleasure of receiving your valuable repeat orders. Sincerely yours，
	HEBEI RUOWAN INTERNATIONAL TRADE CO., LTD. WANER

【任务2】 制作受益人证明
1. 单据名称

这种单据的名称因所证明事项不同而略异，可能是寄单证明、寄样证明、取样证明、证明货物产地、品质、唛头、包装和标签情况、装运通知、证明产品生产过程、证明商品已检验等。

> 本项目信用证中有关受益人证明的描述是"+BENEFICIARY CERTIFICATE"因此，该单据的名称应制作成：**BENEFICIARY CERTIFICATE**

2. 证明内容

此栏目证明的内容应严格与合同或信用证规定相符。

> 本项目信用证中有关受益人证明的描述是"+BENEFICIARY CERTIFICATE CERTIFYING THAT SHIPPING ADVICE HAS BEEN SENT TO THE APPLICANT BY TELEX WITHIN 3 DAYS AFTER THE DATE OF BILL OF LADING."。因此，该单据的名称应制作成：**SHIPPING ADVICE HAS BEEN SENT TO THE APPLICANT BY TELEX WITHIN 3 DAYS AFTER THE DATE OF BILL OF LADING.**

3. 签署

此栏目因属于证明性质，按有关规定证明人（受益人）必须签字。

> 本项目信用证中有关受益人证明的签署应制作为：
> **HEBEI RUOWAN INTERNATIONAL TRADE CO., LTD.**
> **WANER**

河北箬婉国际贸易有限公司的单证员婉儿根据上述各项目的制作要点，完成受益人证明的制作。内容如下：

项目八　附属单据制作

HEBEI RUOWAN INTERNATIONAL TRADE CO., LTD. 18 XINYUAN STREET, TANGSHAN CITY, HEBEI PROVINCE, CHINA TEL：0086-315-2788888　　　FAX：0086-315-2788888				
BENEFICIARY'S CERTIFICATE				
To：	WHOM IT MAY CONCERN.	Invoice No.：	NW IV011	
^	^	Date：	JUL. 11, 2019	
WE HEREBY CERTIFY THAT SHIPPING ADVICE HAS BEEN SENT TO THE APPLICANT BY TELEX WITHIN 3 DAYS AFTER THE DATE OF BILL OF LADING. L/C NO.：SABK225498 　　　　　　　　　　　HEBEI RUOWAN INTERNATIONAL TRADE CO., LTD. 　　　　　　　　　　　　　　　　　　　WANER				

知识链接

一、装运通知

（一）装运通知的定义和作用

装运通知又称 Declaration of shipment 或 Notice of shipment，是出口商向进口商发出货物已于某月某日或将于某月某日装运某船的通知。装运通知的作用在于方便买方投立保险、准备提货手续或转售。出口商作此项通知时，有时需附上或另行寄上货运单据副本，以便进口商明确得知装货内容。若碰到货运单据正本迟到的情况应及时办理担保提货（Delivery against letter of guarantee）。装运通知以英文制作，无统一格式，内容一定要符合信用证的规定，一般只提供一份。装运通知大多以电报方式通知，有时也用航邮方式。

在装运货物后，按照国际贸易的习惯做法，发货人应立即（一般在装船后3天内）发送装运通知给买方或其指定的人，从而方便买方办理保险和安排接货等事宜。如卖方未及时发送上述装船通知给买方而使其不能及时办理保险或接货，卖方就应负责赔偿买方由此而引起的一切损害及/或损失。

（二）装运通知的注意事项

装运通知应注意以下事项。

（1）CFR/CPT 交易条件下签发装运通知的必要性。因货物运输和保险分别由不同的当事人操作，所以受益人有义务向申请人对货物装运情况给予及时、充分的通知，以便进口商投保，否则如漏发通知，则货物越过船舷后的风险仍由受益人承担。

（2）通知应按规定的方式、时间、内容、份数发出。

（3）注意几个近似概念的区别。Shipping advice（装运通知）是由出口商（受益人）发给进口商（申请人）的；Shipping instructions 是"装运须知"，一般是进口商发给出口商的；Shipping note/bill 指装货通知单/船货清单；Shipping order 简称 S/O，含义是装货单/关单/下货纸（是海关放行和命令船方将单据上载明的货物装船的文件）。

185

（三）条款分析

1. ORIGINAL FAX FROM BENEFICIARY TO OUR APPLICANT EVIDENCING B/L NO., NAME OF SHIP, SHIPMENT DATE, QUANTITY AND VALUE OF GOODS. 其要求应向申请人提交正本通知一份，通知上列明提单号、船名、装运日期、货物的数量和金额。制作单据时只要按所列项目操作即可。

2. INSURANCE EFFECTED IN IRAN BY IRAN INSURANCE CO., THE NAME OF INSURANCE CO. AND THE POLICY NO. XXX DD.—HAVE TO BE MENTIONED ON B/L, SHIPMENT ADVICE TO BE MADE TO SAID INSURANCE CO. VIA TLX NO. XXX INDICATING POLICY NO. AND DETAILS OF SHIPMENT, A COPY OF WHICH IS TO BE ACCOMPANIED BY THE ORIGINAL DOCS. 该条款要求货物的保险由伊朗保险公司办理，提单上应明确保险公司的名称、保单号码和出单日期，所出的装运通知则应标明保险公司名称、电传号码、保单号码和货物的详细情况，电抄副本随正本单据向银行提交。

3. SHIPMENT ADVICE WITH FULL DETAILS INCLUDING SHIPPING MARKS, CTN NUMBERS, VESSEL'S NAME, B/L NUMBER, VALUE AND QUANTITY OF GOODS MUST BE SENT ON THE DATE OF SHIPMENT TO US. 该项规定要求装运通知应列明包括运输标志、箱号、船名、提单号、货物金额和数量在内的详细情况，并在货物发运当天寄开证行。

4. BENEFICIARY MUST FAX ADVISE TO THE APPLICANT FOR THE PARTICULARS BEFORE SHIPMENT EFFECTED AND A COPY OF THE ADVICE SHOULD BE PRESENTED FOR NEGOTIATION. 根据这条规定，受益人发出的装运通知的方式是传真，发出时间是在货物装运前，传真副本作为议付单据提交。

5. INSURANCE COVERED BY OPENERS. ALL SHIPMENTS UNDER THIS CREDIT MUST BE ADVISED BY YOU IMMEDIATELY AFTER SHIPMENT DIRECT TO M/S ABC INSURANCE CO. AND TO THE OPENERS REFERRING TO COVER NOTE NO CA364 GIVING FULL DETAILS OF SHIPMENT. A COPY OF THIS ADVICE TO ACCOMPANY EACH SET OF DOCUMENTS. 该条款要求保险由申请人负责，货物装运后由受益人直接发通知给ABC保险公司和申请人，通知上应注明号码为CA364的暂保单，并说明货物的详细情况。每次交单都应随附该通知副本。

6. BENEFICIARY'S CERTIFIED COPY OF FAX SENT TO APPLICANT WITHIN 48 HOURS AFTER SHIPMENT INDICATING CONTRACT NO. L/C NO. GOODS NAME, QUANTITY, INVOICE VALUE, VESSEL'S NAME, PACKAGE/CONTAINER NO., LOADING PORT, SHIPPING DATE AND ETA. 按这条信用证要求，受益人出具的装运通知必须签署，通知应在发货后48小时内发出，具体通知内容为合同号、信用证号、品名、数量、发票金额、船名、箱/集装箱号、装货港、装运日期和船舶预抵港时间。受益人应严格按所要求的内容缮制。

7. SHIPMENT ADVICE QUOTING THE NAME OF THE CARRYING VESSEL, DATE OF SHIPMENT, NUMBER OF PACKAGES, SHIPPING MARKS, AMOUNT, LETTER OF CREDIT NUMBER, POLICY NUMBER MUST BE SENT TO APPLICANT BY FAX, COPIES OF TRANSMITTED SHIPMENT ADVICE ACCOMPANIED BY FAX TRANSMISSION REPORT MUST ACCOMPANY THE DOCUMENTS. 表明船名、装船日期、包装号、唛头、金额、信用证号、保险单号的装船通知必须由受益人传真给开证人，装船通知和传真副本以及发送传真的电讯

报告必须随附议付单据提交。

8. BENEFICIARY'S CERTIFICATE CERTIFYING THAT THEY HAVE DESPATCHED THE SHIPMENT ADVICE TO APPLICANT BY FAX (FAX NO. 2838-0983) WITHIN 1 DAY AFTER B/L DATE ADVISING SHIPMENT DETAILS INCLUDING CONTRACT NO., INVOICE VALUE, NAME OF THE VESSEL, LOADPORT, QUANTITY GOODS LOADED, B/L DATE, THE VESSEL MOVEMENT INCLUDING TIME OF ARRIVAL, TIME OF BERTHED, TIME OF START LOADING, TIME OF FINISH LOADING AND DEPARTURE TIME FROM DALIAN AND THIS CREDIT NO. 这条规定来自香港的某份信用证，其对装船通知的要求是：装运货物后一天内受益人通过传真加以通知，内容包括：合同号、发票金额、船名、装港、货物数量、提单日，包括抵达时间、靠泊时间、开始装货时间、装货完毕时间和驶离大连港的时间等船舶的航行轨迹和本信用证号码。

二、受益人证明

（一）受益人证明的定义

受益人证明（Beneficiary's Certificate）是一种由受益人自己出具的证明，以便证明自己履行了信用证规定的任务或证明自己按信用证的要求办事，如证明所交货物的品质、证明运输包装的处理、证明按要求寄单等。

受益人证明一般无固定格式，内容多种多样，以英文制作，通常签发一份。

（二）内容要求

1. 寄单证明（Beneficiary's certificate for despatch of documents）

寄单证明是最常见的一种证明，通常是受益人根据规定，在货物装运前后一定时期内，邮寄/传真/快递给规定的收受人全套或部分副本单据，并将证明随其他单据交银行议付。如CERTIFICATE FROM THE BENEFICIARY STATING THAT ONE COPY OF THE DOCUMENTS CALLED FOR UNDER THE LC HAS BEEN DESPATCHED BY COURIER SERVICE DIRECT TO THE APPLICANT WITHIN 3 DAYS AFTER SHIPMENT.

2. 寄样证明（Beneficiary's certificate for despatch of shipment sample）

例如：CERTIFICATE TO SHOW THAT THE REQUIRED SHIPMENT SAMPLES HAVE BEEN SENT BY DHL TO THE APPLICANT ON JUL. 10, 2005，受益人只要按规定出单即可。

3. 包装和标签证明

例1：某信用证要求：A CERTIFICATE FROM THE BENEFICIARY TO THE EFFECT THAT ONE SET OF INVOICE AND PACKING LIST HAS BEEN PLACED ON THE INNER SIDE OF THE DOOR OF EACH CONTAINER IN CASE OF FCL CARGO OR ATTACHED TO THE GOODS OR PACKAGES AT AN OBVIOUS PLACE IN CASE OF LCL CARGO，其意思是受益人应证明已把一套发票和箱单贴在集装箱箱门内侧（整箱货）或拼箱货的显眼的地方；例2：BENEFICIARY CERTIFICATE IN TRIPLICATE STATING THE SHIPMENT DOES NOT INCLUDE NON-MANUFACTURED WOOD DUNNAGE, PALLETS, CRATING OR OTHER PACKAGING MATERIALS; THE SHIPMENT IS COMPLETELY FREE OF WOOD BARK, VISIBLE PESTS AND SIGNS OF LIVING PESTS（要求三份单据，证明货物未再加工、非木制包装、无树皮、

无肉眼可见虫害、无活虫)。

4. 其他证明

如 CERTIFICATE CONFIRMING THAT ALL GOODS ARE LABELLED IN ENGLISH (货物加贴英文标签); BENEFICIARY'S CERTIFICATE STATING ORIGINAL B/L OF 1 SET CARRIED BY THE CAPTAIN OF THE VESSEL (一套正本提单已交由船长携带); A STATEMENT FROM THE BENEFICIARY EVIDENCING THAT PACKING EFFECTED IN 25KGS CTN (货物25公斤箱装); BENEFICIARY'S CERTIFICATE CONFIRMING THEIR ACCEPTANCE OF THE AMENDMENT DATED 10/09/2005 MADE UNDER THIS CREDIT QUOTING THE RELEVANT AMENDMENT NUMBER (确认改证内容); CERTIFICATE TO SHOW GOODS ARE NOT OF ISRAEL ORIGIN AND DO NOT CONTAIN ANY ISRAEL MATERIAL (货物须保证非以色列产并且不含以色列的材料)。

(三) 注意事项

注意事项包括以下几点。

(1) 单据名称应合适恰当。

(2) 一般的行文规则以所提要求为准直接照搬照抄,但有时也应做必要的修改。如信用证规定"BENEFICIARY'S CERTIFICATE EVIDENCING THAT TWO COPIES OF NON-NEGOTIABLE B/L WILL BE DESPATCHED TO APPLICANT WITHIN TWO DAYS AFTER SHIPMENT",在具体制作单据时应将要求里的"WILL BE DESPATCHED"改为"HAVE BEEN DESPATCHED";再比如对"BENEFICIARY'S CERTIFICATE STATING THAT CERTIFICATE OF MANUFACTURING PROCESS AND OF INGREDIENTS ISSUED BY ABC CO. SHOULD BE SENT TO SUMITOMO CORP"的要求,"SHOULD BE SENT"最好改为"HAD/HAS BEEN SENT"。

(3) 证明文件通常以"THIS IS TO CERTIFY"(或 DECLARE, STATE, EVIDENCE 等)或"WE HEREBY CERTIFY"等开始。

(四) 实例分析

(1) BENEFICIARY'S CERTIFICATE CERTIFYING THAT 2 LITRES OF COMPOSITE SAMPLE WHICH TO BE DRAWN FROM.

—1 LITRE FROM DALIAN SHORE TANK BY AQSIQ BEFORE LOADING.

—1 LITRE ON BOARD THE VESSEL BY AQSIQ AFTER LOADING COMPLETED.

INDICATING THAT THE SAMPLE HAS BEEN RETAINED AT AQSIQ COUNTER FOR AT LEAST 90 DAYS AFTER SHIPMENT EFFECTED. 这是出口粗苯的信用证中的要求,制作该文件时应明确货物装船前、后由质检局分别取样一公升并于货物实际发运后将样品留存该局至少90天。

(2) BENEFICIARY'S CERTIFICATE CERTIFYING THAT BENEFICIARY HAS FAXED THE SHIPPING DOCS (B/L, INVOICE, PACKING LIST, PHYTOSANITARY CERTIFICATE) WITHIN 2 WORKING DAYS AFTER SHIPMENT DATE TO APPLICANT AND THE RELATE CERTIFIED TRUE COPY OF FAX. 对这样的受益人证明应做到:发货后两日内传真发送有关单据给申请人,传真报告应证实并向银行提交。

(3) TWO SETS OF SHIPPING SAMPLES AND ONE SET OF NON-NEGOTIABLE SHIPPING

DOCUMENTS MUST BE SENT TO APPLICANT BY SPEED POST/COURIER SERVICE WITHIN 5 DAYS FROM THE DATE OF BILL OF LADING AND A CERTIFICATE TO THIS EFFECT FROM BENEFICIARY TOGETHER WITH RELATIVE SPEED POST/COURIER RECEIPT MUST ACCOMPANY THE DOCUMENTS. 该要求的意思是：两套船样和一套不可议付的装运单据须在提单日后 5 日内通过邮局快递寄给开证人，受益人证明应表明已照此行事，相应的邮政快递收据必须随议付单据提交，应注意要提交两样单据——受益人证明和邮政快递收据。

（4）BENEFICIARY'S CERTIFICATE STATING THAT INTEREST CHARGES IF ANY FOR USANCE PERIOD INCLUDED IN INVOICE VALUE ARE NOT MORE THAN THE PREVAILING LIBOR FOR USD ON THE DATE OF SHIPMENT PLUS 0.50 PER CENT P. A. AND SEPARATE INVOICES TO BE PREPARED FOR CIF VALUE AND INTEREST, SUCH LIBOR SHOULD BE CERTIFIED BY THE NEGOTIATING BANK ON THEIR COVERING SCHEDULE TO THE DOCUMENTS, HOWEVER, TOTAL DRAWINGS UNDER THE CREDIT NOT TO EXCEED THE LETTER OF CREDIT VALUE, IF NO INTEREST CHARGES ARE INCLUDED IN THE INVOICE, BENEFICIARY'S CERTIFICATE CONFIRMING THE SAME IS REQUIRED. 这张受益人证明要求，如需要支付远期利息，发票金额应包括两部分（CIF 金额和利息），利息按货物装运当天美元 LIBOR 加 50 个点支付，议付行还需在交单面函上对 LIBOR 加以确认，如索偿金额不超过信用证金额，无远期贴息产生，受益人也要出证说明。

能力测评

一、单选题

1. 出口商在货物装运后发给进口方关于货物装运情况的书面文件的是（   ）。
   A. 出口通知　　　　　　　　　B. 装运通知（Shipping Advice）
   C. 发货通知　　　　　　　　　D. 进口通知

2. 装运通知的签发时间一般在（   ）。
   A. 签合同之前　　　　　　　　B. 信用证开证日期之前
   C. 订舱之前　　　　　　　　　D. 装运日期之后

3. 有时，进口方为了督促出口方履行通知的义务，以防止出现装运和投保在时间上的脱节，就在信用证中要求受益人在交单时提交装运通知的副本作为（   ）。
   A. 收货的依据　　　　　　　　B. 发货的依据
   C. 议付的单据之一　　　　　　D. 装运货物的依据

4. 在实际业务中，通常进口商与本国保险公司都事先签订预保合同，这时发到保险公司就起到自动承保证明作用的是（   ）。
   A. 出口许可证　　B. 外贸合同　　C. 装运通知　　D. 报关单

5. 在实际业务中，装运通知（   ）。
   A. 有固定格式　　B. 无固定格式　　C. 统一文体　　D. 统一印刷

6. 装运通知缮制中，不属于装运内容的是（   ）。
   A. 装运港名称　　B. 目的港名称　　C. 承运人　　D. 装运船名

7. 装运通知缮制中，数量填写商品包装的总数量，要求与（   ）要一致。
   A. 生产计划　　B. 发票　　C. 约定数量　　D. 生产量

8. 受益人证明的种类错误的是（　　）。
   A. 寄单证明　　　　B. 电抄本　　　　C. 履约证明　　　　D. 合同证明
9. 信用证受益人根据信用证的有关规定缮制的一种格式比较简单的单据是（　　）。
   A. 受益人证明（Beneficiary's Certificate）　　B. 信用证证明
   C. 议付人的证明　　　　　　　　　　　　　　D. 合同受益人
10. 受益人证明缮制时，证明内容应该根据（　　）规定的内容填写。
    A. 出口许可证　　　B. 发票　　　　C. 信用证　　　　D. 合同
11. 受益人证明的日期应与（　　）。
    A. 信用证的日期相吻合　　　　　　B. 证明的内容相吻合
    C. 合同的日期相吻合　　　　　　　D. 以上均不正确
12. 在实际业务中，受益人证明（　　）。
    A. 有固定格式　　　B. 无固定格式　　　C. 统一文体　　　D. 统一印刷

二、判断题

1. 装运通知不一定要及时签发。　　　　　　　　　　　　　　　　　　　　　（　　）
2. 装运通知的主要作用有：告知进口商做好接货准备工作，及时办理进口报关手续，在 FOB、CFR 成交条件下，装运通知还具有提请进口商及时办理保险的作用。（　　）
3. 装运通知缮制中，签署填写出口公司的名称和法人代表或经办人的签字。（　　）
4. 受益人证明（Beneficiary's Certificate）是合同受益人根据信用证的有关规定缮制的一种格式比较复杂的单据。　　　　　　　　　　　　　　　　　　　　　　　　（　　）
5. 受益人证明的具体内容应该根据信用证规定的内容填写。　　　　　　　　（　　）

拓展实训

实训项目一　制作装运通知

上接各项目中的拓展实训。2019 年 9 月 30 日，山东允芷国际贸易有限公司 SHANDONG YUNZHI INTERNATIONAL TRADE CO., LTD. 外贸单证员芸芸根据信用证、商业发票、装箱单和海运提单，着手制作装运通知。

1. 信用证

MT 700	ISSUE OF A DOCUMENTARY CREDIT
SENDER	COMMONWEALTH BANK OF AUSTRALIA
RECEIVER	BANK OF CHINA, QINGDAO, CHINA
SEQUENCE OF TOTAL	27：1/1
FORM OF DOC. CREDIT	40A：IRREVOCABLE
DOC. CREDIT NUMBER	20：MS112233
DATE OF ISSUE	31C：190815
APPLICABLE RULES	40E：UCP LATEST VERSION
DATE AND PLACE OF EXPIRY	31D：DATE 191030 PLACE IN CHINA
BENEFICIARY	50：ONE METER SUNSHINE CO., LTD.
	NO. 95, GEORGE STREET, SYDNEY, AUSTRALIA.

APPLICANT	59:	SHANDONG YUNZHI INTERNATIONAL TRADE CO., LTD. 8 HEBEI STREET, QINGDAO CITY, SHANDONG, CHINA
AMOUNT	32B:	CURRENCY USD AMOUNT 96000.00
AVAILABLE WITH/BY	41D:	BANK OF CHINA, QINGDAO BRANCH, BY NEGOTIATION
DRAFTS AT	42C:	AT 30 DAYS SIGHT
DRAWEE	42A:	COMMONWEALTH BANK OF AUSTRALIA
PARTIAL SHIPMTS	43P:	ALLOWED
TRANSSHIPMENT	43T:	NOT ALLOWED
PORT OF LOADING/ AIRPORT OF DEPARTURE	44E:	QINGDAO, CHINA
PORT OF DISCHARGE	44F:	SYDNEY, AUSTRALIA.
LATEST DATE OF SHIPMENT	44C:	190820
DESCRIPTION OF GOODS AND/OR SERVICES	45A:	24,000 TINS CANNED YELLOW PEACH, AS PER S/C NO. YZ012 AT USD 4.00/TIN CIF SYDNEY, AUSTRALIA. 24TINS/CTN
DOCUMENTS REQUIRED	46A:	

+SIGNED COMMERCIAL INVOICE IN TRIPLICATE.
+PACKING LIST IN TRIPLICATE.
+FULL SET (3/3) OF CLEAN ON BOARD OCEAN BILLS OF LADING MADE OUT TO ORDER MARKED FREIGHT COLLECT AND NOTIFY APPLICANT.
+CERTIFICATE OF ORIGIN FORM A CERTIFIED BY CUSTOMS.
+INSURANCE POLICY/CERTIFICATE IN DUPLICATE ENDORSED IN BLANK FOR 110% INVOICE VALUE, COVERING ALL RISKS AND WAR RISK OF CIC OF PICC (1/1/1981)
+SHIPMENT ADVICE SHOWING THE NAME OF THE CARRYING VESSEL, DATE OF SHIPMENT, MARKS, QUANTITY, NET WEIGHT AND GROSS WEIGHT OF THE SHIPMENT TO APPLICANT WITHIN 3 DAYS AFTER THE DATE OF BILL OF LADING.
+BENEFICIARY CERTIFICATE CERTIFYING THAT ONE SET OF SHIPPING DOCUMENTS HAS BEEN FAXED TO THE APPLICANT WITHIN ONE DAY AFTER SHIPMENT.

ADDITIONAL CONDITION	47A:	

+DOCUMENTS DATED PRIOR TO THE DATE OF THIS CREDIT ARE NOT ACCEPTABLE.
+THE NUMBER OF THIS CREDIT MUST BE QUOTED ON ALL DOCUMENTS.

CHARGES	71B:	ALL BANKING CHARGES OUTSIDE JAPAN INCLUDING REIMBURSING COMMISSIONS ARE FOR ACCOUNT OF BENEFICIARY.
PERIOD FOR PRESENTATION	48:	WITHIN 5 DAYS AFTER THE DATE OF SHIPMENT, BUT WITHIN THE VALIDITY OF THIS CREDIT.
CONFIRMATION INSTRUCTION	49:	WITHOUT
REIMBURSING BANK	53A:	COMMONWEALTH BANK OF AUSTRALIA LEVEL 1, 48 MARTIN PLACE, SYDNEY, NEWSOUTH WALES2000

2. 商业发票

	SHANDONG YUNZHI INTERNATIONAL TRADE CO., LTD. 8 HEBEI STREET, QINGDAO CITY, SHANDONG, CHINA			
	COMMERCIAL INVOICE			
To:	ONE METER SUNSHINE CO., LTD. NO.95, GEORGE STREET, SYDNEY, AUSTRALIA.	Invoice No.:		YZ2019012
		Invoice Date:		SEP. 15, 2019
		S/C No.:		YZ012
		L/C No.:		MS112233
Transport details	From QINGDAO, CHINA To SYDNEY, AUSTRALIA BY VESSEL			
Marks and Numbers	Number and kind of package Description of goods	Quantity	Unit Price	Amount
ONE METER SUNSHINE YZ012 SYDNEY C/NO. 1-1000	CANNED YELLOW PEACH 850G 24TINS/CTN	24,000TINS	CIF SYDNEY, AUSTRALIA USD4.00/TIN	USD96,000.00
	TOTAL:	24,000TINS		USD96,000.00
SAY TOTAL:	SAY U.S. DOLLARS NINTY-SIX THOUSAND ONLY			
	SHANDONG YUNZHI INTERNATIONAL TRADE CO., LTD. YUNYUN			

3. 装箱单

	SHANDONG YUNZHI INTERNATIONAL TRADE CO., LTD. 8 HEBEI STREET, QINGDAO CITY, SHANDONG, CHINA					
	PACKING LIST					
To:	ONE METER SUNSHINE CO., LTD. NO.95, GEORGE STREET, SYDNEY, AUSTRALIA.	Invoice No.:				YZ2019012
		Date:				SEP. 15, 2019
		S/C No.:				YZ012
		L/C No.:				MS112233
Transport details	From QINGDAO, CHINA To SYDNEY, AUSTRALIA BY VESSEL					
Marks and Numbers	Number and kind of package Description of goods	Quantity	Package	G.W	N.W	Meas.
ONE METER SUNSHINE YZ012 SYDNEY C/NO. 1-1000	CANNED YELLOW PEACH 850G 24TINS/CTN	24,000TINS	1,000CTNS	22,000KGS	20,400KGS	16CBM

	TOTAL：	24,000TINS	1,000CTNS	22,000KGS	20,400KGS	16CBM
SAY TOTAL：	SAY ONE THOUSAND CARTONS ONLY					
SHANDONG YUNZHI INTERNATIONAL TRADE CO.，LTD. YUNYUN					

4. 海运提单

Shipper SHANDONG YUNZHI INTERNATIONAL TRADE CO.，LTD. 8 HEBEI STREET, QINGDAO CITY, SHANDONG, CHINA			B/L NO. COSU23457　　　　***ORIGINAL*** 中远集装箱运输有限公司 COSCO CONTAINER LINES TLX：33057 COSCO CN FAX：+86(022)65458984 Port-to-port combined transport BILL OF LADING	
Consignee TO ORDER				
Notify Party ONE METER SUNSHINE CO.，LTD. NO.95，GEORGE STREET，SYDNEY，AUSTRALIA.				
Pre-carriage by	Port of loading QINGDAO，CHINA			
Ocean Vessel/Voy. No. Princess/S505	Port of transshipment			
Port of discharge	Final destination SYDNEY，AUSTRALIA.			
Marks and Nos. Container/Seal No.	Number and kind of packages Description of goods	Gross weight（kgs.）		Measurement（m³）
ONE METER SUNSHINE YZ012 SYDNEY C/NO.1-1000 COSU7348955/055623	CANNED YELLOW PEACH SAY ONE THOUSAND (1,000) CARTONS ONLY TOTAL 1×40' CONTAINER DOOR TO DOOR L/C NO.：MS112233	22,000 KGS		16CBM
Total number of containers and/or packages (in words) SAY ONE THOUSAND CARTONS ONLY				
REGARDING TRANSSHIPMENT INFORMATION PLEASE CONTACT				Freight and charge PREPAID
Ex. rate	Prepaid at	Freight payable at		Place and date of issue QINGDAO，CHINA；SEP.30, 2019
^	Total Prepaid	Number of original Bs/L THREE（3）		Signed for or on behalf of the Master

★根据上述资料，山东允芷国际贸易有限公司的外贸单证员芸芸需完成下面装运通知的制作：

<div align="center">**SHIPPING ADVICE**</div>			
To：		ISSUE DATE：	
^	^	S/C No.：	
^	^	L/C No.：	
Dear Sir or Madam： We are pleased to advice you that the following mentioned goods has been shipped out, full details were shown as follows：			
Invoice Number：			
Bill of Loading Number：			
Ocean Vessel：			
Port of Loading：			
Date of Shipment：			
Port of Destination：			
Estimated Date of Arrival：			
Containers/Seals Number：			
Description of Goods：			
Shipping Marks：			
Quantity：			
Gross Weight：			
Net Weight：			
Total Value：			
NUMBER OF PACKAGES			
NAME OF CARRIER			
Thank you for your patronage. We look forward to the pleasure of receiving your valuable repeat orders. Sincerely yours,			

实训项目二　制作受益人证明

接上述实训项目一，2019 年 9 月 30 日，山东允芷国际贸易有限公司 SHANDONG YUNZHI INTERNATIONAL TRADE CO.，LTD. 外贸单证员在制作完装运通知后，根据信用

项目八　附属单据制作

证中有关受益人证明的规定，着手制作受益人证明。

	BENEFICIARY'S CERTIFICATE		
To:		Invoice No.:	
		Date:	
WE HEREBY CERTIFY THAT			

195

项目九　汇票制作

学习目标

【素质目标】
认识到汇票在进出口流程中的重要性
培养踏实认真的工作态度和强烈的责任感
树立风险意识、诚信意识及法治意识
养成善于沟通和团队合作的工作品质

【知识目标】
理解汇票的定义、种类和行为
掌握汇票的制作要点

【能力目标】
能够读懂信用证关于汇票的条款
能够根据信用证、商业发票和装箱单准确制作汇票

导入项目场景

2019 年 7 月 15 日，河北箬婉国际贸易有限公司外贸单证员婉儿制作好装运通知、受益人证明等附属单据后，在信用证要求的交单期之前，根据信用证、商业发票、装箱单开始制作汇票。

1. 信用证

```
    MT 700          ISSUE OF A DOCUMENTARY CREDIT
SENDER      STANDARD BANK OF SOUTH AFRICA LTD., TSHWANE, SOUTH AFRICA
RECEIVER    BANK OF CHINA, TANGSHAN, CHINA
SEQUENCE OF TOTAL         27： 1/1
FORM OF DOC. CREDIT       40A： IRREVOCABLE
DOC. CREDIT NUMBER        20： SABK225498
DATE OF ISSUE             31C： 190520
APPLICABLE RULES          40E： UCP LATEST VERSION
DATE AND PLACE OF EXPIRY  31D： DATE 190830 PLACE IN CHINA
```

APPLICANT	50: WARM SUNSHINE TRADING CO., LTD.
	30 SANTA MARIA AVENUE, TSHWANE CITY, SOUTH AFRICA
BENEFICIARY	59: HEBEI RUOWAN INTERNATIONAL TRADE CO., LTD.
	18 XINYUAN STREET, TANGSHAN CITY, HEBEI PROVINCE, CHINA
AMOUNT	32B: CURRENCY USD AMOUNT 100,000.00
AVAILABLE WITH/BY	41D: ANY BANK IN CHINA, BY NEGOTIATION
DRAFTS AT...	42C: AT SIGHT
DRAWEE	42A: STANDARD BANK OF SOUTH AFRICA LTD., TSHWANE.
PARTIAL SHIPMTS	43P: NOT ALLOWED
TRANSSHIPMENT	43T: ALLOWED
PORT OF LOADING/ AIRPORT OF DEPARTURE	44E: TIANJIN, CHINA
PORT OF DISCHARGE	44F: CAPETOWN, SOUTH AFRICA
LATEST DATE OF SHIPMENT	44C: 190720
DESCRIPTION OF GOODS AND/OR SERVICES	45A: 20,000BAGS COOKED CHESTNUT KERNEL, AS PER S/C NO. NW018 AT USD5.00/BAG CIF CAPETOWN, SOUTH AFRICA, PACKING: 20 BAGS/CTN
DOCUMENTS REQUIRED	46A:

+SIGNED COMMERCIAL INVOICE IN TRIPLICATE.
+PACKING LIST IN TRIPLICATE.
+FULL SET (3/3) OF CLEAN "ON BOARD" OCEAN BILLS OF LADING MADE OUT TO ORDER MARKED FREIGHT PREPAID AND NOTIFY APPLICANT.
+CERTIFICATE OF ORIGIN CERTIFIED BY CHAMBER OF COMMERCE OR CCPIT.
+INSURANCE POLICY/CERTIFICATE IN DUPLICATE ENDORSED IN BLANK FOR 110% INVOICE VALUE, COVERING ALL RISKS AND WAR RISK OF CIC OF PICC (1/1/1981).
+SANITARY CERTIFICATE AND PHYTOSANITARY ISSUED BY THE CUSTOMS OF THE PEOPLE'S REPUBLIC OF CHINA.
+SHIPMENT ADVICE SHOWING THE NAME OF THE CARRYING VESSEL, DATE OF SHIPMENT, MARKS, QUANTITY, NET WEIGHT AND GROSS WEIGHT OF THE SHIPMENT TO APPLICANT WITHIN 3 DAYS AFTER THE DATE OF BILL OF LADING.
+BENEFICIARY CERTIFICATE CERTIFYING THAT SHIPPING ADVICE HAS BEEN SENT TO THE APPLICANT BY TELEX WITHIN 3 DAYS AFTER THE DATE OF BILL OF LADING.

ADDITIONAL CONDITION   47A:
+DOCUMENTS DATED PRIOR TO THE DATE OF THIS CREDIT ARE NOT ACCEPTABLE.
++THE NUMBER OF THIS CREDIT MUST BE QUOTED ON ALL DOCUMENTS.
+TRANSSHIPMENT ALLOWED AT NINGBO ONLY.
+SHORT FORM/CHARTER PARTY/THIRD PARTY BILL OF LADING ARE NOT ACCEPTABLE.
+BOTH QUANTITY AND CREDIT AMOUNT 5% MORE OR LESS ARE ALLOWED.

CHARGE   71B: ALL CHARGES AND COMMISSIONS OUT OF SOUTH AFRICA ARE FOR ACCOUNT OF BENEFICIARY EXCLUDING REIMBURSING FEE.

PERIOD FOR PRESENTATION	48: WITHIN 21 DAYS AFTER THE DATE OF SHIPMENT, BUT WITHIN THE VALIDITY OF THIS CREDIT.
CONFIRMATION INSTRUCTION	49: WITHOUT
REIMBURSING BANK	53A: STANDARD BANK OF SOUTH AFRICA LTD., TSHWANE, SOUTH AFRICA

2. 商业发票

<table>
<tr><td colspan="5">HEBEI RUOWAN INTERNATIONAL TRADE CO., LTD.
18 XINYUAN STREET, TANGSHAN CITY, HEBEI PROVINCE, CHINA
TEL: 0086-315-2788888　　FAX: 0086-315-2788888</td></tr>
<tr><td colspan="5" align="center">COMMERCIAL INVOICE</td></tr>
<tr><td rowspan="4">To Messer:</td><td rowspan="4">WARM SUNSHINE TRADING CO., LTD.
30 SANTA MARIA AVENUE, TSHWANE CITY, SOUTH AFRICA
TEL: 27-21-25456888　FAX: 27-21-25456801</td><td>Invoice No.:</td><td colspan="2">NW IV011</td></tr>
<tr><td>Invoice Date:</td><td colspan="2">JUN. 01, 2019</td></tr>
<tr><td>S/C No.:</td><td colspan="2">NW018</td></tr>
<tr><td>L/C No.:</td><td colspan="2">SABK225498</td></tr>
<tr><td>Transport Details</td><td colspan="4">FROM TIANJIN, CHINA TO CAPETOWN, SOUTH AFRICA BY SEA/VESSEL</td></tr>
<tr><td>Marks and Numbers</td><td>Number and kind of package
Description of goods</td><td>Quantity</td><td>Unit Price</td><td>Amount</td></tr>
<tr><td>WARM SUNSHINE
NW018
CAPETOWN
C/NO. 1-1020</td><td>COOKED CHESTNUT KERNEL
1KG/BAG
As per the confirmed sample of Mar. 03, 2019.
PACKED IN 20BAGS/CTN</td><td>20,400BAGS</td><td>CIFCAPETOWN, SOUTH AFRICA
USD5.00/BAG</td><td>USD102,000.00</td></tr>
<tr><td colspan="2" align="center">TOTAL:</td><td>20,400BAGS</td><td></td><td>USD102,000.00</td></tr>
<tr><td>SAY TOTAL:</td><td colspan="4">SAY U.S. DOLLARS ONE HUNDRED AND TWO THOUSAND ONLY</td></tr>
<tr><td colspan="5" align="right">HEBEI RUOWAN INTERNATIONAL TRADE CO., LTD.
WANER</td></tr>
</table>

3. 装箱单

<table>
<tr><td colspan="3">HEBEI RUOWAN INTERNATIONAL TRADE CO., LTD.
18 XINYUAN STREET, TANGSHAN CITY, HEBEI PROVINCE, CHINA
TEL: 0086-315-2788888　　FAX: 0086-315-2788888</td></tr>
<tr><td colspan="3" align="center">PACKING LIST</td></tr>
<tr><td rowspan="4">To:</td><td rowspan="4">WARM SUNSHINE TRADING CO., LTD. 30 SANTA MARIA AVENUE, TSHWANE CITY, SOUTH AFRICA
TEL: 27-21-25456888　FAX: 27-21-25456801</td><td>Invoice No.: NW IV011</td></tr>
<tr><td>Invoice Date: JUN. 20, 2019</td></tr>
<tr><td>S/C No.: NW018</td></tr>
<tr><td>L/C No.: SABK225498</td></tr>
</table>

Transport Details	FROM TIANJIN, CHINA TO CAPETOWN, SOUTH AFRICA BY SEA/VESSEL					
Marks and Numbers	Number and kind of package Description of goods	Quantity	Package	G. W	N. W	Meas.
WARM SUNSHINE NW018 CAPETOWN C/NO. 1-1020	COOKED CHESTNUT KERNEL 1KG/BAG As per the confirmed sample of Mar. 03, 2019. PACKED IN 20BAGS/CTN	20,400BAGS	1,020CTNS	21,420KGS	20,400KGS	36.72CBM
	TOTAL：	20,400BAGS	1,020CTNS	21,420KGS	20,400KGS	36.72CBM
SAY TOTAL：	SAY ONE THOUSAND AND TWENTY CARTONS ONLY					
	HEBEI RUOWAN INTERNATIONAL TRADE CO., LTD. WANER					

任务分析

河北箬婉国际贸易有限公司的外贸单证员婉儿请示外贸主管后，依据信用证相关条款、商业发票和装箱单，着手完成以下任务：

【任务】 制作汇票

BILL OF EXCHANGE			
凭 Drawn Under		不可撤销信用证 Irrevocable L/C No.	
日期 Date		支取 Payable with Interest	@ %
号码 No.		汇票金额 Exchange for	Tangshan
	见票 at	日后（本汇票之副本未付）付交 sight of this FIRST of Exchange (Second of Exchange Being unpaid)	
	Pay to the order of			
	the sum of			
	此致 To			

任务实施

在任务实施过程中，河北箬婉国际贸易有限公司的单证员婉儿，一边学习制作要点，一边制作汇票。

【任务1】 制作汇票

1. 出票依据（Drawn Under）

出票依据可表明汇票起源交易是允许的。一般内容有三项：即开证行名称、信用证号码和开证日期。出票依据是说明开证行在一定的期限内对汇票的金额履行保证付款责任的法律根据，是信用证项下汇票不可缺少的重要内容之一。第1栏一般只填写开证行名称，信用证号码和开证日期填至第2栏。

> 根据信用证关于开证行的描述，本栏目应填制为：
> STANDARD BANK OF SOUTH AFRICA LTD.，TSHWANE，SOUTH AFRICA
> SABK225498
> MAY. 20，2019

2. 利息（Interest）

此栏填写合同或信用证规定的利息率。若没有规定，此栏留空。

> 本任务中的信用证没有关于利息率的规定，本栏目应留空。

3. 号码（No.）

一般填写商业发票的号码。

> 根据商业发票，本栏目应填制为：
> NW IV011

4. 汇票金额（Exchange for）

一般填写确切的金额数目。除非信用证另有规定，汇票金额所使用的货币应与信用证和发票所使用的货币一致。在通常的情况下，汇票金额为发票金额的100%，但不得超过信用证规定的最高金额为限。如果信用证金额有"大约"等字样，则有10%的增减幅度。

> 根据信用证和商业发票，本栏目应填制为：
> USD102,000.00

5. 付款期限（At Sight）

一般可分为即期付款和远期付款两类。

即期付款是在汇票"AT"与"SIGHT"之间的空白处用虚线连接，表示"见票即付"。

远期汇票，应在"AT"后打上信用证规定的期限。如"This L/C is available with us by payment at 60 days after receipt of full set of documents at our counters"，此条款规定付款日期为对方柜台收到单据后的60天，因此在填写汇票时只须写："At 60 days after receipt of full set of documents at your counters"。注意，信用证中的"OUR COUNTER"（我们的柜台），系指开证行柜台，而在实际制单中，应改为"YOUR"（你们的）的柜台，指单据到达对方柜台起算的60天了。

> 根据本任务中信用证要求"见票即付"，本栏目应填制为：
> at××× sight of this FIRST of Exchange（Second of Exchange Being unpaid）

6. 受款人（Pay to the Order of）

受款人也称"抬头人"或"抬头"。在信用证方式下通常为出口地银行，请填写出口地银行英文名称。

汇票的抬头人通常有三种写法：

（1）指示性抬头（Demonstrative Order）。

例如："付××公司或其指定人"（Pay ×× Co., or order; pay to the order of ×× Co.）。

（2）限制性抬头（Restrictive Order）。

例如："仅付××公司"（Pay ×× Co. only）或"付××公司，不准流通"（Pay ×× Co. Not negotiable）。

（3）持票人或来票人抬头（Payable to Bearer）。

例如："付给来人"（Pay to Bearer）。这种抬头的汇票无须持票人背书即可转让。

在我国对外贸易中，指示性抬头使用较多，在信用证业务中要按照信用证规定填写。

若来证规定"由中国银行指定"或来证对汇票受款人未规定，此栏应填上："Pay to the order of Bank of China"（由中国银行指定）。

若来证规定"由开证行指定"，此栏应填上"Pay to the order of ×× Bank"（开证行名称）。

如非信用证方式，则填出口商公司英文名称。

> 根据信用证，本栏目应填制为：
> BANK OF CHINA, TANGSHAN, CHINA

7. 金额（The Sum of）

金额要用文字大写（Amount in Words）表明。填大写金额，先填写货币全称，再填写金额的数目文字，句尾加"only"相当于中文的"整"字。

例如：UNITED STATES DOLLARS ONE THOUSAND TWO HUNDRED AND THIRTY FOUR ONLY。

> 根据商业发票，本栏目应填制为：
> UNITED STATES DOLLARS ONE HUNDRED AND TWO THOUSAND ONLY.

8. 被出票人（To）

本栏目应填被出票人的名称和地址，信用证方式下通常为进口地开证银行，请填写进口地银行英文名称和地址；如非信用证方式，则填写进口商公司英文名称和地址。

> 根据信用证和商业发票，本栏目应填制为：
> STANDARD BANK OF SOUTH AFRICA LTD., TSHWANE, SOUTH AFRICA

9. 出票人签字（Authorized Signature）

栏目应填出票人，即出口商签字，填写出口商公司英文名称。

> 根据信用证和商业发票，本栏目应填制为：
> HEBEI RUOWAN INTERNATIONAL TRADE CO., LTD.

河北箬婉国际贸易有限公司的单证员婉儿根据上述汇票的制作要点，完成汇票的制作。内容如下：

\multicolumn{5}{c	}{BILL OF EXCHANGE}
凭 Drawn Under	STANDARD BANK OF SOUTH AFRICA LTD.	不可撤销信用证 Irrevocable L/C No.	\multicolumn{2}{l	}{SABK225498}
日期 Date	MAY. 20, 2019	支取 Payable with Interest	@	%
号码 No.	NW IV011	汇票金额 Exchange for	USD102,000.00	Tangshan　　JUL. 15, 2019
	见票 at ×××	\multicolumn{3}{l	}{日后（本汇票之副本未付）付交 sight of this FIRST of Exchange （Second of Exchange Being unpaid）}
\multicolumn{2}{	r	}{Pay to the order of}	\multicolumn{3}{l	}{BANK OF CHINA, TANGSHAN, CHINA}
\multicolumn{2}{	r	}{The sum of}	\multicolumn{3}{l	}{UNITED STATES DOLLARS ONE HUNDRED AND TWO THOUSAND ONLY.}
此致 To	STANDARD BANK OF SOUTH AFRICA LTD., TSHWANE, SOUTH AFRICA	\multicolumn{3}{l	}{HEBEI RUOWAN INTERNATIONAL TRADE CO., LTD.}

知识链接

一、汇票的定义

汇票，简称 B/E，一般使用 Bill of Exchage、Exchange、Draft，它是出票人签发的，委托付款人在见票时，或者在指定日期无条件支付确定的金额给收款人或者持票人的票据。

汇票一般为一式两份，第一联、第二联在法律上无区别。其中一联生效则另一联自动作废。港澳地区一次寄单可只出一联。为防止单据可能在邮寄途中遗失造成的麻烦，一般远洋单据都按两次邮寄。

国际贸易结算，基本上是非现金结算，汇票是国际商务中一种常用的支付工具。在国内贸易中，卖方通常在没有结清账户的情况下先发货，标明货款金额和支付方式的商业发票随后跟到，买方通常可以在不签署任何承认自己义务的正式文件之前先获得货物。相反，在国际贸易中，由于缺乏信任，买方在获得货物之前必须支付货款或者做出支付的承诺。使用以支付金钱为目的并且可以流通转让的债权凭证——票据为主要的结算工具。依照国际惯例，人们使用汇票来对交易进行结算，它是由出口商开出的、要求进口商或者它的代理在特定时间支付特定金额的命令。

二、汇票的当事人

汇票是国际结算中使用最广泛的一种信用工具。它是一种委付证券，基本当事人有三个：出票人、受票人和收款人。

1. 出票人（Drawer）

出票人是开立票据并将其交付给他人的法人、其他组织或者个人。出票人对持票人及正当持票人承担票据在提示付款或承兑时必须付款或者承兑的保证责任。收款人及正当持票人一般是出口方,因为出口方在输出商品或劳务的同时或稍后,向进口商付出此付款命令,责令后者付款。

2. 受票人(Drawee/Payer)

受票人又叫"付款人",是指受出票人委托支付票据金额的人、接受支付命令的人。进出口业务中,通常为进口人或银行。在托收支付方式下,一般为买方或债务人;在信用证支付方式下,一般为开证行或其指定的银行。

3. 收款人(Payee)

收款人,又称为受款人,一般是汇票的抬头人,是凭汇票向付款人请求支付票据金额的人。一般以出口商或其所指定的第三者为受款人。

三、汇票的种类

1. 按有无附有货运单据,可分为光票和跟单汇票

(1) 光票(Clean Bill)。光票是不附带货运单据的汇票。光票的流通完全依靠当事人的信用,即完全看出票人、付款人或背书人的资信。在国际贸易中,对少量货运,或收取保险费、运费等其他费用,可采用光票向对方收款。

(2) 跟单汇票(Documentary Bill)。跟单汇票是附带货运单据的汇票,以承兑或付款作为交付单据的条件。除了有当事人的信用外,还有货物的保证。因此,在国际贸易中,这种汇票使用较为广泛。

2. 按付款人的不同,分为银行汇票和商业汇票

(1) 银行汇票(Banker's Draft)是由出票银行签发的,由其在见票时按照实际结算金额无条件付给收款人或者持票人的票据。银行汇票的出票银行为经中国人民银行批准办理银行汇票的银行。多用于办理异地转账结算和支取现金,由其在见票时,按照实际结算金额无条件支付给收款人或持票人的票据。银行汇票有使用灵活、票随人到、兑现性强等特点,适用于先收款后发货或钱货两清的商品交易。

(2) 商业汇票(Commercial Draft)是工商企业或个人签发的,委托付款人在指定日期无条件支付确定的金额给收款人或者持票人的票据。商业汇票分为商业承兑汇票和银行承兑汇票。商业承兑汇票由银行以外的付款人承兑(付款人为承兑人),银行承兑汇票是由银行承兑的远期商业汇票。商业汇票的付款期限,最长不得超过6个月(电子商业汇票可延长至1年)。

3. 按付款时间,分为即期汇票和远期汇票

(1) 即期汇票(Sight Bill,Sight Draft)指持票人向付款人提示后对方立即付款的汇票,又称见票或即付汇票。

(2) 远期汇票(Time Bill,Usance Bill)是付款人于出票后一定期限或特定日期付款的汇票。远期汇票付款日期的确定一般有以下几种形式:①付款人承兑后若干天付款。②出票后若干天付款。③提单日期后若干天付款。④议付后若干天付款。⑤按指定日期付款等。按国际惯例,远期汇票的付款期限,一般为30天、60天、90天、120天,最长不超过180天,其中以30天、60天约期付款的较多。远期汇票在到期前可以背书转让、流通,使之成为支付工具和流通手段;若持票人在远期汇票到期前急需用款,经过付款人承兑亦可提交贴现公司或银行通过贴现提前取得票款净额。在国际贸易结算中远期汇票已广泛使用。

四、汇票的票据行为

票据行为是以票据权利义务的设立及变更为目的的法律行为。广义的汇票票据行为是指票据权利义务的创设、转让和解除等行为，包括汇票票据的签发、背书、承兑、保证、承兑、付款、追索等行为在内。狭义的票据行为专指以设立票据债务为目的的行为，只包括汇票签发、背书、承兑、保证、承兑等行为。

1. 出票（Draw 或 Issue）

出票包括两个动作：一是写成汇票（Draw），即在汇票上写明有关内容，并签名。二是交付（Deliver），即将汇票交付给收款人，只有经过交付，才真正建立了债权，完成了出票手续。出票后，出票人即承担保证汇票得到承兑和付款的责任。如汇票遭到拒付，出票人应接受持票人的追索，清偿汇票金额、利息和有关费用。

出票时有三种方式规定收款人：

（1）限制性抬头（Restrictive Payee），这种汇票通常会标注"pay ABC Co., Ltd. only"或"pay ABC Co., Ltd., not negotiable"。这种汇票不得流通转让。

（2）指示性抬头（To Order），汇票常标有"pay ABC Co., Ltd or Order"或者"pay to the order of ABC Co., Ltd."。这种汇票能够通过背书转让给第三者。

（3）持票人或者来人抬头（To Bearer），汇票常标注有"pay to bearer"或者"pay to ABC Co., Ltd. or bearer"。这种汇票不需由持票人背书即可转让。

2. 提示（Presentation）

提示指持票人将汇票提交付款人要求承兑或付款的行为，是持票人要求取得票据权利的必要程序。提示又分付款提示和承兑提示。

3. 承兑（Acceptance）

承兑指付款人在持票人向其提示远期汇票时，在汇票上签名，承诺于汇票到期时付款的行为。具体做法是付款人在汇票正面写明"承兑（Accepted）"字样，注明承兑日期，于签章后交还持票人。付款人一旦对汇票作承兑，即成为承兑人以主债务人的地位承担汇票到期时付款的法律责任。

4. 付款（Payment）

付款是对即期汇票，在持票人提示时，付款人即应付款，无须经过承兑手续；对远期汇票，在规定的时效、规定的地点向付款人作付款提示时，即应到期付款。

5. 背书（Endorsement）

背书是转让汇票的一种手续，是由汇票的抬头人（受款人）在汇票背面签上自己的名字，或再加上受让人，即被背书人（Endorsee）的名字，并把汇票交给受让人的行为。根据我国《票据法》规定，除非出票人在汇票上记载"不得转让"外，汇票的收款人可以以记名背书的方式转让汇票权利，即在汇票背面签上自己的名字，并记载被背书人的名称，然后把汇票交给被背书人即受让人，受让人成为持票人，即票据的债权人。受让人有权以背书方式再行转让汇票的权利。在汇票经过不止一次转让时，背书必须连续，即被背书人和被背书人名字前后一致。对受让人来说，所有以前的背书人和出票人都是他的前手（Prior Parties），对背书人来说，所有他转让以后的受让人都是他的"后手"，前手对后手承担汇票得到承兑和付款的责任。在金融市场上，最常见的背书转让为汇票的贴现，即远期汇票经承兑后，尚未到期，持票人背书后，由银行或贴现公司作为受让人。从票面金额中扣减按贴现率结算的贴息后，将余款付给持票人。贴现后余额的计算公式是：贴现后余额＝票面金额－（票面金额×贴现率×日数/360）－有关费用。

能力测评

一、单选题

1. 如汇票金额为 About Five Thousand Dollars，则此汇票为（   ）。
   A. 有效汇票　　　　B. 无效汇票　　　　C. 即期汇票　　　　D. 远期汇票

2. 某公司签发一张汇票，上面注明"At 30 days after B/L date"，则这是一张（   ）。
   A. 即期汇票　　　　B. 远期汇票　　　　C. 跟单汇票　　　　D. 光票

3. T/T、M/T 和 D/D 的中文含义分别为（   ）。
   A. 信汇、票汇、电汇　　　　　　　　B. 电汇、票汇、信汇
   C. 电汇、信汇、票汇　　　　　　　　D. 票汇、信汇、电汇

4. "At ××days after sight"的远期汇票的付款日是根据（   ）确定的。
   A. 见票的第二天　　B. 见票的当天　　　C. 出票日　　　　　D. 承兑的当天

5. 正确表明汇票的流通性由强至弱程度的排列是（   ）。
   A. 限制性抬头—指示性抬头—持票人抬头
   B. 持票人抬头—指示性抬头—限制性抬头
   C. 指示性抬头—持票人抬头—限制性抬头
   D. 持票人抬头—限制性抬头—指示性抬头

6. 国际货款结算中，信用证方式属于（   ），使用（   ）。
   A. 银行信用/银行汇票　　　　　　　　B. 商业信用/银行汇票
   C. 银行信用/商业汇票　　　　　　　　D. 商业信用/商业汇票

7. 汇票有即期和远期之分，在 D/P 业务中，使用的是（   ）。
   A. 光票
   B. 即期汇票
   C. 即期汇票或远期汇票
   D. 远期汇票

8. 如果信用证上未明确付款人，则制作汇票时，付款人应为（   ）。
   A. 可以空白　　　　　　　　　　　　B. 开证银行
   C. 议付银行　　　　　　　　　　　　D. 开证申请人

9. 发票的日期在结汇单据中应（   ）。
   A. 早于汇票的签发日期　　　　　　　B. 早于提单的签发日期
   C. 早于保险单的签发日期　　　　　　D. 是最早签发的单据

10. 汇票是一种代替现金的支付工具，有两张正本（即 First Exchange 和 Second Exchange），其效力是（   ）。
    A. 付款人付一不付二　　　　　　　　B. 付二不付一
    C. 先到先付，后到无效　　　　　　　C. 具有同等效力

11. 汇票受款人又称抬头人，我国实际业务中多用（   ）为受款人。
    A. 议付行　　　　　　　　　　　　　B. 受益人
    C. 开证行　　　　　　　　　　　　　D. 开证人

12. 国际贸易中使用的票据主要有汇票、本票和支票，其中（   ）使用最多。

A. 汇票　　　　　B. 本票　　　　　C. 支票　　　　　D. 汇票和本票

13. 汇票的收款人有三种填写方式，根据我国票据法的规定，其中凡签发（   ）的汇票无效。

A. 限制性抬头　　　　　　　　B. 指示性抬头

C. 持票人或来人抬头　　　　　D. 记名抬头

14. 承兑是指汇票付款人承诺对远期汇票承担到期付款责任的行为。我国票据法规定，自收到提示承兑汇票之日起（   ）内，付款人须做出承兑。

A. 3日　　　　　B. 4日　　　　　C. 5日　　　　　D. 6日

15. 审单时，正常情况下，签发时间最晚的单据是（   ）。

A. 商品检验单　　B. 货运单据　　C. 汇票　　　　D. 发票

二、多选题

1. 国际上汇票的抬头通常有三种写法，即（   ）。

A. 限制性抬头　　B. 指示性抬头　　C. 持票人抬头　　D. 背书性抬头

2. 汇票背书的方式主要有（   ）。

A. 限制性背书　　B. 指示性背书　　C. 空白背书　　　D. 记名背书

3. 在实际业务中，远期汇票付款时间的规定办法有（   ）。

A. 见票后若干天付款　　　　　B. 出票后若干天付款

C. 提单签发日后若干天付款　　D. 指定日期付款

三、判断题

1. 汇票上没有出票人签字，汇票就不能成立。（   ）
2. 汇票金额不能超过信用证金额或允许金额。（   ）
3. 托收方式是商业信用，而L/C方式是银行信用，但两者都使用商业汇票。（   ）
4. 汇票经背书后，使汇票的收款权利转让给被背书人，被背书人若日后遭到拒付可向前手行使追索权。（   ）
5. 远期汇票在付款人承兑之前，汇票的主债务人是出票人。（   ）
6. 汇票经背书后，使汇票的收款权利转让给被背书人，被背书人若日后遭到拒付可向前手行使追索权。（   ）
7. 远期汇票在付款人承兑之前，汇票的主债务人是出票人。（   ）

拓展实训

实训项目　制作汇票

上接各项目中的拓展实训。2019年9月30日，山东允芷国际贸易有限公司 SHANDONG YUNZHI INTERNATIONAL TRADE CO., LTD. 外贸单证员芸芸根据信用证、商业发票、装箱单和海运提单，着手制作装运通知。

1. 信用证

MT 700		**ISSUE OF A DOCUMENTARY CREDIT**
SENDER		COMMONWEALTH BANK OF AUSTRALIA
RECEIVER		BANK OF CHINA, QINGDAO, CHINA
SEQUENCE OF TOTAL	27:	1/1
FORM OF DOC. CREDIT	40A:	IRREVOCABLE
DOC. CREDIT NUMBER	20:	MS112233
DATE OF ISSUE	31C:	190815
APPLICABLE RULES	40E:	UCP LATEST VERSION
DATE AND PLACE OF EXPIRY	31D:	DATE 191030 PLACE IN CHINA
APPLICANT	50:	ONE METER SUNSHINE CO., LTD.
		NO.95, GEORGE STREET, SYDNEY, AUSTRALIA
BENEFICIARY	59:	SHANDONG YUNZHI INTERNATIONAL TRADE CO., LTD.
		8 HEBEI STREET, QINGDAO CITY, SHANDONG, CHINA
AMOUNT	32B:	CURRENCY USD AMOUNT 96,000.00
AVAILABLE WITH/BY	41D:	ANY BANK IN CHINA, BY NEGOTIATION
DRAFTS AT...	42C:	AT SIGHT
DRAWEE	42A:	BANK OF CHINA, QINGDAO BRANCH, BY NEGOTIATION
PARTIAL SHIPMTS	43P:	NOT ALLOWED
TRANSSHIPMENT	43T:	NOT ALLOWED
PORT OF LOADING/ AIRPORT OF DEPARTURE	44E:	QINGDAO, CHINA
PORT OF DISCHARGE	44F:	SYDNEY, AUSTRALIA
LATEST DATE OF SHIPMENT	44C:	190930
DESCRIPTION OF GOODS AND/OR SERVICES	45A:	24,000 TINS CANNED YELLOW PEACH, AS PER S/C NO. YZ012 AT USD4.00/TIN CIF SYDNEY, AUSTRALIA 24TINS/CTN.
DOCUMENTS REQUIRED	46A:	

+SIGNED COMMERCIAL INVOICE IN TRIPLICATE. INVOICE MUST INDICATE THE FOLLOWING: OCEAN FREIGHT, INSURANCE COST AND FOB VALUE.
+PACKING LIST IN TRIPLICATE
+FULL SET (3/3) OF CLEAN ON BOARD OCEAN BILLS OF LADING MADE OUT TO ORDER MARKED FREIGHT PREPAID AND NOTIFY APPLICANT.
+CERTIFICATE OF ORIGIN CERTIFIED BY CHAMBER OF COMMERCE OR CCPIT.
+INSURANCE POLICY/CERTIFICATE IN DUPLICATE ENDORSED IN BLANK FOR 120% INVOICE VALUE, COVERING ALL RISKS OF CIC OF PICC (1/1/1981)
+SHIPMENT ADVICE SHOWING THE NAME OF THE CARRYING VESSEL, DATE OF SHIPMENT, MARKS, QUANTITY, NET WEIGHT AND GROSS WEIGHT OF THE SHIPMENT TO APPLICANT WITHIN 3 DAYS AFTER THE DATE OF BILL OF LADING.
+BENEFICIARY CERTIFICATE CERTIFYING THAT ONE SET OF SHIPPING DOCUMENTS HAS BEEN FAXED TO THE APPLICANT WITHIN ONE DAY AFTER SHIPMENT

ADDITIONAL CONDITION   47A:

+DOCUMENTS DATED PRIOR TO THE DATE OF THIS CREDIT ARE NOT ACCEPTABLE.
+THE NUMBER OF THIS CREDIT MUST BE QUOTED ON ALL DOCUMENTS.

CHARGES	71B:	ALL BANKING CHARGES OUTSIDE JAPAN INCLUDING REIMBURSING COMMISSIONS ARE FOR ACCOUNT OF BENEFICIARY.
PERIOD FOR PRESENTATION	48:	WITHIN 15 DAYS AFTER THE DATE OF SHIPMENT, BUT WITHIN THE VALIDITY OF THIS CREDIT.
CONFIRMATION INSTRUCTION	49:	WITHOUT
REIMBURSING BANK	53A:	COMMONWEALTH BANK OF AUSTRALIA LEVEL 1, 48 MARTIN PLACE, SYDNEY, NEW SOUTH WALES2000

2. 商业发票

SHANDONG YUNZHI INTERNATIONAL TRADE CO., LTD.
8 HEBEI STREET, QINGDAO CITY, SHANDONG, CHINA

COMMERCIAL INVOICE

To:	ONE METER SUNSHINE CO., LTD NO.95, GEORGE STREET, SYDNEY, AUSTRALIA.	Invoice No.:	YZ2019012
		Invoice Date:	SEP. 15, 2019
		S/C No.:	YZ012
		L/C No.:	MS112233

Transport details	From QINGDAO, CHINA To SYDNEY, AUSTRALIA BY VESSEL				
Marks and Numbers	Number and kind of package Description of goods	Quantity	Unit Price	Amount	
ONE METER SUNSHINE YZ012 SYDNEY C/NO. 1-1000	CANNED YELLOW PEACH 850G 24TINS/CTN	24,000TINS	CIFNAGOYA, JAPAN USD4.00/TIN	USD96,000.00	
	TOTAL:	24,000TINS		USD96,000.00	
SAY TOTAL:	SAY US DOLLARS NINTY-SIX THOUSAND ONLY				
	SHANDONG YUNZHI INTERNATIONAL TRADE CO., LTD. YUNYUN				

3. 装箱单

	SHANDONG YUNZHI INTERNATIONAL TRADE CO., LTD. 8 HEBEI STREET, QINGDAO CITY, SHANDONG, CHINA			
	**PACKING LIST**			

To:	ONE METER SUNSHINE CO., LTD. NO.95, GEORGE STREET, SYDNEY, AUSTRALIA.	Invoice No.:	YZ2019012
		Date:	SEP. 15, 2019
		S/C No.:	YZ012
		L/C No.:	MS112233
Transport details		From QINGDAO, CHINA To SYDNEY, AUSTRALIA. BY VESSEL	

Marks and Numbers	Number and kind of package Description of goods	Quantity	Package	G. W	N. W	Meas.
ONE METER SUNSHINE YZ012 SYDNEY C/NO. 1-1000	CANNED YELLOW PEACH 850G 24TINS/CTN	24,000TINS	1,000CTNS	22,000KGS	20,400KGS	16CBM
TOTAL:		24,000TINS	1,000CTNS	22,000KGS	20,400KGS	16CBM
SAY TOTAL:	SAY ONE THOUSAND CARTONS ONLY					
	SHANDONG YUNZHI INTERNATIONAL TRADE CO., LTD. YUNYUN					

★根据上述资料，山东允芷国际贸易有限公司的外贸单证员芸芸需完成下面汇票的制作：

	**BILL OF EXCHANGE**		
凭 Drawn Under		不可撤销信用证 Irrevocable L/C No.	
日期 Date		支取 Payable with Interest	@ % 按 息 付款
号码 No.		汇票金额 Exchange for	
见票 At	sight of this FIRST of Exchange (Second of Exchange Being unpaid)		
Pay to the order of			
The sum of			
To			

项目十　审单与交单结汇

学习目标

【素质目标】
认识到审单与交单结汇在进出口流程中的重要性
培养诚实守信、一丝不苟的工作作风
养成善于沟通和团队合作的工作品质

【知识目标】
理解审核单据的原则、单据审核的要点以及主要的不符点
熟悉交单结汇的流程以及不同方式下的交单结汇
掌握不符点的处理原则和方法

【能力目标】
能够审核出全套结算单据中的不符点
能够完成信用证结算方式下的交单结汇业务

导入项目场景

2019年7月16日，河北箬婉国际贸易有限公司外贸单证员婉儿在制作好汇票之后，将信用证要求的所有单据都准备好后，根据信用证、UCP600以及整笔业务的实际情况逐一仔细核对各个单据，审核无误后，在信用证规定的交单期内向中国银行唐山分行国际计算部办理交单结汇业务。

1. 信用证

```
MT 700              ISSUE OF A DOCUMENTARY CREDIT
SENDER      STANDARD BANK OF SOUTH AFRICA LTD., TSHWANE, SOUTH AFRICA
RECEIVER    BANK OF CHINA, TANGSHAN, CHINA
SEQUENCE OF TOTAL         27：1/1
FORM OF DOC. CREDIT       40A：IRREVOCABLE
DOC. CREDIT NUMBER        20：SABK225498
DATE OF ISSUE             31C：190520
APPLICABLE RULES          40E：UCP LATEST VERSION
```

DATE AND PLACE OF EXPIRY	31D：	DATE 190830 PLACE IN CHINA
APPLICANT	50：	WARM SUNSHINE TRADING CO. , LTD
		30 SANTA MARIA AVENUE, TSHWANE CITY, SOUTH AFRICA
BENEFICIARY	59：	HEBEI RUOWAN INTERNATIONAL TRADE CO. , LTD.
		18 XINYUAN STREET, TANGSHAN CITY, HEBEI PROVINCE, CHINA
AMOUNT	32B：	CURRENCY EUR AMOUNT 100, 000. 00
AVAILABLE WITH/BY	41D：	ANY BANK IN CHINA, BY NEGOTIATION
DRAFTS AT...	42C：	AT SIGHT
DRAWEE	42A：	STANDARD BANK OF SOUTH AFRICA LTD. , TSHWANE.
PARTIAL SHIPMTS	43P：	NOT ALLOWED
TRANSSHIPMENT	43T：	ALLOWED
PORT OF LOADING/ AIRPORT OF DEPARTURE	44E：	TIANJIN, CHINA
PORT OF DISCHARGE	44F：	CAPETOWN, SOUTH AFRICA
LATEST DATE OF SHIPMENT	44C：	190720
DESCRIPTION OF GOODS AND/OR SERVICES	45A：	20,000BAGS COOKED CHESTNUT KERNEL, AS PER S/C NO. NW018 AT USD5. 00/BAG CIF CAPETOWN , SOUTH AFRICA, PACKING： 20 BAGS/CTN
DOCUMENTS REQUIRED	46A：	

+SIGNED COMMERCIAL INVOICE IN TRIPLICATE.
+PACKING LIST IN TRIPLICATE.
+FULL SET（3/3）OF CLEAN "ON BOARD" OCEAN BILLS OF LADING MADE OUT TO ORDER MARKED FREIGHT PREPAID AND NOTIFY APPLICANT.
+CERTIFICATE OF ORIGIN CERTIFIED BY CHAMBER OF COMMERCE OR CCPIT.
+INSURANCE POLICY/CERTIFICATE IN DUPLICATE ENDORSED IN BLANK FOR 110% INVOICE VALUE, COVERING ALL RISKS AND WAR RISK OF CIC OF PICC（1/1/1981）.
+SANITARY CERTIFICATE AND PHYTOSANITARY ISSUED BY THE CUSTOMS OF THE PEOPLE'S REPUBLIC OF CHINA.
+SHIPMENT ADVICE SHOWING THE NAME OF THE CARRYING VESSEL, DATE OF SHIPMENT, MARKS, QUANTITY, NET WEIGHT AND GROSS WEIGHT OF THE SHIPMENT TO APPLICANT WITHIN 3 DAYS AFTER THE DATE OF BILL OF LADING.
+BENEFICIARY CERTIFICATE CERTIFYING THAT SHIPPING ADVICE HAS BEEN SENT TO THE APPLICANT BY TELEX WITHIN 3 DAYS AFTER THE DATE OF BILL OF LADING.

ADDITIONAL CONDITION	47A：	

+DOCUMENTS DATED PRIOR TO THE DATE OF THIS CREDIT ARE NOT ACCEPTABLE.
++THE NUMBER OF THIS CREDIT MUST BE QUOTED ON ALL DOCUMENTS
+TRANSSHIPMENT ALLOWED AT NINGBO ONLY.
+SHORT FORM/CHARTER PARTY/THIRD PARTY BILL OF LADING ARE NOT ACCEPTABLE.
+BOTH QUANTITY AND CREDIT AMOUNT 5% MORE OR LESS ARE ALLOWED.

CHARGE	71B：	ALL CHARGES AND COMMISSIONS OUT OF SOUTH AFRICA ARE FOR ACCOUNT OF BENEFICIARY EXCLUDING REIMBURSING FEE.

PERIOD FOR PRESENTATION	48： WITHIN 21 DAYS AFTER THE DATE OF SHIPMENT, BUT WITHIN THE VALIDITY OF THIS CREDIT.
CONFIRMATION INSTRUCTION	49： WITHOUT
REIMBURSING BANK	53A： STANDARD BANK OF SOUTH AFRICA LTD., TSHWANE, SOUTH AFRICA

2. 商业发票

<table>
<tr><td colspan="5">HEBEI RUOWAN INTERNATIONAL TRADE CO., LTD.
18 XINYUAN STREET, TANGSHAN CITY, HEBEI PROVINCE, CHINA
TEL：0086-315-2788888　　FAX：0086-315-2788888</td></tr>
<tr><td colspan="5" align="center">COMMERCIAL INVOICE</td></tr>
<tr><td rowspan="4">To Messer：</td><td rowspan="4">WARM SUNSHINE TRADING CO., LTD.
30 SANTA MARIA AVENUE, TSHWANE CITY, SOUTH AFRICA
TEL：27-21-25456888 FAX：27-21-25456801</td><td colspan="2">Invoice No.：</td><td>NW IV011</td></tr>
<tr><td colspan="2">Invoice Date：</td><td>JUN. 20, 2019</td></tr>
<tr><td colspan="2">S/C No.：</td><td>NW018</td></tr>
<tr><td colspan="2">L/C No.：</td><td>SABK225498</td></tr>
<tr><td>Transport Details</td><td colspan="4">FROM TIANJIN, CHINA TO CAPETOWN, SOUTH AFRICA BY SEA/VESSEL</td></tr>
<tr><td>Marks and Numbers</td><td>Number and kind of package
Description of goods</td><td>Quantity</td><td>Unit Price</td><td>Amount</td></tr>
<tr><td>WARM SUNSHINE
NW018
CAPETOWN
SOUTH AFRICA
C/NO. 1-1000</td><td>COOKED CHESTNUT KERNEL
1KG/BAG
As per the confirmed sample
of Mar. 03, 2019.
PACKED IN 20BAGS/CTN</td><td>20,400BAGS</td><td>USD5.00/BAG</td><td>CIF

USD102,000.00</td></tr>
<tr><td colspan="2" align="center">TOTAL：</td><td>20,400BAGS</td><td></td><td>USD102,000.00</td></tr>
<tr><td>SAY TOTAL：</td><td colspan="4">SAY U.S. DOLLARS ONE HUNDRED AND TWO THOUSAND ONLY.</td></tr>
<tr><td colspan="5" align="right">HEBEI RUOWAN INTERNATIONAL TRADE CO., LTD.
WANER</td></tr>
</table>

3. 装箱单

<table>
<tr><td colspan="3">HEBEI RUOWAN INTERNATIONAL TRADE CO., LTD.
18 XINYUAN STREET, TANGSHAN CITY, HEBEI PROVINCE, CHINA
TEL：0086-315-2788888　　FAX：0086-315-2788888</td></tr>
<tr><td colspan="3" align="center">PACKING LIST</td></tr>
<tr><td rowspan="4">To：</td><td rowspan="4">WARM SUNSHINE TRADING CO., LTD.
30 SANTA MARIA AVENUE, TSHWANE CITY, SOUTH AFRICA
TEL：27-21-25456888 FAX：27-21-25456801</td><td>Invoice No.：　NW IV011</td></tr>
<tr><td>Invoice Date：　JUN. 20, 2019</td></tr>
<tr><td>S/C No.：　NW018</td></tr>
<tr><td>L/C No.：　SABK225498</td></tr>
</table>

Transport Details	FROM TIANJIN, CHINA TO CAPETOWN, SOUTH AFRICA BY SEA/VESSEL					
Marks and Numbers	Number and kind of package Description of goods	Quantity	Package	G.W	N.W	Meas.
WARM SUNSHINE NW018 CAPETOWN C/NO. 1-1020	COOKED CHESTNUT KERNEL 1KG/BAG As per the confirmed sample of Mar. 03, 2019. PACKED IN 20BAGS/CTN	20,400BAGS	1,020CTNS	21,420KGS	20,400KGS	36.72CBM
	TOTAL	20,400BAGS	1,020CTNS	21,420KGS	20,400KGS	36.72CBM
SAY TOTAL:	SAY ONE THOUSAND CARTONS ONLY					
	HEBEI RUOWAN INTERNATIONAL TRADE CO., LTD. WANER					

4. 海运提单

Shipper HEBEI RUOWAN INTERNATIONAL TRADE CO., LTD. 18 XINYUAN STREET, TANGSHAN CITY, HEBEI PROVINCE, CHINA		B/L NO. COS45736 *ORIGINAL*	
Consignee TO ORDER		中远集装箱运输有限公司 COSCO CONTAINER LINES TLX：33057 COSCO CN FAX：+86(022)65458984 Port-to-port combined transport BILL OF LADING	
Notify Party WARM SUNSHINE TRADING CO., LTD. 30 SANTA MARIA AVENUE, TSHWANE CITY, SOUTH AFRICA				
Pre-carriage by	Port of loading TIANJIN, CHINA		
Ocean Vessel/Voy. No. XIN LANZHOU CII/140S	Port of transshipment		
Port of discharge CAPETOWN, SOUTH AFRICA	Final destination		
Marks and Nos. Container/Seal No.	Number and kind of packages Description of goods	Gross weight (kgs.)	Measurement (m³)
WARM SUNSHINE NW018 CAPETOWN C/NO. 1-1020 MADE IN CHINA COSU7348955/055623	COOKED CHESTNUT KERNEL SAY ONE THOUSAND AND TWO (1,002) CARTONS ONLY TOTAL 1×40' CONTAINER CY TO CY	21,420KGS	36.72 CBM

| | Total number of containers and/or packages (in words) SAY ONE THOUSAND AND TWO CARTONS ONLY. |

Total number of containers and/or packages (in words) SAY ONE THOUSAND AND TWO CARTONS ONLY.			
REGARDING TRANSSHIPMENT INFORMATION PLEASE CONTACT			Freight and charge PREPAID
Ex. rate	Prepaid at	Freight payable at	Place and date of issue
	Total Prepaid	Number of original Bs/L THREE (3)	Signed for or on behalf of the Master

5. 保险单

中国人民财产保险股份有限公司货物运输保险单
PICC PROPERTY AND CASUALTY COMPANY LIMITED
CARGO TRANSPORTATION INSURANCE POLICY INSURANCE
保险单号：

被保险人：
INSURED： HEBEI RUOWAN INTERNATIONAL TRADE CO., LTD.
发票号（INVOICE NO.）：NWIV011
合同号（CONTRACT NO.）：NW018
信用证号（L/C NO.）：SABK225498
发票金额（INVOICE AMOUNT） USD102,000.00 投保加成（PLUS） 20%

中国人民财产保险股份有限公司（以下简称本公司）根据被保险人的要求，以被保险人向本公司缴付约定的保险费为对价，按照本保险单列明条款承保下述货物运输保险，特订立本保险单。
THIS POLICE OF INSURANCE WITNESSES THAT PICC PROPERTY AND CASUALTY COMPANY LIMITED (HEREINAFTER CALLED "THE COMPANY") AT THE REQUEST OF THE INSURED AND IN CONSIDERATION OF THE AGREED PREMIUM PAID TO THE COMPANY BY THE INSURED, UNDERTAKES TO INSURE THE UNDERMENTIONED GOODS IN TRANSPORTATION SUBJECT TO THE CONDITION OF THIS POLICY AS PER THE CLAUSES PRINTED BELOW

标记 MARKS & NOS	包装及数量 QUANTITY	保险货物项目 DESCRIPTION OF GOODS	保险金额 AMOUNT INSURED
WARM SUNSHINE HY0011 CAPETOWN C/NO. 1-1020	1,020CTNS	COOKED CHESTNUT KERNEL	USD122,400.00

总保险金额：
Total Amount Insured US DOLLARS ONE HUNDRED AND TWENTY-TWO THOUSAND FOUR HUNDRED ONLY
保费（Premium）： AS ARRANGED 启运日期（Date of Commencement）： AS PER B/L
装载运输工具（Per Conveyance）： XIN LANZHOU CII/140S

自	经	至

FORM＿＿TIANJIN, CHINA＿＿VIA＿×××＿＿TO＿＿CAPETOWN, SOUTH AFRICA＿＿

投保险别（Conditions）：
ALL RISKS AND WAR RISK OF CIC OF PICC (1/1/1981) .
①L/C NO. SABK225498

所保货物，如发生保险单项下可能引起索赔的损失，应立即通知本公司或下述代理人查勘。如有索赔，应向本公司提交正本保险单（本保险单共有＿2＿份正本）及有关文件，如一份正本已用于索赔，其余正本自动失效。

IN THE EVENT OF LOSS OR DAMAGE WHICH MAY RESULT IN A CLAIM UNDER THIS POLICY, IMMEDIATE NOTICE MUST BE GIVEN TO THE COMPANY OR AGENT AS MENTIONED. CLAIMS, IF ANY, ONE OF THE ORIGINAL POLICY WHICH HAS BEEN ISSUED IN ＿2＿ ORIGINAL (S) TOGETHER WITH THE RELEVENT DOCUMENTS ALL BE SURRENDERED TO THE COMPANY. IF ONE THE ORIGINAL POLICY HAS BEEN ACCOMPLISHED, THE OTHERS TO BE VOID.

保险人：中国人民财产保险股份有限公司
PICC PROPERTY AND CASUALTY COMPANY LIMITED

赔款偿付地点： 授权人签字：
Claim Payable at ＿＿CAPETOWN＿＿ Authorized Signature＿＿皇甫兰兰＿＿
出单日期（Issuing Date）：＿＿JUL. 6, 2019＿＿

6. 一般原产地证

ORIGINAL	
1. Exporter	Certificate No.
HEBEI RUOWAN INTERNATIONAL TRADE CO., LTD. 18 XINYUAN STREET, TANGSHAN CITY, HEBEI PROVINCE, CHINA	**CERTIFICATE OF ORIGIN OF THE PEOPLE'S REPUBLIC OF CHINA**
2. Consignee WARM SUNSHINE TRADING CO., LTD. 30 SANTA MARIA AVENUE, TSHWANE CITY, SOUTH AFRICA	
3. Means of transport and route FROM TIANJIN, CHINA TO CAPETOWN, SOUTH AFRICA BY SEA	5. For certifying authority use only
4. Country/region of destination SOUTH AFRICA	

6. Marks and numbers	7. Number and kind of packages; description of goods	8. H. S. Code	9. Quantity	10. Number and date of invoices

WARM SUNSHINE NW018 LIVEPOOL C/NO. 1-1020	ONE THOUSAND AND TWENTY (1,020) CARTONS OF COOKED CHESTNUT KERNEL * * * * * * * * * * * L/C NO. SABK225498	2008192000	20,400BAGS	NW IV011 JUN. 20, 2019
11. Declaration by the exporter The undersigned hereby declares that the above details and statements are correct, that all the goods were produced in China and that they comply with the Rules of Origin of the People's Republic of China.			12. Certification It is hereby certified that the declaration by the exporter is correct.	
HEBEI RUOWAN INTERNATIONAL TRADE CO., LTD. 河北箬婉国际贸易有限公司 婉儿 TANGSHAN, CHINA, JUN. 08, 2019 Place and date, signature and stamp of authorized signatory			Place and date, signature and stamp of certifying authority	

7. 装运通知

HEBEI RUOWAN INTERNATIONAL TRADE CO., LTD. 18 XINYUAN STREET, TANGSHAN CITY, HEBEI PROVINCE, CHINA TEL：0086-315-2788888 FAX：0086-315-2788888			
SHIPPING ADVICE			
To：	WARM SUNSHINE TRADING CO., LTD. 30 SANTA MARIA AVENUE, TSHWANE CITY, SOUTH AFRICA	ISSUE DATE：	JUL. 11, 2019
^	^	S/C. No.：	NW018
^	^	L/C No.：	SABK225498
Dear Sir or Madam： We are pleased to advice you that the following mentioned goods has been shipped out, full details were shown as follows：			
Invoice Number：		NW IV011	
Bill of Loading Number：		COS45736	
Ocean Vessel：		XIN LANZHOU CII/140S	
Port of Loading：		TIANJIN, CHINA	
Date of Shipment：		JUL. 10, 2019	
Port of Destination：		CAPETOWN, SOUTH AFRICA	
Estimated Date of Arrival：		JUL. 11, 2019	
Containers/Seals Number：		COSU7348955/055623	

Description of Goods：	COOKED CHESTNUT KERNEL
Shipping Marks：	WARM SUNSHINE NW018 CAPETOWN C/NO. 1-1020
Quantity：	20,400BAGS
Gross Weight：	21,420KGS
Net Weight：	20,400KGS
Total Value：	USD102,000.00

Thank you for your patronage. We look forward to the pleasure of receiving your valuable repeat orders. Sincerely yours,

        HEBEI RUOWAN INTERNATIONAL TRADE CO., LTD.
        WANER

8. 受益人证明

HEBEI RUOWAN INTERNATIONAL TRADE CO., LTD.
18 XINYUAN STREET, TANGSHAN CITY, HEBEI PROVINCE, CHINA
TEL：0086-315-2788888 FAX：0086-315-2788888

BENEFICIARY'S CERTIFICATE

To：	WHOM IT MAY CONCERN.	Invoice No.：	NW IV011
		Date：	JUL. 11, 2019

WE HEREBY CERTIFY THAT SHIPPING ADVICE HAS BEEN SENT TO THE APPLICANT BY TELEX WITHIN 3 DAYS AFTER THE DATE OF BILL OF LADING.

L/C NO.：SABK225498

      HEBEI RUOWAN INTERNATIONAL TRADE CO., LTD.
      WANER

8. 汇票

BILL OF EXCHANGE

Drawn Under	STANDARD BANK OF SOUTH AFRICA LTD.	L/C No.	SABK225498
Date	JUL. 15, 2019	Interest	@ %
No.	NW IV011	Exchange for	USD102,000.00		
at	×××	sight of this FIRST of Exchange (Second of Exchange Being unpaid)

Pay to the order of	BANK OF CHINA, TANGSHAN, CHINA
the sum of	**US DOLLARS ONE HUNDRED AND TWO THOUSAND ONLY**.
To STANDARD BANK OF SOUTH AFRICA LTD., TSHWANE, SOUTH AFRICA	HEBEI RUOWAN INTERNATIONAL TRADE CO., LTD.

任务分析

河北箬婉国际贸易有限公司的外贸单证员婉儿根据外贸主管的指示，着手完成以下两项任务：

【任务1】审核全套结算单据

【任务2】向银行交单结汇

任务实施

【任务1】审核全套结算单据

河北箬婉国际贸易有限公司的单证员婉儿根据信用证的内容审核商业发票、装箱单、海运提单、产地证、保险单、装运通知、受益人证明、汇票等单据，发现了以下不符点：

1. 商业发票中的贸易术语错误：CIF 贸易术语后没有加"CAPETOWN, SOUTH AFRICA"。
2. 商业发票中的"Marks and Numbers"栏中的"C/NO. 1-1000"是错误的，应当根据货物实际出运情况进行件数的计算。
3. 装箱单中的 SAY TOTAL 一栏的"SAY ONE THOUSAND CARTONS ONLY"是错误的，应当根据实际装运情况填写为"SAY ONE THOUSAND AND TWENTY CARTONS ONLY"。
4. 海运提单中没有备注"L/C NO.：SABK225498"，这是信用证要求的。
5. 保险单中的投保加成写成了"120%"，与信用证要求的"110%"不相符，另外，保险金额是按120%计算的，显然是信用证也不相符。
6. 一般原产地证书中唛头一栏中的"LIVEPOOL"是错误的，与合同、信用证不符，应改为"CAPETOWN"。
7. 装运通知中的"Estimated date of arrival：JUL. 11, 2019"，这比开船时间晚一天，不符合实际情况。

【任务2】向银行交单结汇

2019年7月17日，河北箬婉国际贸易有限公司的单证员婉儿带着经审核修改后的全套结算单据到中国银行唐山分行国际结算部办理交单结汇工作。国际结算部的欧阳轩经理受理了这笔结汇业务，并要求婉儿填写客户交单联系单，并告知婉儿，银行收到单据后会再次审核，确认无误后于收到单据次日之日起不超过5个银行工作日办理出口结汇。2019年7月22日，河北箬婉国际贸易有限公司收到了中国银行唐山分行国际结算部的结汇通知，货款已入账。至此，该笔出口业务顺利完成，单证员婉儿对所有单据进行归档。

客户交单联系单

致：中国银行唐山分行			
兹随附下列出口单据一套，信用证业务请按国际商会现行《跟单信用证统一惯例》办理，跟单托收业务请按国际商会现行《托收统一规则》办理。			
信用证	开证行：STANDARD BANK OF SOUTH AFRICA LTD.		信用证号：SABK225498
^	通知行号：BANK OF CHINA, TANGSHAN, CHINA		通知行编号：
^	提单日期：190710	效期：190830	交单期限：21 天
无证托收	付款人全名及详址：		
^	代收行名称及详址：		
^	交单方式：（ ）D/P （ ）D/A		付款期限：
^	发票编号：NW IV011		金额：USD102,000.00
单据：			
2	汇票	1	产地证	2	保险单
3	发票	普惠制 GSP FORM A || 3	海运提单
	海关法票	品质证书		航空运单
	质量/重量证	1	受益人证明 || 船公司证明
3	装箱单/重量单	检验/分析证	1	装船通知
	电传回执	邮递收据		其他单据
其他单据：			
委办事项：(打"×"者)			

( ) 上述单据请按我司与贵行签订之总质押书办理押汇。
( ) 上述单据系代理出口项下业务，收妥后请原币划_____
( ) 开户行：_____ 账号：_____
( ) 若付款人拒绝付款/承兑，不必作成拒绝证书，但须以电传通知我司。
(×) 附信用证及修改书共 __2__ 纸
( ) 请向开证行寄单，我司承担一切责任。
(×) 请电询开证行同意后再寄单。
公司联系人：婉儿　　　　联系电话：27-21-25456888　　　　公司公章：

银行审单记录：		银行接单日期：	
( ) 单证相符。		汇票/发票金额：	BP No.
( ) 存在下列不符点：		寄单日期：	
		银行费用	通知/修改通知	/
		^	议付/托收	
		^	邮费	
		^	电报费	
经询，受益人确认不符寄单。		合　计：　由　　　　承担	
		索汇方式	寄单方式
退单记录：		银行经办	银行复核

知识链接

一、审单

（一）审单原则

在实际业务中，对国际结算单据的审核包括出口企业交单前的自我审核和银行接收单据后对单据的审核。信用证项下的单据都是按照国际商会《跟单信用证统一惯例》（UCP600）的要求进行审核。总体原则如下：

1. 遵循单证表面相符原则

UCP600中，单证相符是指"单单一致，单证一致"，所提交的单据之间要保持一致，在种类、份数和内容上要与信用证的要求一致，这也是银行审单所遵循的重要原则。

2. 谨慎审单原则

出口企业在审单过程中，要谨慎地审核信用证项下的单据，不能遗漏任何单据条款。

3. 及时性原则

出口企业应及时对有关单据进行审核，如遇到单据上出现错误，要及时更正，以避免因单据审核不及时而导致出口结汇不顺利。

4. 全面性原则

出口企业基于安全收汇和顺利履行合同出发，按照信用证、合同、UCP600等全面审核每一个单据，不放过任何一个条款。

（二）企业自我审单

1. 审核内容

（1）各种单据份数是否符合合同和信用证的要求，内容和签章的完整性。

（2）各种单据的名称和内容与信用证规定是否相符。

（3）各种单据之间内容是否相互一致。

（4）各种单据的签发日期前后是否有矛盾。

2. 审核要点

（1）商业发票审核要点。

①确保商业发票的签发人是信用证的受益人。

②除非信用证另有规定，发票的抬头为信用证的开证申请人。

③信用证中提及的货物描述、单价、贸易术语以及信用证上涉及的发票条款的内容必须体现在商业发票上。

④确保发票上的标记唛码、运输路线等内容与其他单据一致。

⑤发票的金额、币种与信用证保持一致，但不能超过信用证金额。

⑥按信用证要求，商业发票应予以签字。

⑦提交正确的正本和副本份数。

（2）汇票审核要点。

①汇票应有正确的信用证参考号。

②汇票的日期应该在信用证的有效期内。
③汇票的金额、币种应与发票保持一致，金额大小写要一致，不能超过信用证的金额。
④汇票的付款期限应与信用证保持一致。
⑤汇票的受款人/收款人应为议付行的名称、地址。
⑥汇票的出票人、签字人应为信用证的受益人。
（3）产地证审核要点。
①确保产地证上记载的原产国或原产地符合信用证的要求。
②产地证的签发日期应在海运提单之前，可以迟于商业发票日期。
③确保产地证上的进口商名称、唛头、货名、件数等内容与信用证保持一致。
④产地证是独立文件，有信用证指定的机构或受益人签署。
（4）保险单的审核要点。
①保险单据的种类必须与信用证规定相一致。
②保险单的受益人（即投保人）为信用证的受益人或按信用证的规定填写。
③保险单的唛头、件数、货物的名称等与其他单据或信用证要求相一致，保险金额的加成须符合信用证的规定。
④保险单上的运输工具、起运地及目的地，必须与信用证及其他单据相一致，保险险别须与信用证规定相一致。
⑤保险单的日期无论如何不能迟于运输单据的签发日期。
（5）运输单据的审核要点。
①运输单据的类型是否符合信用证的规定。
②启运地、装运地、目的地是否符合信用证的规定。
③装运日期、出单日期是否符合信用证的规定。
④收货人、被通知人是否符合信用证的规定。
⑤商品名称可使用货物的统称，但不得与发票上货物描述的写法相矛盾。
⑥运费预付、运费到付是否明确表示。
⑦正副本份数是否符合信用证的要求、全套正本是否有签发日期并盖妥承运人印章。
⑧运输单据上是否有不良批注。
⑨包装件数、唛头是否与其他单据一致。
⑩应加背书的运输单据是否加了背书。

（三）银行审单

1. 银行审单的含义

银行审单指银行对信用证受益人或单证合法持有人所提交的货运单据、汇票、商业发票、保险单据、装箱单、原产地证、检验证书等单据进行审核，确定单据与信用证的规定和要求是否相符的法律行为。由于信用证独立于国际货物买卖合同之外，是一种单纯的单据业务，银行在处理信用证业务时，将信用证的规定作为唯一的依据，并不过问合同项下的货物状况，因而对单据的审查标准决定了信用证的正常运作，与开证申请人、受益人及银行自身的利益密切相关。

2. 银行审单注意事项

银行审核信用证规定的单据，以确定单据在表面上（On Their Face）是否符合信用证规定，应从以下几个方面加以解释。

①单据必须与信用证条款相符（单证相符）。如，信用证规定货物应使用木箱包装（Goods packed in wooden cases），而包装单却表明货物装于木条箱（Goods packed in wooden crates）。这属于单证不符。

②单据必须与国际惯例相符。由于规范信用证业务的国际惯例（UCP600）对信用证的许多问题，包括单据的问题均有规定，因此，银行审单时判断单据是否在表面上与信用证相符的另一依据是，单据还须与UCP600的规定相符。例如，若信用证没有规定单据的最迟提交期限，则晚于运输单据签发日后21天才提交的单据属于单证不符。

③单据必须与既成事实相符。受益人所制作的单据须与已完成的事实相符，而不能完全照搬信用证的文句，否则就是表面上不符信用证规定。

④单据之间表面相符（单单相符）。UCP600第14条e款规定："除商业发票外，单据中货物的描述、服务或行为（若有）可以使用与信用证中的描述不相冲突的统称"。因此，各种单据的主要内容，如货物名称、数量、金额、包装、唛头等，必须在表面上相同或一致，不得相互矛盾，特别是发票、提单、保险单等单据之间关于货物的主要内容须保持一致。

⑤单据本身相符。UCP600第14条d款规定：单据中的信息，当联系信用证上下文、该单据本身及国际标准银行实务，不必与该单据、任何其他规定的单据或信用证中的信息完全相同，但不得与其相冲突。该款强调，银行审单的标准是：单证相符、单单相符及单内相符。但是，单证之间、单单之间及单内的信息无需"完全等同"（Identical），仅要求"不得冲突或矛盾"（Must not conflict with）即可。UCP600实施后，受益人所提示的每一种单据本身的相关内容也要彼此相符。

二、信用证结算方式下的交单结汇

（一）交单

1. 交单的定义

交单是指出口商（信用证受益人）在规定时间内向银行提交信用证规定的全套单据，这些单据经银行审核，根据信用证条款的不同付汇方式，由银行办理结汇。

2. 交单方式

交单方式有两种：一种是两次交单或称预审交单，在运输单据签发前，先将其他已备妥的单据交银行预审，发现问题及时更正，待货物装运后收到运输单据，可以当天议付并对外寄单。另一种是一次交单，即在全套单据收齐后一次性送交银行，此时货已发运。银行审单后若发现不符点需要退单修改，耗费时日，容易造成逾期而影响收汇安全。因而出口企业宜与银行密切配合，采用两次交单方式，加速收汇。

3. 交单的要求

其一是单据的种类和份数与信用证的规定相符。

其二是单据内容正确，包括所用文字与信用证一致。

其三是交单时间必须在信用证规定的交单期和有效期之内。

其四是提交要及时，也不能超过运输单据签发日期后21天，即不能超过信用证有效期。

4. 交单时间的限制

信用证交单的期限由以下三种因素决定：

①信用证的失效日期。

②装运日期后所特定的交单日期。

③银行在其营业时间外，无接受提交单据的义务。

受益人审核完全套单据后，应在规定的交单期内，向信用证中指定的银行交付全套单据。若信用证中没有规定交单期限，银行将不接受自装运日起21天内提交单据。

5. 交单地点的限制

所有信用证必须规定一个付款、承兑的交单地点，或在议付信用证的情况下须规定一个交单议付的地点，但自由议付信用证除外。

像提交单据的期限一样，信用证的到期地点也会影响受益人的处境。有时会发生这样的情况，开证行将信用证的到期地点定在其本国或他自己的营业柜台，而不是受益人国家，这对受益人的处境极为不利，因为他必须保证于信用证的有效期内在开证银行营业柜台前提交单据。

（二）结汇

1. 结汇的定义

结汇是指外汇收入所有者将其外汇收入出售给外汇指定银行，外汇指定银行按一定汇率付给等值的本币的行为。信用证项下的出口单据经银行审核无误后，银行按信用证规定的付汇条件，将外汇结付给出口企业。

2. 结汇方式

我国出口业务中，大多使用议付信用证，也有少量使用付款信用证和承兑信用证的。主要结汇方式如下：

（1）议付信用证。

在我国出口业务中，使用议付信用证比较多。对于这种信用证的出口结汇办法，主要有三种：收妥结汇、定期结汇和买单结汇。

①收妥结汇又称先收后结，是指出口地银行收到受益人提交的单据，经审核确认与信用证条款的规定相符后，将单据寄给国外付款行索偿，待付款行将外汇划给出口地银行账户的贷记通知书后，该行按当日外汇牌价结算成人民币付给受益人。

②定期结汇是指出口地银行在收到受益人提交的单据经审核无误后，预先确定一个固定的结汇期限将单据寄给国外银行索偿，并自交单日起在事先规定期限内主动将货款外汇结算成人民币贷记受益人账户或交付给受益人。

③买单结汇又称出口押汇或议付，是指议付行在审核单据后确认受益人所交单据符合信用证条款规定的情况下，按信用证的条款买入受益人的汇票和/或单据，从票面金额中扣除从议付日到估计收到票款之日的利息，将净数按议付日人民币市场汇价折算成人民币，付给信用证的受益人。议付行买入汇票和/或单据后，就成为汇票的善意持有人，即可凭汇票向信用证的开证行或其指定的银行索取票款。

（2）付款信用证。

付款信用证通常不用汇票，在业务中使用的即期付款信用证中，国外开证行指定出口地的分行或代理行为付款行，受益人径直向付款行交单。付款行付款时不扣除汇程利息。付是不可追索的。显然在信用证方式中，这是对出口商最为有利的一种。

（3）承兑信用证。

承兑信用证的受益人开出远期汇票，通过国内代收行向开证行或开证行指定的银行提示，经其承兑后交单。已得到银行承兑的汇票可到期收款，也可贴现。

若国内代收行愿意做出口押汇（议付），则出口商也可立即收到货款，但此时该银行仅以汇票的合法持票人向开证行要求付款，不具有开证行所邀请的议付行的身份。

能力测评

一、单选题

1. 对于出口商而言，承担风险最大的交单条件是（　　）。
   A. D/P at sight　　　　　　　　B. D/P after at sight
   C. D/A after at sight　　　　　　D. T/R

2. 审核单据，购买受益人交付的跟单信用证项下汇票，并付出对价的银行是（　　）。
   A. 开证行　　B. 保兑行　　C. 付款行　　D. 议付行

3. 通知行是（　　）。
   A. 开证行的代理人　　　　　　B. 承兑行的代理人
   C. 付款行的代理人　　　　　　D. 保兑行的代理人

4. 允许单据有差异，只要差异不损害进口人，或不违反法庭的"合理、公平、善意"的概念即可，该原则在审证中被称为（　　）。
   A. 实质一致　　B. 严格一致　　C. 横审法　　D. 纵审法

5. COSCO 是提单的（　　）。
   A. 收货人　　B. 发货人　　C. 通知人　　D. 承运人

二、多选题

1. 《跟单信用证统一惯例》对银行的免责作了如下规定（　　）。
   A. 银行只对单据的表面真实性作形式上的审核，对单据的真实性、有效性不做实质性的审查
   B. 银行对单据中的货物描述价值及存在情况负责
   C. 银行对买卖双方的履约情况概不负责
   D. 信用证开出后对于买卖合同的变更、修改或撤销，除非通知银行否则银行概不负责

2. 中国人民保险公司的 CIC 的海运基本保险险别有（　　）。
   A. 战争险　　B. 平安险　　C. 罢工险　　D. 一切险

3. （　　）属于商业发票的附属单据。
   A. 装箱单　　B. 重量单　　C. 商检证书　　D. 尺码单

4. 属于发票审核要点的有（　　）。
   A. 确保发票是被受益人出具的
   B. 确保收货人名称符合信用证的要求
   C. 确保发票的面值与汇票的面值一致
   D. 确保发票的面值不超过信用证可使用的余额

5. 较好的开证是（　　）。
A. 最迟交单期限短于有效期限　　　　B. 交单期限长与有效期限相符
C. 最迟交单期限就是有效期限　　　　D. 最迟交单期限长于有效期限

三、判断题
1. 提单必须经过背书交付，才能完成转让行为。（　　）
2. 如果信用证中的商品名称有错漏，在商业发票上应使用正确的商品名称。（　　）
3. 目前我国在信用证结算方式下，大多使用议付信用证。（　　）
4. 受益人向银行交单的时间必须和信用证要求相符。（　　）
5. 商业发票的金额应与货物实际出运情况保持一致，但必须在信用证规定的金额范围内。（　　）

拓展实训

实训项目　单据审核

2019年10月4日，山东允芷国际贸易有限公司外贸单证员芸芸在制作好汇票之后，将信用证要求的所有单据都准备好后，根据信用证、UCP600以及整笔业务的实际情况逐一仔细审核各个单据，找出不符点。

1. 信用证

```
MT 700                ISSUE OF A DOCUMLENTARY CREDIT
SENDER                COMMONWEALTH BANK OF AUSTRALIA
RECEIVER              BANK OF CHINA, QINGDAO, CHINA
SEQUENCE OF TOTAL     27: 1/1
FORM OF DOC. CREDIT   40A: IRREVOCABLE
DOC. CREDIT NUMBER    20: MS112233
DATE OF ISSUE         31C: 190815
APPLICABLE RULES      40E: UCP LATEST VERSION
DATE AND PLACE OF EXPIRY  31D: DATE 191030 PLACE IN CHINA
APPLICANT             50: ONE METER SUNSHINE CO., LTD.
                          NO. 95, GEORGE STREET, SYDNEY, AUSTRALIA.
BENEFICIARY           59: SHANDONG YUNZHI INTERNATIONAL TRADE CO., LTD.
                          8 HEBEI STREET, QINGDAO CITY, SHANDONG, CHINA
AMOUNT                32B: CURRENCY USD AMOUNT 96,000.00
AVAILABLE WITH/BY     41D: ANY BANK IN CHINA, BY NEGOTIATION
DRAFTS AT...          42C: AT SIGHT
DRAWEE                42A: BANK OF CHINA, QINGDAO BRANCH, BY NEGOTIATION
PARTIAL SHIPMTS       43P: NOT ALLOWED
TRANSSHIPMENT         43T: NOT ALLOWED
PORT OF LOADING       44E: QINGDAO, CHINA
```

/AIRPORT OF DEPARTURE
PORT OF DISCHARGE 44F：SYDNEY, AUSTRALIA.
LATEST DATE OF SHIPMENT 44C：190930
DESCRIPTION OF GOODS 45A：24,000 TINS CANNED YELLOW PEACH, AS PER S/C
AND/OR SERVICES   NO. YZ012 AT USD4.00/TIN CIF SYDNEY, AUSTRALIA.
                     24TINS/CTN.
DOCUMENTS REQUIRED 46A：
+SIGNED COMMERCIAL INVOICE IN TRIPLICATE. INVOICE MUST INDICATE THE FOLLOWING：OCEAN FREIGHT, INSURANCE COST AND FOB VALUE.
+PACKING LIST IN TRIPLICATE.
+FULL SET (3/3) OF CLEAN ON BOARD OCEAN BILLS OF LADING MADE OUT TO ORDER MARKED FREIGHT PREPAID AND NOTIFY APPLICANT.
+CERTIFICATE OF ORIGIN FORM A CERTIFIED BY CUSTOMS.
+INSURANCE POLICY/CERTIFICATE IN DUPLICATE ENDORSED IN BLANK FOR 120% INVOICE VALUE, COVERING ALL RISKS OF CIC OF PICC (1/1/1981)
+SHIPMENT ADVICE SHOWING THE NAME OF THE CARRYING VESSEL, DATE OF SHIPMENT, MARKS, QUANTITY, NET WEIGHT AND GROSS WEIGHT OF THE SHIPMENT TO APPLICANT WITHIN 3 DAYS AFTER THE DATE OF BILL OF LADING.
+BENEFICIARY CERTIFICATE CERTIFYING THAT SHIPPING ADVICE HAS BEEN SENT TO THE APPLICANT BY TELEX WITHIN 3 DAYS AFTER THE DATE OF BILL OF LADING.
ADDITIONAL CONDITION 47A：
+DOCUMENTS DATED PRIOR TO THE DATE OF THIS CREDIT ARE NOT ACCEPTABLE.
+THE NUMBER OF THIS CREDIT MUST BE QUOTED ON ALL DOCUMENTS.
CHARGES 71B：ALL BANKING CHARGES OUTSIDE JAPAN INCLUDING REIMBURSING COMMISSIONS
             ARE FOR ACCOUNT OF BENEFICIARY.
PERIOD FOR PRESENTATION 48：WITHIN 15 DAYS AFTER THE DATE OF SHIPMENT, BUT WITHIN THE
             VALIDITY OF THIS CREDIT.
CONFIRMATION INSTRUCTION 49：WITHOUT
REIMBURSING BANK 53A：COMMONWEALTH BANK OF AUSTRALIA

2. 商业发票

	SHANDONG YUNZHI INTERNATIONAL TRADE CO., LTD. 8 HEBEI STREET, QINGDAO CITY, SHANDONG, CHINA		
	COMMERCIAL INVOICE		
To：	ONE METER SUNSHINE CO., LTD. NO.95, GEORGE STREET, SYDNEY, AUSTRALIA.	Invoice No.：	YZ2019012
		Invoice Date：	SEP. 15, 2019
		S/C No.：	YZ012
		L/C No.：	MS112233
Transport details	From QINGDAO, CHINA To SYDNEY, AUSTRALIA BY VESSEL		

Marks and Numbers	Number and kind of package Description of goods	Quantity	Unit Price	Amount
ONE METER SUNSHINE YZ012 NAGOYA C/NO. 1–1000	CANNED YELLOW PEACH 850G　24TINS/CTN	24,000TINS	CIFNAGOYA, JAPAN	
^^	^^	^^	USD4.00/TIN	USD96,000.00
	TOTAL：	24,000TINS		USD96,000.00
SAY TOTAL：	SAY US DOLLARS NINTY-SIX HUNDRED ONLY			
SHANDONG YUNZHI INTERNATIONAL TRADE CO., LTD. YUNYUN				

3. 装箱单

SHANDONG YUNZHI INTERNATIONAL TRADE CO., LTD.
8 HEBEI STREET, QINGDAO CITY, SHANDONG, CHINA

PACKING LIST

To：	ONE METER SUNSHINE CO., LTD. NO.95, GEORGE STREET, SYDNEY, AUSTRALIA.	Invoice No.：	YZ2019012
^^	^^	Date：	SEP. 15, 2019
^^	^^	S/C No.：	YZ012
^^	^^	L/C No.：	MS112233

Transport details	FROM QINGDAO, CHINA To SYDNEY, AUSTRALIA. BY AIR				
Marks and Numbers	Number and kind of package Description of goods	Quantity	Package	G.W	N.W	Meas.
ONE METER SUNSHINE YZ012 SYDNEY C/NO. 1–1000	CANNED YELLOW PEACH 850G　24TINS/CTN	24,000TINS	1,000CTNS	22,000KGS	20,400KGS	16CBM
	TOTAL：	24,000TINS	1,000CTNS	22,000KGS	20,400KGS	16CBM
SAY TOTAL：	SAY ONE HUNDRED CARTONS ONLY					
SHANDONG YUNZHI INTERNATIONAL TRADE CO., LTD. YUNYUN						

4. 海运提单

Shipper SHANDONG YUNZHI INTERNATIONAL TRADE CO., LTD. 8 HEBEI STREET, QINGDAO CITY, SHANDONG, CHINA			B/L NO. COSU45736 *ORIGINAL*		
Consignee TO ORDER			中远集装箱运输有限公司 COSCO CONTAINER LINES TLX：33057 COSCO CN FAX：+86（022）6545 8984 Port-to-port combined transport BILL OF LADING		
Notify Party ONE METER SUNSHINE CO., LTD. NO.95, GEORGE STREET, SYDNEY, AUSTRALIA.			^		
Pre-carriage by	Port of loading QINGDAO, CHINA				
Ocean Vessel/Voy. No. PRINCESS/S505	Port of transshipment				
Port of discharge SYDNEY, AUSTRALIA	Final destination				
Marks and Nos. Container/Seal No.	No. of Containers or Packages		Description of goods G	Gross weight (kgs.)	Measurement (m³)
ONE METER SUNSHINE YZ012 SYDNEY C/NO. 1-1000 COSU7348955/055623	SAY ONE THOUSAND (1,000) CARTONS ONLY TOTAL 1×40' CONTAINER DOOR TO DOOR		CANNED YELLOW PEACH L/C NO.: MS112233	22,000 KGS	16CBM
Total number of containers and/or packages (in words)			SAY ONE THOUSAND AND TWO CARTONS ONLY		
Freight and charge	Revenue Tons	Rate	Per	Prepaid	Collect
Declared Value Charge				COLLECT	
Ex. rate	Prepaid at	Freight payable at		Place and date of issue QINGDAO, CHINA; SEP. 30, 2019	
^	Total Prepaid	Number of original Bs/L THREE (3)		Signed for or on behalf of the Master COSCO CONTAINER LINES	

228

LADEN ON BOARD THE VESSEL			
DATE	SEP. 30, 2019	BY	COSCO CONTAINER LINES

5. 普惠制产地证

ORIGINAL	
1. Goods consigned from	Reference No.
SHANDONG YUNZHI INTERNATIONAL TRADE CO., LTD. 8 HEBEI STREET, QINGDAO CITY, SHANDONG, CHINA	**GENERALIZED SYSTEM OF PREFERENCES CERTIFICATE OF ORIGIN** (Combined declaration and certificate) **FORM A**
2. Goods consigned to	
ONE METER SUNSHINE CO., LTD. NO. 95, GEORGE STREET, SYDNEY, AUSTRALIA.	
3. Means of transport and route	4. For certifying use
FROM QINGDAO, CHINA TO SYDNEY, AUSTRALIA BY SEA	

5. Item number	6. Marks and numbers of packages	7. Number and kind of packages; description of goods	8. Origin criterion (see Notes overleaf)	9. Gross weight or other quantity	10. Number and date of invoices
1	ONE METER SUNSHINE YZ012 SYDNEY C/NO. 1-1000	ONE THOUSAND (1,000) CARTONS OF CANNED YELLOW PEACH ****	"P"	24,000TINS	YZ2019012 SEP. 15, 2019

11. Certification	12. Declaration by the exporter
It is hereby certified, on the basis of control carried out, that the declaration by the exporter is correct.	The undersigned hereby declares that the above details and statements are correct, that all the goods were produced in ___CHINA___ (country) and that they comply with the Rules of Origin of the specified for those goods in the Generalized System of Preferences for goods exported to ___UK___ (importing country) SHANDONG YUNZHI INTERNATIONAL TRADE CO., LTD. 山东允芷国际贸易有限公司 芸芸 QINGDAO, CHINA SEP. 26, 2019
Place and date, signature and stamp of certifying authority	Place and date, signature and stamp of authorized signatory

6. 装运通知

SHANDONG YUNZHI INTERNATIONAL TRADE CO., LTD.
8 HEBEI STREET, QINGDAO CITY, SHANDONG, CHINA

SHIPPING ADVICE				
To:	TO ORDER		ISSUE DATE:	SEP. 30, 2019
^	^		S/C. No.:	YZ012
^	^		L/C No.:	MS112233

Dear Sir or Madam:
We are pleased to advice you that the following mentioned goods has been shipped out, full details were shown as follows:

Invoice Number:	YZ2019012
Bill of Loading Number:	COSU45736
Ocean Vessel:	PRINCESS/S505
Port of Loading:	QINGDAO, CHINA
Date of Shipment:	SEP. 30, 2019
Port of Destination:	SYDNEY, AUSTRALIA
Estimated Date of Arrival:	OCT. 14, 2019
Containers/Seals Number:	COSU7348955/055623
Description of Goods:	CANNED YELLOW PEACH

Shipping Marks：	ONE METER SUNSHINE YZ012 SYDNEY C/NO. 1-1000
Quantity：	24,000TINS
Gross Weight：	22,000KGS
Net Weight：	20,400 KGS
Total Value：	USD9,600.00
NUMBER OF PACKAGES	1,000CTNS
NAME OF CARRIER	COSCO CONTAINER LINES

Thank you for your patronage. We look forward to the pleasure of receiving your valuable repeat orders. Sincerely yours,

SHANDONG YUNZHI INTERNATIONAL TRADE CO., LTD.
YUNYUN

7. 受益人证明

SHANDONG YUNZHI INTERNATIONAL TRADE CO., LTD.
8 HEBEI STREET, QINGDAO CITY, SHANDONG, CHINA

BENEFICIARY'S CERTIFICATE

To：	WHOM IT MAY CONCERN	Invoice No.：	YZ2019012
		Date：	OCT. 3, 2019

WE HEREBY CERTIFY THAT ONE SET OF SHIPPING DOCUMENTS HAS BEEN FAXED TO THE APPLICANT WITHIN ONE DAY AFTER SHIPMENT.

SHANDONG YUNZHI INTERNATIONAL TRADE CO., LTD.
YUNYUN

8. 汇票

BILL OF EXCHANGE

凭 Drawn Under	COMMONWEALTH BANK OF AUSTRALIA	不可撤销信用证 Irrevocable L/C No.	MS112233
日期 Date	AUG. 15, 2019	支取 Payable with Interest	@ % 按 息 付款
号码 No.	YZ2019012	汇票金额 Exchange for USD96,000.00	青岛 Qingdao SEP. 30, 2019

	见票 at	30 DAYS	日后（本汇票之副本未付）付交 sight of this FIRST of Exchange (Second of Exchange Being unpaid)	
	Pay to the order of		BANK OF CHINA, QINGDAO, CHINA	
	the sum of		SAY US DOLLARS NINTY-SIX HUNDRED ONLY	
To	COMMONWEALTH BANK OF AUSTRALIA		SHANDONG YUNZHI INTERNATIONAL TRADE CO., LTD. 崔伟	